网络新闻学教程

张　玉　主　编
韩亚辉　王智丽　副主编

同濟大學出版社
TONGJI UNIVERSITY PRESS
·上海·

图书在版编目(CIP)数据

网络新闻学教程 / 张玉主编 ; 韩亚辉，王智丽副主编. -- 上海 : 同济大学出版社，2024. 9. -- ISBN 978-7-5765-1320-2

Ⅰ. G210.7

中国国家版本馆 CIP 数据核字第 20248S1U67 号

网络新闻学教程

张　玉　**主编**　　韩亚辉　王智丽　**副主编**

出 品 人　金英伟　　**责任编辑**　熊磊丽　　**责任校对**　徐春莲　　**封面设计**　张　微

出版发行　同济大学出版社　　www.tongjipress.com.cn

（地址：上海市四平路 1239 号　邮编：200092　电话：021－65985622）

经　　销　全国各地新华书店、网络书店

排版制作　南京展望文化发展有限公司

印　　刷　常熟市华顺印刷有限公司

开　　本　710 mm×1000 mm　1/16

印　　张　15

字　　数　237 000

版　　次　2024 年 9 月第 1 版

印　　次　2024 年 9 月第 1 次印刷

书　　号　ISBN 978-7-5765-1320-2

定　　价　68.00 元

主编简介

张玉，男，博士，同济大学艺术与传媒学院副教授、硕士生导师。主要研究方向：国际传播、新媒体传播、媒介话语等。

曾参与和主持国家社会科学基金课题、省部级课题及中国社科院、同济大学等院校级课题的研究工作。

在《新闻与传播研究》《城市发展研究》《媒介批评》等专业期刊上公开发表30多篇学术论文，有的论文被中国人民大学复印报刊资料全文转载。

专著《日本报纸中的中国形象》（中国传媒大学出版社2012年版）被美国弗吉尼亚大学图书馆、日本早稻田大学图书馆等收藏。2017年出版译著《简明网络新闻学教程》（同济大学出版社）。

2009年获同济大学青年骨干教师资助，2017年被评为同济大学艺术与传媒学院“师德师风优秀教师”，2017年荣获同济大学“新城奖教金”。

曾赴英国威斯敏斯特大学、中国台湾世新大学等高校和英国广播公司、中国台湾公共电视台和客家电视台等媒体机构访问交流。

前　言

如今的新闻传播行业正处在深刻转型中，媒体融合已经成为全球新闻业的发展趋势。在我国，媒体融合被提高到国家战略的高度，相关政策不断出台，媒体转型的自主意识愈来愈强烈，助推着媒体融合从表面相加发展到纵深融合。在整体业态的转变之下，媒体产品的制作方式与内容形态也在发生改变，融合新闻应运而生。

党的二十大报告提出，“加强全媒体传播体系建设，塑造主流舆论新格局，健全网络综合治理体系，推动形成良好网络生态”。这些要求为今后媒体融合擘画了未来蓝图，指明了发展方向。在顶层设计的引领与支持下，中国媒体融合如火如荼地开展，取得许多实质性突破。逐渐从技术融合走向业务融合、机构融合、体制融合，并向最深层次的文化融合推进。新型主流媒体建设、四全媒体、三网融合与四级融合、县级融媒体与市级融媒体发展等媒体融合的重点模块都有了突破和进展，主流媒体的传播力、引导力、影响力、公信力均有所提升，全媒体传播体系越来越健全。

为体现网络和新媒体的最新发展状况，《网络新闻学教程》教材编写者面向网络传播的未来发展趋势，在一种开阔的视野下，系统梳理了网络传播的基本原理与基本操作方法，将理论与实际相结合，使教材既有学理分析，又穿插媒体案例。

全书内容共分为八章：

第一章，网络新闻采访。概括介绍网络新闻采访的概念和兴起情况，讲解网络新闻采访实务并展望网络新闻采访的未来发展状况。

第二章，网络新闻写作。介绍网络新闻的层级化写作特点，讲解网络新闻写作技巧，分析网络新闻写作面临的挑战与困境，论述作为网络新闻时代的写作者所应具备的技能。

第三章，网络新闻编辑。介绍网络新闻编辑的定义与原则，讲解网络新闻编辑实务，论述网络新闻编辑人员所应具备的职业素养和专业能力。

第四章，网络新闻评论。介绍网络新闻评论的定义和特点，阐述网络新闻评论面临的新要求，讲解网络新闻评论的作用，介绍一种特殊的新闻评论形式——网络新闻论坛。

第五章，网络新闻专题。介绍网络新闻专题的基本概念，讲解网络新闻专题的策划和编辑，分析网络新闻专题的发展趋势和面临的问题。

第六章，音频新闻。概括介绍音频新闻的概念和发展状况，讲解音频新闻的传播特征和制作流程，展望音频新闻的未来发展状况。

第七章，视频新闻。概括介绍视频新闻的概念、发展情况和特征，讲解视频新闻实务，阐述视频新闻的发展策略。

第八章，融合新闻。概括介绍融合新闻的产生背景和概念，讲解融合新闻的传播特征和实践操作，展望融合新闻的未来发展状况。

本教材由张玉任主编，韩亚辉、王智丽任副主编。教材由张玉统筹策划，提出每章的主要内容和编写要求。团队提交的教材初稿由韩亚辉、王智丽修改完善，由张玉负责最后的统稿。教材各章的具体分工如下：第一章（刘星彤）、第二章（付小超）、第三章（李芸萱）、第四章（付小超）、第五章（李芸萱）、第六章（王雨欣）、第七章（刘星彤）、第八章（王雨欣）。

本教材被纳入同济大学“十四五”规划教材，感谢同济大学教务处和同济大学艺术与传媒学院为本教材的出版提供支持和帮助。

在本教材的编写过程中，借鉴和引用了许多学界同人、媒体从业者的研究成果和实践案例，并尽可能做出详细的注释和说明，在此谨致谢忱。疏漏之处，敬请海涵！

时间的紧迫加上编写者的学识有限，教材的不足之处，恳请专家学者、广大读者批评指正。

张　玉

2024 年 2 月 1 日

目 录

第一章

网络新闻采访

第一节　网络新闻采访概述

一、新闻采访的定义

（一）新闻与采访的概念

目前，关于新闻的定义，受到广泛认可的说法是："新闻是新近发生的事实的报道。"①从这个定义可以看出，新闻的本源是事实，而且是新近发生的事实，需要满足受众了解世界最新变动的需求。同时，新闻也需要公开传播、报道。随着技术的创新，新闻所依托的媒介形式也逐步升级：最开始是借助口语和肢体语言，之后发展到依托印刷纸质媒介的文字传播，如邸报、小报、期刊等，之后的电子革命更是打开了新闻的广播、电视时代，发展到如今，互联网的勃兴使得网络媒体成为目前新闻报道的主流渠道，新闻网站、移动新闻客户端、社交媒体账号不断涌现，传统新闻业务也得到了进一步的延伸，网络新闻应运而生。

范逸祖为网络新闻下的定义是："网络新闻是指传受基于互联网的新闻信息，是以网络为平台，综合运用音、画、文字等多种元素，突出形式多样性、传受互动性的新闻传达方式。具体来说，它是任何传送者通过互联网发布或再发布，而任何接受者通过互联网视听、下载、交互或传播的新闻信息。"②

---

① 本书编写组编.新闻学概论[M].北京：高等教育出版社，2020：23.

② 范逸祖.浅议网络新闻的采访与写作[J].新闻传播，2010(5)：44.

作为新闻业务中最基本的环节，采访无疑发挥着重要的作用。在传统媒体情境下，记者主导着材料的搜集和整合，因此杨嫚认为，新闻采访是“新闻记者为采集新闻而进行的调查研究和访问活动，是新闻记者获取事实、捕捉信息的主要手段”。①

但是随着新媒体技术的发展，采访对象（亦称为受访者）的被动地位得以改变，拥有了借助互联网主动发布信息的能力，与采访者的关系变成了双向的交流与互动。同时，根据中国互联网络信息中心（以下简称 CNNIC）2024 年 3 月 22 日发布的第 53 次《中国互联网络发展状况统计报告》，截至 2023 年 12 月，我国网民规模达 10.92 亿人，较 2022 年 12 月增长 2 480 万人，互联网普及率达 77.5%。②

在此背景下，对于网络新闻采访的认识也应该进一步深入，应将其定义为在互联网的背景下，借助多种网络技术手段，为报道事实真相而进行的搜集资料的活动。在此过程中，记者和新闻来源可以共享互通、双向交流新闻线索和重要信息，达到共同建构事件真相的效果。

（二）记者的职责与“四力”

首先，记者应该始终坚持正确的政治站位，坚持以习近平新时代中国特色社会主义思想为统领，坚持用先进理论武装自己。

目前，我们正处在全面建设社会主义现代化国家开局起步的关键时期，向第二个百年奋斗目标进军的关键时刻，面对着复杂多变的国际局势，新闻工作者作为党和人民的“喉舌”，更肩负着“讲好中国故事、传播好中国声音，展现可信、可爱、可敬的中国形象”③的历史重任。党的十八大以来，党中央高度重视新闻舆论工作，高度肯定新闻工作者为党和人民的事业做出的卓越贡献，对广大新闻工作者寄予厚望。

首先，新闻记者理应坚定理想信念，把握好政治方向提高政治能力，牢牢坚持党性和人民性相统一的原则，不断强化自身建设，静下来、沉下去，既从宏

① 杨嫚.新媒体内容生产与编辑[M].重庆：西南师范大学出版社，2016：11.

② 中国互联网络信息中心.第 53 次中国互联网络发展状况统计报告[EB/OL].（2024-03-22）[2024-04-28]. https://www.cnnic.net.cn/NMediaFile/2024/0325/MAIN1711355296414FIQ9XKZV63.pdf.

③ 新华社.习近平代表第十九届中央委员会向党的二十大作报告（视频文字实录）[EB/OL].（2022-10-16）[2024-01-25]. https://www.12371.cn/2022/10/16/ARTI1665901576200482.shtml.

观视角展示习近平新时代中国特色社会主义建设的成果，也贴近民生，用大众喜闻乐见的语言和形式阐释方针政策，在群众关切的议题报道中传播主流价值，提高主流舆论的传播力、引导力、影响力、公信力。2013 年在全国宣传思想工作会议上，习近平总书记就为新闻工作精准施策："多宣传报道人民群众的伟大奋斗和火热生活，多宣传报道人民群众中涌现出来的先进典型和感人事迹，丰富人民精神世界，增强人民精神力量，满足人民精神需求。"①

其次，记者应该如实报道事实、揭露事件真相、忠实记录时代。真实是新闻的生命。对于记者来说，写出精彩的新闻报道往往意味着声名鹊起，但是接近真相的路途总是充满荆棘。梅尔文·门彻（Melvin Mencher）曾指出，记者成功的要素应包括"工作努力、坚韧、进取、好奇、值得信赖、知识渊博、富有同情心、勇敢、公正"②。只有真正热爱新闻事业，怀揣着崇高的新闻理想，才能在追寻真相的道路上百折不挠、勇往直前。

再次，记者要做好新闻，还要坚持读书、学习，积极涉猎、掌握其他学科的知识。调查记者李微敖认为，记者应当掌握其他很多学科的知识，他将其称之为"四大工具"——基本的法律知识，基本的经济学知识，基本的自然科学知识，基本的外语能力③。新闻是站在十字路口的学科，记者更是每天都要接触各行各业的信息，这正意味着记者需要具备一个"杂家"的学养，不仅要有丰富而扎实的新闻素养支撑，还要懂得文史哲等其他对采访写作有益的一切相关的专业知识。在职业生涯中，记者只有保持对知识永无止境的求索精神，才能提高审美水平和文字功底，明辨善恶与是非，自觉拒绝刺激、煽情的新闻写作方式，写出有深度、有思想的新闻作品。

最后，在全媒体时代，记者应当坚持"四力"建设，切实转变作风，练就过硬本领，提高工作水平。"四力"指的是脚力、眼力、脑力、笔力。"脚力"就意味着，虽然网络新闻采访可以借助互联网的种种工具，但是在不能面对面交流的条件下，更需要深入群众内部，深入工作一线，了解人民生活；"眼力"则要求记者在互联网和自媒体鱼龙混杂的报道中快速、准确、灵活地捕捉真实且具有新

① 习近平在全国宣传思想工作会议上强调胸怀大局把握大势着眼大事努力把宣传思想工作做得更好[N].经济日报，2013－08－21(1).

② 梅尔文·门彻.新闻报道与写作[M].9 版.展江，译.北京：华夏出版社，2003：2.

③ 全媒派.调查记者李微敖：做新闻可以养活自己，张继科事件影响远超预料[EB/OL].(2023－06－21)[2024－01－25]. https://new.qq.com/rain/a/20230620A08UHE00.

闻价值的事实;"脑力"则提醒记者在使用人工智能和大数据的同时,要不断吸收新知识、新技能、新规律,在碎片化、移动化、社交化、读图化的阅读和组稿方式中时刻保持冷静、理性、有深度的思考;"笔力"看起来和采访无关,但是在全媒体时代,越来越多的新闻是以图片、文字、视频三种形式结合的方式进行传播,且对新闻的时效性有了更高的要求,考验着记者准确而简练地组织和运用文字的能力,因此涌现了一大批能独立完成采写编评的"全能记者",在提高时效性方面具有突出优势。

二、网络新闻采访的兴起

(一) 网络新闻采访的产生背景

在报纸、广播、电视等传统媒体阶段,新闻记者的采访以线下走访为主,获得新闻线索的途径包括以下三种:首先,媒体机构设置的爆料中心用于接受公众主动提供的新闻线索。其次,记者的采访报道领域通常有明确的分工,称为"跑口子",是新闻媒体的常态化运作模式。记者平时经常去自己的"口子"通过与消息来源方见面聊天,熟悉行业的宏观情况和整体面貌,及时获知动态信息,同时也能联络感情。最后,记者也要重视日常生活中的细节,养成观察、思考和倾听的习惯,深挖现象背后的来龙去脉、因果关系,就能发现有价值、有新意的新闻选题[①]。

当电子媒介发展到计算机和数字传输阶段,亿万个节点联成网络,就出现了融合一切媒介的网络媒体。互联网使用文字、声音和视频等多种手段,构成多维交互、全链接、易复制、高时效、信息量超常的媒介,把报刊、广播电视等所有传统媒体融合在一起,发挥交流新闻、思想观点和各种信息,进行通信检索、客户服务等多种作用[②]。

随着全球化趋势的增强,民众对了解全球最新变动的需求增多,但是记者短时间内携带设备去异国的现场进行采访几乎不可能,同时还无法保证新闻的时效性。因此,新闻采访工作转向线上是大势所趋。获取新闻线索的途径也转变为跑口单位的官方网站以及"两微一抖"、搜索引擎、邮件或社交平台

① 武斌.融媒体背景下的新闻采访[M].北京:电子工业出版社,2017:113-114.
② 刘建明,等.新闻学概论[M].2版.北京:中国传媒大学出版社,2017:9.

等。但是需要明确的是，在采访网络化趋势加强的同时，面对面交流沟通、实地采访观察仍未完全消失，这两种形式各有特征，互相补位、相得益彰。最原始的新闻传播媒介，包括以口语、手势语形成的意媒，和人身（手、嘴这两个器官）构成的质媒①，往往能透露出更多真实的态度和信息。

（二）网络新闻采访的不断发展

网络新闻采访的发展历程基本经历了专业生产内容（Professional Generated Content，PGC）到用户生产内容（User Generated Content，UGC）再到人工智能生产内容（Artificial Intelligence Generated Content，AIGC）的转变。

前互联网时代，搜集新闻、传播消息的成本过高，普通人难以负担，新闻行业的高门槛造成了传统的专业媒体对发表权的独占和垄断。进入 Web2.0 时代后，移动设备的普及率大大提升，安装在移动设备端的社交 App 成为新闻信息传播的新平台，每个普通人都是一个独立的节点，可以随时、自由地在网络上发表言论、记录信息、进行沟通。专业的新闻从业人员把控新闻生产的局面受到冲击，"人人都有麦克风"的时代来临。此时的受众不再仅仅是新闻信息的消费者和传播者，更是新闻信息的生产者和把关人，由被动到主动，从发后走向发前。

AIGC 指的是利用人工智能技术，如生成式对抗网络（GAN）、大型语言模型（GPT）等，自动或半自动地生成图像、文本、音频、视频等内容的过程。

AI 导入新闻业后，网络新闻及其采写流程就开始进入人工智能自动化报道的阶段，主要是利用 AI 的自然语言生成（NLG）能力，进行新闻的自动化报道。其中就包括 2006 年汤姆森路透社的"Narrative Science"、2012 年华盛顿日报采用的"Truth Teller"、2014 年美联社所使用的"Wordsmith"，以及在 2011 年 3 月东京大地震报道中扮演了极为重要的角色的日本 NHK 电视台上线的自动写稿系统。

而在中国，新闻机器人的代表性实践是腾讯 2015 年推出的"Dreamwriter"和新华社的"快笔小新"。2018 年全国两会期间，新华社推出的"媒体大脑"从 5 亿网页中梳理出全国两会舆情热词，并生成发布全球首条由机器生产的两会

① 刘建明，等.新闻学概论[M].2 版.北京：中国传媒大学出版社，2017：2.

视频新闻，仅耗时 15 秒[①]。这都体现出基于大数据的人工智能技术的强大算力和生产力。

(三) 网络新闻采访的现状

进入到采访领域，人工智能正逐渐与微型摄像头以及录音器实现有机的融合。在记者采访的过程中，这种穿戴式的智能化设备就可以将采访对象的语调、表情以及事件场景，自动选择最准确的语言进行描述。同时，这种设备体积缩小、便于携带，能更好地在新闻采集现场发挥它的实时性和灵敏度。

2021 年的两会期间，由人民日报智慧媒体研究院研发的人民日报“智能创作机器人”出现在人们的视野中，它实现了 5G 智能采访、AI 辅助创作和新闻实时追踪三种功能的有机统一。同时，记者也可以戴上 5G 智能眼镜，独自一个人就能够完成访谈、拍摄、记录等工作，采访内容还可以实时和后台交互，避免错过重要细节[②]。

此外，AIGC 还可以进行更长篇幅、质量更高的报道撰写，并可以根据指令模仿特定作品风格。AIGC 的多模态生成能力还带来了新闻报道可视化的诸多新可能。目前，新闻业尚处于这一阶段，相关实践仍待深化，但可预见的是，AIGC 将影响新闻采集、生产、呈现和传播等环节，进而改变整个新闻业的格局。

三、网络新闻采访的特征和价值

(一) 采访时效：即时性与便捷性

数字化互联技术的运用使新闻事件时间和新闻报道时间两者间隔的无限缩小成为可能。人们对了解世界最新变动的需求愈发强烈，也对记者报道新闻的时效性提出了更高的要求：从以往的“瞬时”(instantaneity) 或“即时”(immediacy)，向“现时性”(now) 发展[③]。

麦克卢汉所说的“媒介是人体的延伸”在如今逐渐得到印证，手机成为现

① 腾讯研究院.拐点时刻？AIGC 时代的新闻业[EB/OL].(2023-08-29)[2024-01-25].https://new.qq.com/rain/a/20230829A07GRX00.

② 澎湃.9 款“黑科技”，成为两会记者“新装备”[EB/OL].(2021-03-08)[2024-01-25].https://m.thepaper.cn/baijiahao_11608464.

③ 王海燕，范吉琛.数字新闻的时间可供性：一个研究框架的提出[J].国际新闻界，2021(9)：116-135.

代人日常生活中不可或缺的一部分，也改变着我们的生活。网络采访手段可以突破空间和时间上的限制，触达采访对象更加方便快捷，回复的时间和情景可以自由选择。

但是，也有越来越多的人试图切断自己和互联网的联系，用“反连接”的方式对抗互联网信息爆炸以及负面情绪对自身的影响，熟人社交、语音电话等传统的联络方式反而成为有效联系他们的手段。

（二）采访内容：数字化与多媒体性

多媒体性指的是在数字化环境中随着不同媒体的新闻周期差异性的消失，针对同一社会事件的不同媒介形态的报道，在网络分发渠道的助力下所具备的在受众面前同时展开的可能性[①]。在以前，新闻产品中不同的媒介形式往往是以块状的形式拼凑在一起，实质上还是彼此割裂的，但是如今的新闻形式更加多样，例如短视频新闻、新闻直播能够实现文字、图像和声音信息相互嵌套、覆盖的有机融合，同时调动观众的视觉、听觉等器官，对新闻事实的认知也更加立体。

2024年全国两会期间，新华网推出的融媒体专题作品《AIGC绘中国|跟着全国人大代表探索远古生命密码》，通过全国人大代表郭进的视角，带领观众穿越回寒武纪，探索澄江化石地的远古生命密码。该作品利用AIGC技术，实现了现实与远古时代的无缝切换，结合高清数码、VR、AR等前沿技术，更加直观地展现古生物的生动形态和独特魅力，为用户呈现了一次视觉与听觉的盛宴。作品的交互性设计和教育意义，使其不仅是新闻报道，还是一次科普教育。这一作品是融媒体技术在新闻传播领域应用的典范，为传统新闻报道注入了新的活力[②]。

在未来，新闻从业者应当致力于制做出更多像普利策新闻奖作品《雪崩》那样文字、视频和图片动态融合的交互性新闻作品，甚至能够提供身体沉浸式的虚拟现实体验，而作为首要步骤的网络新闻采访，更应重视多种媒介形式内容的采集，为之后的新闻写作和编辑做铺垫、打基础。

（三）采访资源：丰富性与广阔性

互联网将全世界各地的千万个节点相联系。借助便捷高效的媒介技术和

① 王海燕，范吉琛.数字新闻的时间可供性：一个研究框架的提出[J].国际新闻界，2021(9)：116-135.

② AIGC绘中国|跟着全国人大代表探索远古生命密码[EB/OL].(2024-03-03)[2024-03-28].http://www.xinhuanet.com/politics/20240303/ba74dfc366334972b75cf57925984c78/c.html.

移动设备,"人人都有麦克风"的现象进一步强化,只要在新闻发生的第一现场有围观或者目击的群众,关于新闻事件的图像、视频和文字描述会立刻上传至互联网上并能够实现实时更新和广泛的传播扩散。传播主体的空前丰富使得新闻来源也更加广阔和丰富。

采访对象的选择范围也大大拓宽了,无论是地理位置在哪里的自然人和法人,无论身体状况、经济实力和社会地位如何,只要能够接入互联网,就有机会看到其发布的内容,甚至联系和沟通到。

由于互联网是虚拟社区,海量信息难免真假混杂,记者在查阅、搜集资料时,要注意对比、鉴别、质疑、求证,不可轻信,更不可盲信。

(四)采访主体:全民性与智能化

随着互联网向纵深发展,以社会关系网络为基础的微博、微信等社会化媒体形式凭借其强互动性迅速崛起,它们所构建的虚拟社会是对现实社会某种程度的反映,因为它们是基于广大网民的参与建构起的社会群体。互联网的社会化意义和社会密度也得以形成,并与现实情境密切相关。这就导致愈来愈多的新闻信息不再仅仅由新闻机构发布和传播,还源于公众对新闻事件的参与和报道。这也意味着专业与非专业之间的边界被打破,新闻媒体垄断和控制被开放和自由的局面所代替,个体力量空前强大,参与式新闻迅速发展。

不仅采访者的群体进一步扩大,甚至采访的主体和客体随时都可能发生转化,这也就意味着网络新闻采访从单向度传播模式转向互动传播模式。发展到如今,人工智能也加入了新闻采写编评的各个环节中,在新闻采访中发挥着不可忽视的作用。因此,现在采访的主体不仅没有了专业的壁垒,甚至突破了人与机器的区隔。

第二节 网络新闻采访实务

一、采访前的准备

(一)采访选题策划

在采访选题及策划方面,相比以前仅仅依靠熟人网络及记者目击见闻,如今网络上的资讯空前丰富、传播迅猛且极易触达,但是如何在信息的海洋里寻找有价值的新闻线索、敏锐地意识到选题背后的新闻价值，仍是新闻记者面临的主要问题。

2023年全国两会前夕，新华社推出SVG交互产品《卫星视角|总书记的这些两会关切，有了哪些新变化？》[①]。用卫星视角看过去10年来中国在高质量发展、生态保护、交通建设、对外开放、脱贫攻坚（领域）的变化。“把总书记报道作为两会报道的第一工作，认真学习宣传贯彻党的二十大精神，是这个产品能在2023年两会报道中脱颖而出的根本保障。”[②]为了展现习近平总书记关切的“国之大者”的可喜变化，新华社新媒体中心以高质量发展为主题，在全国范围内收集整理相关实例，将卫星现场和历史照片进行对比，为总书记的重要论述提供了生动的注脚。

总而言之，面对新闻选题时，要注意考察其新鲜性、重要性、显著性、接近性和趣味性，这是衡量新闻是否具有新闻价值的具体标准，同时作为党和人民的喉舌，记者要时刻谨记自己的责任，新闻总基调应和社会主义现代化建设形成共振，体现社会主义核心价值观。

关于新闻采访策划的结构，段勃总结为以下几个部分：① 新闻背景；② 新闻主题与角度；③ 采访路径和重点；④ 访问问题的设计；⑤ 发稿安排；⑥ 人员调配及事务性准备[③]。在新媒体的背景下，本书将补充以下内容：采访会用到的新媒体平台、新闻报道呈现的新媒体形式等。按照这几个部分展开，新闻采访策划就会清晰、连贯、有逻辑。

（二）明确采访主题

采访策划有助于新闻记者把握新闻角度。新闻角度是记者在采访和新闻写作中认识和表现新闻事实的着眼点和侧重点，即记者从什么立足点、什么视角、什么突破口去寻找、挖掘、认识、选择和表现新闻事实，以更充分、更鲜明地体现新闻事实的新闻价值[④]。只有找对正确的角度，才能更好地表现新闻主题，更精准地把握采访目的，指定采访提纲，确保采访不偏题、不遗漏。因此，

---

① 新华社新媒体.卫星视角|总书记的这些两会关切，有了哪些新变化？[EB/OL].（2023-03-04）[2024-01-25]. https://baijiahao.baidu.com/s?id=1759398594508193747&wfr=spider&for=pc.

② 广电视界.揭秘：让华春莹转发的卫星对比图原来是他们做的[EB/OL].（2023-03-11）[2024-01-25]. https://news.sina.com.cn/c/2023-03-11/doc-imyknhwy9455150.shtml.

③ 段勃.新闻采访学新论[M].北京：新华出版社，2021：128-133.

④ 甘惜分.新闻学大辞典[M].郑州：河南人民出版社，1993：167.

这几个步骤是密切相关,环环相扣的。

选择符合实际的主题和角度。必须坚持主观认识和客观的统一,采访的问题需要从实际出发、从事实出发,符合物质世界客观规律,不能盲目相信自己的主观臆断,更不能凭空捏造。同时在采访时也要注意平衡、客观,要详细记录事件中每一方的声音,完整地展现事件全貌。

选择新颖深刻的主题和角度。与受众已有知识范畴的重合程度要小,突出新意;或者是新近发生的事件,突出其时新性;或者是司空见惯、众所周知的事实,但是从另一个角度切入,得到完全迥异的结论和启示,引人深省。例如,为了展现党的十八大以来我国的光辉历程和巨大变化,记者不仅要着眼于主旋律大视野,还要找准百姓小视角,从小切口入手,见微知著。

选择导向正确的主题和角度。中国的新闻媒体是党和人民的“喉舌”,这一性质决定了中国的媒体必须坚持党性和人民性的统一。因此,新闻采访任务的主题必须符合社会主义核心价值观,体现真善美,服务于党和人民的根本利益。

采访后,还需要第三方信息佐证,比如媒体同行的报道,官方的通报,公共社会信息平台的查询:裁判文书网、失信黑名单、职业资格、工商信息,等等。尤其是引起社会广泛关注的新闻事件,在进行网络采访时更要注重对新闻发生的社会背景、采访对象的个人背景进行充分调查,秉持客观公正的立场,避免在情绪的裹挟下写出倾向性较强的新闻,更多从实际情况和事实证据中出发寻找新闻线索。

(三)了解采访对象

新闻采访,首先要找到合适的采访对象,当事人、目击者、知情者都是重点考察的关键角色,此外,对于相关专家的采访也能加深新闻的深度。同时也要注意采访几种对象的顺序,最好能形成信息的相互印证。

在采访之前,要对采访对象有一个比较全面的认识和了解。记者可以通过互联网在线搜索引擎和权威数据库了解采访对象的重要信息,包括他的兴趣爱好、家庭情况等。

同时也要注意,在网络基础设施不断完善的今天,也存在着不少还未打通“最后一公里”的乡镇、村落,其居民不仅不会使用电子产品,甚至不会讲普通话,但是这些区域恰恰是还未完全进入公共视野的田野,具备新闻采访的价值。但是在采访这一类人群时，应深入基层、深入一线，提前了解当地情况，从田间地头的实践中把握他们真实的生活情形。

总而言之，在新媒体时代，新闻记者在进行采访前的调查时，既不能舍弃线下实地调查的基本功，避免被错误信息误导，也要充分利用先进的技术和工具，提高线上社会调查的效率和准确性，加强数字时代无形的“脚力”。

(四) 制订采访提纲

采访提纲主要是指提问要点和采访流程，核心是提问要点。采访流程是辅助性的，主要包括实施采访的具体程序，如采访对象的约见次序、实地访问的起始过程等。在很多情况下，提问要点本身就可独立组成采访提纲[①]。柳邦坤则指出，采访问题罗列、归类时需要分层次、讲逻辑，为了积极应对不同情况，拟定采访计划时，最好多设计几套方案[②]。

在此基础上，肯·梅茨勒还创造性地提出，策划采访时还应坚持以下的原则：第一，见到采访对象时，再次解释采访目的；第二，要策划怎样和首次见面的客人打招呼；第三，迅速记下需要用提问来涉及的话题；第四，要策划让对方举一些例子、一些说明性的逸事和总结性的评论[③]。

因此，一份较为全面的采访提纲设计应当包括图 1－1 中的四个部分。首先采访主题有助于确定整体问题设置的方向，使整个采访始终紧扣新闻事件的中心议题。其次，在较为复杂的新闻情境中，根据重要性对客体进行先后顺序的确定，能够形成不同表述的互相印证。再次，应从采访时间、采访方式两方面对采访做出妥善安排。最后，问题设置是采访提纲最主要的部分，可以从寒暄问候开始由浅入深地进行提问，中间还可穿插各种缓和、转换的环节，并在实际提问过程中灵活应对。

在问题的设置方面，可以先确定宏观上的思路，再进行微观上各部分问题的展开。《南方周末》记者姜博文对体验了一个月外卖员生活的临沂大学文学院教师邢斌进行了采访，并发表了题为《46 岁大学教师送外卖走红：“这是一场自我教育”》的新闻作品。现将记者采访提纲和问题设置整理后展示如下：

---

① 《新闻采访与写作》编写组.新闻采访与写作[M].北京：高等教育出版社，2019：151.

② 柳邦坤.当代新闻采访与写作教程[M].2 版.武汉：武汉大学出版社，2017：78.

③ 肯·梅茨勒.创造性的采访[M].李丽颖，译.北京：中国人民大学出版社，2010：16.

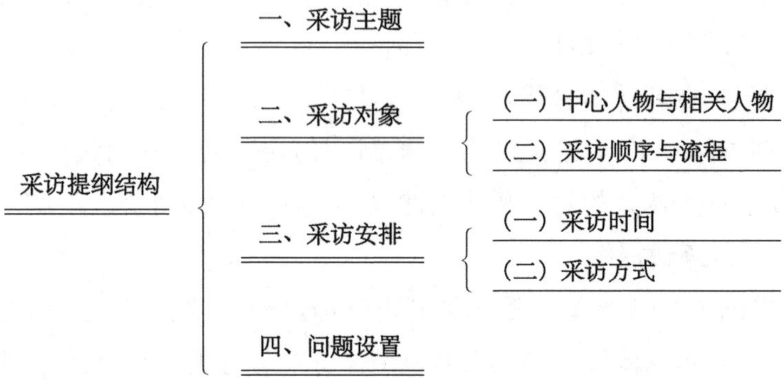

图 1－1　新闻采访提纲结构

《46 岁大学教师送外卖走红："这是一场自我教育"》采访提纲[①]

一、体验外卖员职业的原因和背景

1. 在去年年底体验送外卖之前，你对外卖骑手的认识是什么样的？

2. 你是怎么产生去体验送外卖的想法的？

3. 你为什么会把做一份底层工作作为礼物送给自己？

4. 为什么你选择了做外卖骑手？

5. 你身边的亲朋好友有什么样的反应？

6. 你曾经提到，美团、蜂鸟和闪送这三个平台你都尝试过，是吗？

二、外卖员的每日工作强度

1. 你在这一个月时间里，是每天都跑吗？

2. 你一天能跑多少公里？

3. 你曾经并不理解骑手们时常违反交通规则，你自己做骑手时会违反吗？

4. 你一天大概能接多少单，赚到多少钱？

5. 20 元大约对应多少单？

6. 这样下来，你一个月挣了多少钱？

7. 这个配送强度在临沂的骑手里算高的吗？

8. 据你观察，一个月六七千元的收入在临沂本地算什么水平？

---

① 姜博文.46 岁大学教师送外卖走红："这是一场自我教育"[EB/OL].(2023－09－06)[2024－01－25]. https://mp.weixin.qq.com/s/OsaXE0alN70bDGpuQxvDjg.

三、外卖员体验中的苛责与逸事

1. 刚开始送外卖的时候，你遇到什么困难吗？

2. 你有了经验之后，一般每天都会怎么送外卖？

3. 你最远送到过哪里？

四、回顾、追问与未来规划

1. 你还提到，你遇到过不少辱骂。

2. 这一个月的骑手生涯，你身体吃得消吗？

3. 你是否想过要放弃？

4. 目前网上有人质疑你分享的数据，说你一个月跑不了 2 000 单。

5. 你那张记录收入的单据显示，你的总收入是 4 956 元左右，有站点负责人也称，你日均有单时长 5 小时，你如何解释这些偏差？

6. 你还打算体验其他工作吗？

如采访提纲所示，姜博文记者在设置问题时，存在着明暗两条线，明线就是邢斌体验外卖员的全过程，也是整个事件发展的时间顺序；暗线就是邢斌对于外卖员职业的认识和理解不断加深的过程。尤其值得注意的是，对于邢斌从事外卖员的收入，其实外界是有质疑的，但是姜博文记者在第二部分了解到每月收入之后并没有立刻问出这个敏感的话题，而是选择放在最后问。一是可以维持住采访较为轻松愉快的氛围，避免引起受访者情绪上的抵触；二是故意拉开的时间差有助于形成测谎问题，通过观察受访者的反应判断其表述的真实性。

采访提纲也需要具备一定的弹性，这样在处理突发情况的时候才能灵活应对。比如当受访者称他的时间有限，这时提取出最关键的信息进行询问就是当务之急，记者需要对自己的采访目的和采访提纲非常熟悉，才能做出迅捷的应对。或者当受访者突然说出关键性的信息时，最明智的做法就是抓住这个关键信息进行追问，或许能收获意外的令人惊喜的信息，而采访提纲中的原定问题可以先暂且放在一边，有机会了再继续询问。

同时，在制订采访提纲时，要注意不能主题先行，即通过制定针对性的资料和诱导性问题让受访者的回答不断接近自己预设的新闻主题。

最后，在采访前也要准备一些必要的设备和证件，例如：手机、录音笔、相机、记事本、笔等设备，个人证件包括记者证、身份证、驾驶证等，如果有邀请函或者介绍信的话也需要随身携带，以应对各种有可能出现的突发情况。

（五）其他心理准备

武斌就曾总结出采访时可能的障碍，包括：受访者拒绝采访、要求提前审核采访提纲、对记者进行信息封锁、采取语言或暴力威胁、对采访时间和问题数量的限制，等等[①]。对于刚刚从事采访的记者，由于身份的转变，社会交往能力的不足，往往会产生心理上的不适应。

减轻心理压力，可以先从做足准备工作开始。采访前，先把采访提纲、报道策划和应急预案整理一遍，做到胸有成竹，这样就会比较自信、踏实。归根结底，记者应该具有不怕任何困难的韧性和耐性，面对拒绝和否定不气馁不退缩的精神力，努力与受访者沟通，寻找解决的办法。

总之，无论遇到什么情况都不要慌乱，而是要在倾听中抓取时机，在观察中找寻提示，积极争取受访者的配合与理解，不断挖掘有价值的信息。

二、采访方式和路径

（一）电子邮件

在网络新闻采访中，电子邮件的使用是较为普遍的。无论是鼎鼎有名的人物，还是语言表达或者有生理障碍的人，只要他在互联网上开通了电子信箱，记者都可以向他们传递信息。

电子邮件采访的优势首先在于节省采访的成本。发送一封电子邮件后可以立刻到达对方邮箱，其产生的上网费用微乎其微；其次，电子邮件具有附件、抄送、定时发送等功能，可以实现多媒体形式的沟通；最后，一对一收发保证了私密性，外界干扰较小，采访对象可以自由选择回复邮件的时间，充足思考后给出的回答更加明确理性、条理清楚。

但是以电子邮件这种方式进行的采访也存在着很多缺点，例如并非所有受访者都有固定的每日查收邮件的时间点，回复邮件的时间更是完全取决于受访者本人，因此沟通效率难以预测。同时，相比即时回答，太过书面和正式的表达不能很好地体现受访者的性格特征和真实想法。

---

① 武斌.新闻采访与写作[M].杭州：浙江大学出版社，2019：96.

因此，为了尽量弥补这些缺憾，用电子邮件采访要注意以下几点。首先，有一个好的标题，在标题中清楚点明采访主旨，可吸引对方点击阅读。其次，提出问题前，要先对自己和所在的媒体进行简短的介绍，说明采访原因，使对方了解采访的重要性以及对他个人或者公司将会产生的影响，吸引对方接受你的采访。再次，问题要简明扼要，切中要害。能够从背景资料上得到的信息就不要再问，重点是提一些必须由他本人回答的问题。最后，通过其他渠道核实信息的安全性，也就是说要确保你采访的是采访对象本人，而不是其他人或者是黑客①。

（二）搜索引擎

在传统媒体时期，记者采访前搜集、查询背景知识、相关资料，需要自己前往图书馆、档案馆搜寻书籍、查阅资料，并制作卡片。但是在互联网时代，可以在搜索引擎输入关键词进行搜索，也可以关注采访对象的公开社交账号，或者相关机构的官网搜集重要信息。同时，互联网上的信息是能够永久保存并随时下载使用的，为采访前的报道策划、寻找新闻焦点、明确采访目的、制订采访计划、撰写采访提纲等带来了极大的便利。

2022年年底，现象级应用ChatGPT横空出世。作为由OpenAI公司推出的生成式人工智能（Generative AI），ChatGPT具备“强交互”“强理解”“强生成”等特点，人们可以通过与ChatGPT对话进行快速检索信息、撰写论文摘要和编写计算机应用程序等多种操作②。

ChatGPT的核心技术基础包括人类反馈强化学习（RLHF）、Transformer架构和自然语言处理（NLP），它能够实现多语种之间的翻译、人和机器之间的实时沟通、强大的记忆与推理，因此展现出极强的内容生产力，在多种学科和领域都有广泛的应用。在新闻采访领域，ChatGPT可以在极短时间内根据记者的要求生成极为详尽的资料和信息，大大节省了记者的时间成本和精力损耗。

（三）社交媒体

社交媒体是建立在互联网技术，即Web2.0的基础之上的互动社区，它最

---

① 杨嫚.新媒体内容生产与编辑[M].重庆：西南师范大学出版社，2016：13.

② 黄日涵，姚浩龙.被重塑的世界？ChatGPT崛起下人工智能与国家安全新特征[J].国际安全研究，2023(4)：82-106，158-159.

大的特点是赋予每个人创造并传播内容的能力。它是用来进行社会互动的媒体，是一种通过无处不在的交流工具进行社会交往的方式[①]。

随着互联网、移动通信等技术的发展，社交媒体不仅包括传统的QQ、微信、微博、小红书，抖音、快手等短视频平台也相继具有了社交属性。基于网络的联结，信息传播速度更快，传播效果更强，这种特性也非常适用于网络新闻采访的情景，可以更快速地触达受访者、了解受访者信息，收集新闻资料。

澎湃新闻App的"澎湃问吧"是一个创新的互动问答平台，这个平台的特色在于它鼓励用户与新闻事件的当事人及行业专家进行直接对话，从而推动了深度和专业质量的问答交流。从社交媒体用户内容参与新闻生产的角度来看，"澎湃问吧"打破了以往新闻信息传播的单向性，使得用户能够成为内容的创造者和传播者，而不仅仅是接收者。"澎湃问吧"的用户生成内容(UGC)特性，建立了一种用户反馈和参与的机制，用户可以直接向新闻源提问，获得第一手的信息，甚至对新闻事件进行评论和深入讨论。如"脑机接口、克隆、人体冷冻，你能否接受这些黑科技?"这一期话题，提到马斯克表示首位人类患者已经接受脑机公司的大脑植入芯片，患者"恢复良好"，引发热议。部分网友表示，这项技术具有划时代意义，能让瘫患者直立行走等等，是"人类之光"；但也有一些网友称，这是潘多拉的魔盒，人类离永生越近一步，离地球毁灭也近了一步。花费重金克隆逝去的宠物，选择"沉睡"的人体冷冻技术对抗时间和绝症，用AI排解孤独、虚拟恋爱……当科幻片里的脑洞成真，你能否接受使用这些黑科技？最看好哪一项技术？这些技术的应用可能带来哪些伦理上的担忧？诸多看法，一起聊聊吧[②]。问吧里的诸多网友各抒己见，发表了对这一话题的看法。

随着互联网、5G移动通信技术的不断发展，碎片化的阅读习惯已成为人们的日常，但是如何采集并挖掘到有益的信息，仍是需要着重关注的问题。

(四) 在线访谈

腾讯会议、ZOOM等视频会议软件已经在学校教学、居家办公等情境中

① 曹博林.社交媒体：概念、发展历程、特征与未来——兼谈当下对社交媒体认识的模糊之处[J].湖南广播电视大学学报,2011(3)：65-69.

② 脑机接口、克隆、人体冷冻，你能否接受这些黑科技？[EB/OL].(2024-01-31)[2024-03-28].https://www.thepaper.cn/asktopic_detail_10026764.

扮演了不可或缺的重要角色。如今在5G通信技术的加持下，新闻媒体领域也具备了流畅、高清、高速进行在线访谈的可能性。

2022年甘肃省两会期间，新甘肃客户端特别策划推出了《云端正直播·新甘肃省县联动跨屏访谈》直播，通过演播室嘉宾访谈、代表委员现场连线、县级融媒体中心连线采访、AI虚拟主播播报等方式，传递群众所想所盼和代表委员的关注、建议。该直播累计阅读量达120多万人次①。

这一形式迎合了新媒体时代互联网用户对直播的推崇。但是随着直播的大行其道，影像建构的真实会取代客观真实的隐忧甚嚣尘上。比如一些电视节目中的"直播连线"，为了保证画面和美感、控制对话的走向，在线访谈变成一场有台本、有排练的演出，甚至可能是预先剪辑好的对话录像，这种"在线采访"得到的采访结果自然是无趣而乏味的。为了避免在线的新闻访谈变成一种符号的堆砌和后真相下的形式主义，在线访谈应坚决摒弃表演式采访和提前录制，更多突出思维交锋的即兴性和采访结果的随机性。

三、采访中的技巧选择

（一）平易近人的采访态度

首先，要和受访者建立起平等的关系。如果是视频采访，要注意不卑不亢、心平气和，保持自然的表情和动作，这样受访者也能随之放松下来。即使是在邮件中或者是微信聊天中，也应该多用"谢谢""请您""请问"等彬彬有礼的语句，有助于和谐、松弛的采访氛围的形成。

其次，体现尊重。无论是对弱势群体的怜悯，还是对德行有亏的受访者的鄙夷，或者是对位高权重者的谄媚，都应该是专业记者应当避免的采访态度。在采访的大部分时间，记者应该是一个"不做出个人评价的倾听者"，保持平等的语态。对于受访者想要查看采访记录的请求，也应当满足，这不仅是受访者的合法权益，也能够对新闻事实进行进一步的核查。

范长江曾经批评"有些记者外出采访有点类似办官差，采访的方式也比较生硬，而不是朋友相处"，强调"记者一定要善于交朋友"②。记者在与人交往时

① 每日甘肃.「奋进新征程　建功新时代」"新甘肃"邀您换个视角看两会[EB/OL].(2022-01-17)[2024-01-25]. https://baijiahao.baidu.com/s?id=1722213655960534508&wfr=spider&for=pc.

② 张利利.全媒体记者应具备的职业素养[J].记者摇篮，2022(1)：22-23.

要注意诚以待人、宽以待人。在互联网和新媒体时代，记者更要深入基层一线与被采访对象交朋友，倾听他们的呼声，用眼睛观察、带着问题去思考，这样采集到的信息更令人信服，在此基础上形成的新闻内容也更有深度、发人深省。

（二）巧妙多样的提问策略

首先一定要在采访开始前介绍自己的身份与来意，并根据之前对于受访者的调查和了解，从一些共同感兴趣的话题开始，缓和紧张的气氛。幽默也通常是对话的润滑剂，信息只有在友善、自由和真诚的环境中才能进行充分交换。

寒暄结束后，记者可以自然地引向第一个问题。肯·梅茨勒曾指出第一个问题应具备的四个特性：① 比较好回答；② 能增强采访对象的自尊心，敏感问题稍后再问；③ 显示出采访者为此已经做了充分的准备；④ 在逻辑上符合采访者已经阐明的采访目的[①]。

在提问的过程中，问题一定要简洁、精到、具体，一次只需要问一两个问题，否则受访者难以记住，只会挑众多疑问中的一个或几个进行回答。同时要避免明知故问、避免专业词汇的堆砌、避免答案是是或否的问题、避免突然打断受访者的回答，否则会拖延采访的节奏，使采访很难往下展开。当遇到僵局的时候，可以让对方举一些例子，讲一些补充性、解释性的故事，或者一句话式的总结性的评论，这样往往能从中找到新的突破口，不断延伸自己的问题。

在建设轻松愉快的采访氛围的同时，也应该注意到，很多受访者会隐瞒或杜撰事实真相，甚至企图通过接受采访来达到某些目的，因此追问是必不可少的。这并非是不礼貌的行为，恰恰是对采访负责的表现，也是展示采访能力的时机。在采访过程中，一定要全程保持好奇心，多问“为什么”，这能带领采访者深度挖掘事实、不断接近真相。

在采访的后半段，可以谨慎委婉地提出尖锐敏感的问题，有了之前的铺垫，对方产生过于激烈的情绪化反应的可能性大大降低。例如《南方周末》记者李慕琰在采访克里斯托弗·诺兰（Christopher Nolan）时，前半段都是聚焦于其电影作品《奥本海默》（*Oppenheimer*），围绕着音乐节奏、对白数量、人物的内心活动、打乱的时间线等创作背景和艺术手法进行了交流，但是在结尾处，记者问出了较为敏感的问题：“在《奥本海默》中，你讨论了科学家的责任以

① 肯·梅茨勒.创造性的采访[M].李丽颖，译.北京：中国人民大学出版社，2010：29.

及他们如何面对自己行为的后果。作为一个有影响力的电影人，你对观众和社会是否也有类似的责任？”将问题引到公众人物的影响力和社会责任上，更能体现诺兰导演对于人与社会的关系的认识和价值观①。

（三）丰富多样的采访符号

现代人的线上沟通交流中，Emoji、表情包往往充当着重要的角色，是代替面部表情、肢体语言传递情感和态度的重要工具。Emoji 和表情包本身其实只是一个图像，代表着人的表情，但是在人与人交往的过程中，往往赋予这些符号约定俗成的含义。

正确使用表情包往往能迅速拉近和受访者的距离，表现出热情、友好的采访态度，但是有些表情包可能拥有和表情本身完全相反的含义。比如微信上的微笑的表情符号，其能指就是人们一个表示友好的笑容，在使用过程中却被赋予了不耐烦、生气、阴阳怪气等负面的意思，因此，在社交平台上使用表情包的时候要注意其作为符号的能指和所指，才能通过符号的灵活运用，有效推进采访的进程。

如果是在视频通话中，就要时刻保持倾听和凝视的状态，注意自己和对方的衣着、表情、语气和动作，这些细节往往会透露出受访者对提问的真实情绪反馈和心理活动。

四、采访后的整理与总结

（一）采访记录的总结

武斌将采访记录总结为八个部分：事实六要素，易忘的数据、名字、术语，有特色的现场材料，采访对象个性化语言，采访对象的想法，记者现场感受，疑点，采访日期②。

在网络新闻采访中，移动设备为采访记录的总结提供了极大的便利，尤其是在电子邮箱和社交平台上的聊天记录，可以在多个设备终端上进行同步。对新闻采访过程中用到的新闻策划、采访提纲、采访对象信息、收集到的各种音频和图文资料以及各种形式的采访记录分门别类地进行整理，不仅有助于

---

① 李慕琰.对话诺兰：奥本海默，“有史以来最重要的故事之一”[EB/OL].(2023-09-01)[2024-01-25].https://static.nfapp.southcn.com/content/202309/01/c8056949.html.

② 武斌.融媒体背景下的新闻采访[M].北京：电子工业出版社，2017：154.

定期回顾自己的工作成果，而且当自己的新闻作品受到质疑和批评时，也能积极地进行核查与回应。

（二）采访报告的撰写

在撰写采访报告时，要注意避免写成流水账，而应该挑出一些重点的感悟，无论是事件本身的启示或规律，还是自己采访时的闪光点和不足之处，都可以按照一定的逻辑顺序写成采访报告。不仅有助于反思、提升自己的采访能力，而且也能为其他记者提供借鉴，实现共同进步。

第三节　网络新闻采访的未来发展

一、网络新闻采访的问题与机遇

（一）网络采访中固有的局限

网络新闻采访根植于互联网这一基本的技术逻辑，相比于线下面对面的采访，缺失了人身传播这一重要的环节。

如果采访工具或渠道仅限于邮件、群聊或网页，采访双方其实面对的是电脑或移动设备的屏幕。人在不同的环境里做出的回答不尽相同，而且文字交流往往也会更加严肃、官方，会刻意隐瞒一些关键事实，同时这种交流往往需要双方同时在线，有的时候如果对方接到一个电话、收到一条信息，就会突然中止对话，很长一段时间不回复，这就阻碍了采访的连贯性。即使是在线的视频通话，有时候也会因为画质不清晰、下半身被遮挡等限制因素会忽略一些表情、动作和语气上的细节，不利于交流时一些关键线索的捕捉。

2020年，新华网两会报道组选取了支持多屏协同功能的华为MateBook X Pro旗舰笔记本、高端影像旗舰华为P40 Pro 5G手机等高科技采访装备，手机与笔记本的无缝互联，大大减少了多终端协同的麻烦，有效提升了采访效率[①]。随着新媒体的发展，虚拟现实技术将更好地实现多维度的“身体在场”，例如文化舞蹈剧情节目《舞千年》就通过“3D虚拟场景＋舞蹈演员”到“3D虚拟场

① 新华网.访谈形式大不同 “云采访”或成常态[EB/OL].新华网.访谈形式大不同 “云采访”或成常态[EB/OL].(2020－05－27)[2024－01－25]. https://baijiahao.baidu.com/s?id=16678582 42246454543&wfr=spider&for=pc.

景＋虚拟人”，使人工智能成为身体的“化身”[①]。在未来的网络新闻采访实践中，应当更多应用虚拟现实、增强现实、人工智能、8K 摄像、三维菁彩声等技术，突破因身体不在场而难以获取面部表情、环境气氛等采访信息的固有局限，为记者打造更加具有“交互感”“沉浸感”的采访空间。

（二）新闻伦理新问题

在传统媒体时代，就存在着新闻采访侵犯个人隐私的现象，例如隐性采访的违规滥用，记者在没有正当理由且受访者不知情的情况下进行偷拍、偷录的活动，无疑侵犯了受访者的隐私权、名誉权和肖像权。因此南方日报报业集团曾出台《预防新闻侵权的若干规定》，其中第八条第八款规定：“特殊情况下，为了党和国家利益、人民和社会公共利益才允许采用偷拍偷录的方式进行采访。采用偷拍偷录的方式进行采访，事前应向部门领导汇报；来不及汇报的，采访完毕后立即报告。”[②]

在互联网时代，个人隐私的保护似乎更加艰难。无论是以大数据为基础的各种算法推荐，还是采集新闻相关资料的人工智能技术。在网络化信息社会中，每个公民的公开言论、网络行为都可以轻易被获取并处于实时监控中，基于大数据的人工智能可以通过数据的交互对用户画像展开深度分析，本属于个人隐私的思想状态、行为习惯和特点都被暴露、审视。

同时，新闻报道的全民化和机器人的介入也有可能滋生假新闻和谣言的传播。在 Android 和 iOS 上，Microsoft Edge 应用程序设置了一个名为“新闻检测”（NewsGuard）的内置检测器，根据它们的检测，有数十家新闻网站是由智能聊天机器人创办的，其中“名人之死”网站（CelebritiesDeaths.com）就曾发布一篇“拜登已死，哈里斯担任总统”的虚假新闻[③]。2023 年 2 月，关于“杭州市政府将取消限行”的“新闻稿”在网络上流传，后被发现是某小区业主利用 ChatGPT 生成，并被其他业主截图转发，导致错误信息被传播。

由此可见，新闻生产主体的泛化和新媒体技术的使用，催生了新闻伦理新问题，引发人们的担忧。

（三）参与式新闻带来的机遇

参与式新闻源自 20 世纪八九十年代美国的“公共新闻”，随着新媒体的发

---

① 仝妍.科技时代，舞蹈何以“众乐乐”[N].光明日报，2024-05-22(16).
② 骆汉城等.行走在火上——隐性采访的法律思考[M].北京：中国经济出版社，2005：111.
③ 辜晓进.欧美主流媒体融合转型进路及 AIGC 探索[J].新传播，2023(3)：62-65.

展，后来演化为“公民新闻”或“参与式新闻”。2010 年，美国专栏作家马克·格拉瑟(Mark Glaser)的定义体现了参与式新闻的交互性与合作性，“参与式新闻背后的理念就是没有经过专业新闻训练的人能够运用现代技术和网络全球传播来创造、争论或查实媒体的报道，这可以由他们自己或者与他人合作来完成”①。国内学者蔡雯在 2005 年指出：“‘参与式新闻’是美国新闻界近两年刚提出的一个新名词。在英文中‘Participatory’的含义是‘提供参与的机会的、供人分享的’，这里是指普通公众可以借助现代网络技术主动地加入传播活动中。”②另一位学者韩鸿则更强调新闻事业的专业性，他认为，公民新闻就是指来自公民的非专业新闻报道③。

在众多网络揭黑与网络舆论热点事件中，普通网民的参与和揭露都发挥了至关重要的作用。不同于以前的长途上访或求告无门，当主流媒体缺位或者记者难以获知新闻线索使得真相被蒙蔽时，民众可以上网寻求帮助，以引起有关部门的高度重视进而进入调查程序。从这个角度来看，参与式新闻对公共权力进行监督不仅可以补充、深化主流媒体的新闻报道，还可以促进相关权力部门执法过程的公平、公正与公开透明，从而促进社会的良性发展④。由此可见，参与式新闻能够有效对公共权力进行监督，公共利益受到推崇。

有研究者认为，随着新媒体平台的快速发展和媒介资源的充分下沉，受众对新闻事件的参与变得更加主动，积极充当“记者”的角色，甚至成为民间意见领袖，而且会以不同的视角关注新闻热点，不断用时代所要求的新知识武装自己，提高个人公信力和自我价值。与此同时，由于广大群众的支持和参与，主流媒体的报道会更加认真，有些权威媒体也会从参与式新闻上获取信息素材，最后的新闻发布并不是某家或者几家新闻机构的单向信息传播，而是在群体智慧的推动下成为全社会共同的声音以及价值期待⑤。

---

① GLASER M. Your guide to citizen journalism[EB/OL]. (2006-09-27)[2024-01-25]. http://mediashift.org/2006/09/your-guide-to-citizen-journalism270/.

② 蔡雯.美国“公共新闻”的历史与现状(下)[J].国际新闻界，2005(2)：27-31.

③ 韩鸿.论新媒体背景下的公民共享新闻学[J].新闻与传播研究，2006，13(3)：73-79.

④ 幸小利.参与式新闻的文本生产与伦理要素[J].青年记者，2022(3)：57-60.

⑤ 关倩，邱添.个人崛起与媒介民主：互联网时代中的参与式新闻[J].声屏世界，2022(12)：15-17.

二、网络新闻采访的发展策略

（一）法律法规：厘清网络新闻采访的边界

在互联网时代，社交媒体场域与个人生活愈发呈现深度交融的态势，尤其是居家办公和线上教育的现实使得公私领域的区隔更加模糊，人工智能的使用还加剧了隐私被泄露、被盗用的风险。

例如ChatGPT，它是建立在历史训练数据和人类反馈强化学习机制上的智能技术，但是这也折射着人类世界中固有的偏见、歧视和意识形态。同时，ChatGPT作为一种“黑箱”，其训练和运转方式并没有实现确保公众的知情和同意，个人信息被窃取盗用的情况难以避免，数据泄露风险大幅提高。支付信息、地址、出行记录甚至聊天记录都有可能因为程序设计缺陷和用户的广泛使用被轻易获取，数据的使用方式、交换过程、处理工序、最后去向皆不清楚，训练结束后相关数据也可能会被企业刻意保留，加大了数据泄露的可能性，成为滋生犯罪行为的温床，但现有法律体系很难对相关行为做出有效的制约。

文森特·莫斯可（Vincent Mosco）曾指出，“今天，赛博空间已经成为技术和电子崇拜的最新圣像，因其开创新纪元的卓越特性而受到赞誉，又因其所能唤起的深重罪恶而被妖魔化”[①]。这些都应该让我们警醒，技术的使用可能是福音，但也有可能是打开了潘多拉的魔盒，当人工智能被更广泛地应用于公共生活，或将造成更大范围的隐私数据泄露，带来更隐蔽的意识形态渗透。

法律作为最具权威性的权益保护措施，是廓清技术使用者行为边界的最有力武器。2022年6月，欧盟发布了《反虚假信息行为守则》，要求互联网平台为用户提供更好的工具识别、理解和标记虚假信息，打击虚假账户、机器人或恶意深度伪造传播虚假信息等。我国自2022年3月起正式施行《互联网信息服务算法推荐管理规定》，明确了算法技术适用范围和权利责任，由此为算法框限了底线边界。互联网用户要具备相应的法律意识和能力，善于、敢于运用法律武器保护自身权益，守护底线。

除了他律，新闻工作者更要自律。要始终坚持马克思主义新闻观，从党

① 文森特·莫斯可.数字化崇拜：迷思、权力与赛博空间[M].黄典林，译.北京：北京大学出版社，2010：22.

和人民的整体利益出发，自觉摒弃“流量至上”的标题党以及低俗浅薄的黄色新闻等不正之风。也要注意以较高的职业操守要求自己，公正客观和不偏不倚，为新闻事件中各方都提供发声和陈述的机会，杜绝有偿新闻、新闻敲诈的违法行为，从新闻工作者自身的作风建设出发，维护良好的舆论氛围和新闻传播秩序。

（二）技术加持：智能化趋势重塑新闻实践

麦克卢汉曾提出，“媒介即讯息”，因为对人的组合与行为的尺度和形态，媒介正是发挥着塑造和控制的作用[①]。

新技术的“讯息”，是指其带来的人间事物的尺度变化、速度变化和模式变化，随之产生的社会影响，不是发生在意见和观念的层面上，而是人的感官能力和感知模式被深刻地重塑了。因此，在不同的社会发展阶段，都有与之对应的尺度。因此，传统媒体依托数字化、智能化的技术增强传播力，实现新媒体时代下的转型成为一种必然。

技术路径的数字化转型是新型主流媒体改革的必由之路。这包括建立全面的数字化基础设施，采用先进的数字技术和工具，优化新闻采集、编辑和发布流程，提高新闻报道的时效性和准确性。通过技术改革和创新，主流媒体可以提升传播力。例如人民日报社以打造国际传播能力为主线，建立全球传输网络，增加人民日报社国内、国外分社技术装备，为建设世界一流的国际传播机构打下坚实基础。就如同人民日报社副总编辑许正中所言，“以技术驱动为重点，拓展渠道、丰富手段、聚拢用户，推动形成适应互联网发展的全媒体发展布局”[②]。

近年来，大数据和人工智能引入新闻传播领域，为新闻作品的采写编评提供了新的思路和模式。《恩典潮涌》（*Waves of Grace*）由盖博·阿罗拉（Gabo Arora）和克里斯·米尔克（Chris Milk）拍摄而成，该片运用 VR 技术报道了埃博拉疫情在利比里亚暴发的情形。当观众戴上 VR 设备后，会发现自己站在一个墓坑旁，身旁一名穿着隔离防护服的志愿者正在将一名因感染埃博拉病毒而去世的受害者遗体放入墓坑中。仿佛沉浸在真实情境中的体验感使得这

① 马歇尔·麦克卢汉.理解媒介：论人的延伸[M].何道宽，译.南京：译林出版社，2011：19.

② 人民日报社副总编辑许正中：提升“四力” 构建全媒体传播格局[EB/OL].（2020-03-25）[2024-01-25]. http://tj.people.com.cn/big5/n2/2020/0325/c375366-33903550.html.

种惨痛和沉重的情感和观看者产生了实时交互。相比于传播内容，传播形式往往能够塑造人的情感感知和思维模式，从而产生更加深刻和根本的影响[①]。

同时，在调查性新闻、解释性报道、建设性新闻等深度报道中，人工智能如 OpenAI 发布的 ChatGPT 也有着出色的表现。一方面，它可以嵌入各种应用场景，契合多样的用户需求，具有极强的灵活性和适配度；另一方面，它可以在极短的时间内提供丰富且全面的背景资料和经典案例，提高了信息获取的及时性和有效性。作为全新生产力工具，ChatGPT 必然改变新闻业的工作方式，对劳动力市场的供需平衡产生剧烈冲击，但预言记者职业将完全消失或者新闻事业将被机器取代目前为时尚早。ChatGPT 虽然能够基于提示快速生成内容，但可读性较差，且并不能审核信息源的真假，整理出来的内容存在着大量虚构的事实，而且它不具备流畅优美地组织和运用文字的能力。因此随着 AIGC 的应用，部分重复性劳动和非创造性工作存在被生成式人工智能替代的可能，但事实核查与内容校对的角色将越来越关键，新闻事业对文字功底扎实、具有思想深度的优秀记者的需求将有增无减。

（三）专业精神：优秀全媒体人才队伍建设

在全媒体时代，建设优秀的传媒人才队伍，要始终以党的创新理论为指导，坚持正确的舆论导向，服务于国家和人民的利益；要坚持传播正能量，践行社会主义核心价值观；真正把政治方向、政治要求体现到新闻采编工作中去。只有以中国特色社会主义新闻传播理论为指导，新型主流媒体才能够更好地适应社会变革和媒介环境的发展，增强公信力、传播力、影响力，推动社会进步和国家发展。

互联网不仅扩展了新闻的容量、改变了记者的工作方式，还促使传统媒体持续向移动互联网端发力。新型主流媒体进行媒介融合，首先要培养互联网思维、尊重媒介生态，积极适应信息化和数字化的发展趋势，借助新技术和新媒体平台，开展创新的报道方式和内容呈现形式。目前，网络新闻采访呈现出数字化、多媒体化以及智能化等多种全媒体的特征，记者应注重适配/契合读图时代，运用图片和视频等内容，通过各种网络采访手段以及人工智能技术提

---

① 王子川.身临其境：面向未来的传媒方式——“媒介即讯息”视角下 VR 的革命性突破[J].新闻研究导刊，2019(11)：205－206.

高自己的采访效率。

AIGC 虽然能整合海量信息、高效生产稿件，但是人类仍是媒体的把关人。AI 的智慧是学习人类语言、文字及其他数据而来，缺乏主体性和原创的能力。相比较而言，经验丰富的新闻记者对新闻事件有高度的敏感性、洞察力能够准确识别、提炼新闻价值，同时具有共情能力，可以通过流畅的文字动人心弦，与受众产生灵魂上的共鸣。对于新闻业来说，坚持新闻专业主义精神，形成 AIGC 的应用伦理与规范，重视调查性报道、解释性报道，将是 AIGC 时代的一条出路。

同时，在新闻报道中也要维护主流媒体的公信力，强化专业性和权威性。这就要求新闻工作者必须坚持真实、全面、准确的报道原则，通过生产客观、独立的新闻报道，不偏不倚地呈现事实，确保信息的准确性和可靠性，以赢得公众的信任和尊重。这样，主流媒体才能在媒介生态中发挥更大的作用，通过合作与整合来扩大舆论影响力，提高全局公信力，推动社会进步和理性决策。

总而言之，健全完善适应全媒体传播的人才培养及配套体系，就意味着加强对记者等新闻工作者的政治思想教育，严厉处置借职权之便牟取私利的违法行为，以先进的价值观作为新闻采编的指引；并且依托产学研结合培养模式，注重跨学科、跨文化、跨媒介的能力培养与提升，打造一支有思想、有知识、有素养、有境界的新型传媒人才队伍。

思考与练习

1. 请简述网络新闻采访的内涵与特征。

2. 新媒体时代，新闻专业主义精神在网络新闻采访过程中对记者有哪些新的要求？

3. 根据近期发生的新闻事件，选择适当的网络采访方式，写一则网络新闻采访提纲。

第二章

网络新闻写作

信息技术的发展催生了不同的内容生产方式与信息传播方式，这一点也深刻体现在新闻的生产过程中。网络的即时性、互动性等特点也决定了网络新闻的写作必然会呈现出与报纸、广播、电视等传统媒体完全不同的特征。其主要表现在网络新闻的层级化结构、写作技巧以及当前所处的特殊情境之上。

第一节 层级化写作

受版面安排与技术手段的影响，传统媒体往往将新闻事件及其具体信息以整体性、一次性形式呈现在受众面前。而对于网络新闻而言，微内容是其叙事单位，网络新闻就是由微内容在不同的层级上组合与聚合而成，并最终形成超文本的复杂形态[①]。对于一则能传达有效信息的新闻来说，新闻标题、导语与正文是必不可少的。在此基础上，网络新闻就其形式与内容做出了一定创新，并增加了可以通过跳转展开拓展化信息的超链接，使得网络新闻作品实现层级化。通常情况下，一个网络新闻作品由新闻标题、内容摘要、正文及相关信息构成。构成部分的出现并不固定，会根据新闻种类及风格变化。

① 华进.窗口·微内容·标题轴：网络新闻结构新解[J].青年记者，2013(5)：62-63.

案例 2－1

层次一(新闻标题)

孙蝉娟代表：希望能够帮助产后女性科技人才重返职场①

层次二(内容摘要)

10 月 23 日，中国妇女第十三次全国代表大会在京召开，1 793 名中国妇女十三大代表和 90 名特邀代表出席大会。澎湃新闻从全国妇联获悉，本届一大亮点是，当选代表中的女科技工作者达到 91 名，占 5.1%。网络通信与安全紫金山实验室未来网络中心科研人员孙蝉娟就是其中一位优秀女科技工作者。

层次三(正文)

“我将在网络强国建设新征程上发挥‘半边天’作用，用过硬的本领展现巾帼风采。”孙蝉娟表示，她很期待能在会议期间学习各地区在女性科技工作者的引领、联系、服务等方面的先进工作经验，回去后更好地开展针对女性科技工作者的妇联工作。

自 2020 年 9 月加入紫金山实验室起，孙蝉娟一直奋斗在科研前线，主要从事未来网络体系架构方面的研究工作。她所在的课题组成立于 2021 年 3 月，成立之初，孙蝉娟作为系统测试与交付组长，首先负责的就是组建测试团队。

“因为我们课题研究内容非常广泛，所以对测试人员能力模型要求很高，在半年时间内我组建了一支包含网络、云、区块链等多方向的测试团队。”孙蝉娟所带领的测试组主要承担了云原生算网操作系统的测试、验收、交付工作，承担国家重点研发计划——科技创新中心互联试验示范项目等多项国家级重大项目的测试及验收工作。

测试组中女性占比较多，在日常工作中，孙蝉娟将心比心，从兼顾工作和家庭的实际需求出发，为其工作伙伴们排忧解难。她积极与同事沟通，关心同

① 澎湃新闻.孙蝉娟代表：希望能够帮助产后女性科技人才重返职场[EB/OL].(2023－10－26)[2024－01－25]. https://www.thepaper.cn/newsDetail_forward_25061397.

事的家庭情况，并尽可能地为一些有困难的同事提供帮助。

“我一直在组内传递一个思想——上班时间不分心，下班时间不打扰。”这是孙蝉娟在工作中一直坚持的原则，为的就是让她所带领的测试组中的女性员工，能够在实验室全身心地工作，在家能做到对家人的高质量陪伴。

在实验室里，孙蝉娟是一位努力工作、关心同事的科技工作者。而在家里，她也是一位“二宝”妈妈。孙蝉娟坦言，紫金山实验室为女性科技人才提供了很多支持与帮助，这让她在孕期和哺乳期没有后顾之忧，很好地兼顾了家庭与工作。比如，实验室专门开辟了干净舒适的母婴室，方便哺乳期的妈妈们更好地休息和哺乳；每年的体检都会专门对女性进行妇科疾病筛查等；在保障怀孕和产后女性科技人才产假、哺乳假、育儿假等方面都落实非常到位。

孙蝉娟希望，未来能加大女性科技人才培养力度，鼓励女性科技人才承担重大科研项目，同时她也希望能够帮助产后女性科技人才重返职场，减少女性科技人才流失。

紫金山实验室是江苏省和南京市共同推进建设的重大科技创新平台，成立于 2018 年，目前拥有 1 000 多人的科研队伍。这个实验室在未来网络、B5G/6G 通信、网络安全等领域已经取得一系列世界领先的成果。

今年 7 月 6 日，习近平总书记在江苏省南京市考察紫金山实验室时指出，现在信息技术飞速发展，颠覆性技术随时可能出现，要走求实扎实的创新路子，为实现高水平科技自立自强立下功勋。

层次四(相关文章)

中国妇女十三大代表林琳：让更多全职妈妈走上更大的舞台(2023 - 10 - 25)

中国妇女十三大前瞻：基层一线代表占比近 7 成，最小代表 19 岁(2023 - 10 - 21)

人才引进：加拿大工程院院士洪汉平全职加盟哈工大(深圳)(2023 - 10 - 26)

一、新闻标题

网络新闻的标题作为受众得以进入阅读的契机与入口，在新闻中扮演着十分重要的角色。不同于报纸等纸媒刊载的新闻，网络新闻的标题与正文通常不同时出现，受众在新闻门户网站浏览新闻标题后才可以点击跳转至新闻正文。因此标题在受众阅读意愿上发挥着重要作用，需要兼具简洁明了、事实为主等特点。为了节省页面空间，网络新闻的标题字数通常要少于报纸新闻标题的字数，大多控制在10～15字之间。事实为主则是强调新闻事实在标题中的重要角色，为了用精简的语言将新闻的大意表传达清楚且能在海量的网络信息中吸引受众注意，新闻要素必须在标题中出现，避免表意不明、指向模糊等情况出现。

随着网络技术的不断发展，网络新闻兴起，网络新闻标题的重要性日益凸显，这是通向文章内容和其他链接唯一的、不可超越的入口，而且在当今信息量充斥整个社会的新形势下，新闻受众不再从海量信息中挖掘有效信息，而是从网络新闻标题中探寻感兴趣的内容，网络新闻标题成为吸引受众注意力的首要参考因素。新闻讲事实，标题是开场。只有“会说话”的标题，开场说得好，才能吸引受众继续阅读，更容易被受众所接受①。

二、内容摘要

内容摘要与新闻导语相似，都是通过提取新闻的关键要素，以最少的词句将内容简单概括，让受众在短时间内了解新闻事实。内容摘要发挥着提示新闻要点和导读全文的作用，无论是报纸刊登的新闻还是网络新闻，内容摘要准确与精彩程度都在很大程度上决定着新闻的传播效率。而受篇幅与字数限制，网络新闻想要以最凝练的语言达到最佳的效果也更有挑战性，因此也对网络内容摘要的写作提出了更高的要求。

（一）开门见山，传递信息

受众在阅读新闻时总是希望在短时间内抓住新闻的要害，因此在网络新闻中能够以最快的速度将关键信息呈现在受众面前，让其一看即知是非常重要的。

① 李秀芹，马东顺.融媒体时代新闻标题的规范与创新——以《人民日报》2018年获奖新闻标题为例[J].青年记者，2019(35)：68-69.

案例 2-2

“冬奥有她”公益项目收官　近万名女性小微企业家“乘风破浪”[①]

摘要：“冬奥有她”项目自 2019 年发起以来，通过线上＋线下的赋能形式，在微信及小鹅通两个平台，开展了 56 节直播课、120 节微课、61 节图文课，策划开展了 2 次线上专家课，京津冀三地近万名女性参加了赋能课程，其中6 254 名学员以优异的成绩完成了课程学习。

(二) 突出重点，凸显关键

导语的写作重点也会为全文的内容呈现定下基调，正文的文字运用，材料取舍等方面也就有了得以参考的标准，因此内容摘要应该将文章的重心与关键部分加以突出，好让受众可以快速获知最重要的信息。

案例 2-3

上半年就业形势总体改善，青年失业率有望 8 月后下降[②]

摘要：上半年，中国国内生产总值同比增长 5.5％，增速比去年明显加快，经济规模的扩大必然带来市场需求的增加，带来企业用工需要的增多，促进就业形势总体好转。此外，服务业加快增长，交通运输、住宿和餐饮业、旅游等接触型服务行业恢复势头较好，对就业扩大带动明显。

(三) 别有新意，吸引受众

除了信息的传达，内容摘要的故事性、趣味性、新奇性也是吸引受众的关键要件。

---

① “冬奥有她”公益项目收官　近万名女性小微企业家“乘风破浪”[EB/OL]. (2023-05-25)[2024-01-25]. https://www.chinatimes.net.cn/article/127661.html.

② 王悦，徐芸茜.上半年就业形势总体改善，青年失业率有望 8 月后下降[EB/OL]. (2023-07-18)[2024-01-25]. https://www.chinatimes.net.cn/article/128974.html.

案例 2-4

千亿“脱发经济”背后　新药研发不断提速①

摘要:《中国人雄激素性脱发诊疗指南》显示,在中国,男性雄脱患病率约为21.3%,女性患病率约为6%。也就是说,每五个男性中就有一人患雄脱。

三、正文

(一) 文字简洁,文章简短

受众对网络新闻的阅读习惯决定了网络新闻的篇幅不宜过长,否则受众在阅读时很容易产生疲劳与厌倦,因此网络新闻应该用尽可能简短的语言将新闻内容加以介绍和概括,将篇幅控制在受众可以通过两到三次的翻阅动作完成的字数以内。当内容偏长时,可以使用小标题加以分割与提示。

(二) 语言朴实,通俗易懂

与传统报纸的阅读群体相比,网络新闻的受众更加广泛,受众内部相互之间的文化程度差异较大,因此在语言上应该保持朴实易懂的风格,太过艰涩的文字会妨碍新闻信息的传达。相对活泼的口语化的文字和网络语也可以让新闻更具吸引力。

(三) 重点突出,详略得当

不论是普通文章还是新闻讯息,详略得当都是必备的写作技巧,内容摘要中的关键信息必须在正文中有所体现,篇幅与文字的调动应该服务于主要的新闻事实,这样受众在阅读时才能够更方便快速地捕捉关键信息。

① 孙梦圆.千亿“脱发经济”背后　新药研发不断提速[EB/OL].(2023-08-18)[2024-01-25].https://www.chinatimes.net.cn/article/129783.html.

案例 2-5

中国肥胖地图发布：41.1%男性体重超重，近九成肥胖患者存在并发症[①]

8 月 17 日，《中国肥胖患病率及相关并发症：1 580 万成年人的横断面真实世界研究》报告发表于学术期刊 *Diabetes*，*Obesity and Metabolism*（IF：5.8），绘制出了一幅数字版的“中国肥胖地图”，按照我国超重和肥胖的 BMI（身体质量指数）分类标准，1 580 万成年受试者中超重人群占比 34.8%，肥胖人群占比 14.1%。

报告数据显示，从肥胖的“性别差异”来看，超重和肥胖在男性中比女性更普遍，超重男性占比 41.1，女性占比 27.7%，肥胖男性占比 18.2%，女性占比 9.4%。

“男性更容易肥胖有几方面的原因，通常与其在生活或工作中所受压力和情绪有关。一是长期的过高压力和不良情绪易导致内分泌激素分泌紊乱，主要是应激激素-肾上腺糖皮质激素（既公众通常所指的激素）分泌大量增多，起到对抗胰岛素作用，增加腹部脂肪堆积，引起以‘将军肚’为特征的腹型肥胖。二是为缓解压力和释放情绪，男性常常会采取喝酒和过多进食等不良生活方式为手段。除过量进食外，酒精往往也会产生大量的热量，这样也会促进肥胖形成。三是睡眠问题。长期的睡眠不足或不规律，也会通过打破能量平衡而导致男性肥胖。”北京协和医院内分泌科伍学焱教授告诉人民日报健康客户端记者。

另外，从肥胖的“年龄差异”来看，超重和肥胖的比例在不同年龄段的男性和女性之间存在差异，男性的“肥胖高峰年龄”通常比女性小。男性超重患病率在 50 至 54 岁达到峰值（55 至 59 岁保持不变），女性则是在 65 至 69 岁达到峰值；男性的肥胖患病率在 35～39 岁达到峰值，而女性则是 70～74 岁。

糖尿病前期、脂肪肝，近九成肥胖患者存在并发症。整体人群中，最常见的肥胖相关并发症是脂肪肝（34.9%）、糖尿病前期（27.6%）、血脂异常（24.9%）和高血压（17.6%）。与健康体重参与者相比，超重/肥胖参与者的并

---

① 腾讯网.中国肥胖地图发布：41.1%男性体重超重，近九成肥胖患者存在并发症[EB/OL].（2023-08-20）[2024-01-25]. https://new.qq.com/rain/a/20230820A060AC00.

发症患病率明显更高(趋势 $P<0.001$)。

“现代人因饮食不节和久坐少动,以腹型肥胖为主要特点的代谢综合征人群剧增。代谢综合征是2型糖尿病的关键预测因素,同时也是心脑血管疾病的高危因素。代谢综合征早期就存在血管功能的病变,随着病程延长,大血管并发症、微血管并发症会相继出现。”清华大学玉泉医院内分泌免疫科副主任李步满告诉人民日报健康客户端记者。

伍学焱教授向记者分析道,实际上,肥胖很容易导致胰岛素抵抗。在人体能量代谢过程中,我们需要胰岛素协助摄血糖进入细胞线粒体产生能量。如果胰岛素抵抗,就会使得血糖不能被组织细胞的线粒体所利用,于是就在脂肪组织内以脂肪的形式被储存起来而加重肥胖和胰岛素抵抗,从而形成了一个恶性循环,所以肥胖是导致糖尿病的主要的因素之一。

“很多肥胖的患者,早期比较明显的症状是脖子上会出现‘黑棘皮’,‘黑棘皮’是高胰岛素血症所导致的特征性临床表现,这是一个很严重的警示,预示着糖尿病的正在靠近。所以,肥胖的患者,如果胰岛素异常高,应尽快就医,医生会建议改变生活方式,甚或使用增强胰岛素敏感的药物,例如二甲双胍,减少胰岛素在血液中的量,从而延缓甚至阻止糖尿病的发生。”

李步满认为,预防肥胖并发症,早发现、早评估、早干预是重要策略。代谢综合征是生活方式病,管住嘴、迈开腿、中医药综合干预调理等是必要的措施。

这篇网络新闻结构清晰,信息传达到位,层次分明。首先标题直接点明了新闻的核心内容,有助于迅速吸引目标受众群体。同时文章清晰地列出了关键数据,如超重和肥胖人群的占比,以及并发症的比例,这些数据有助于受众快速把握肥胖问题的严重性。为保证科学性和严谨性,引用了北京协和医院和清华大学玉泉医院的专家意见,增加了报道的权威性。同时提供了预防肥胖并发症的实际策略,增强了报道的实用价值。尽管如此,报道在视觉元素和互动性方面还有提升空间,例如加入图表和图像可以更直观地展示数据,提高信息的传达效果。

四、相关信息

相关信息是添加在新闻正文之后的与新闻有关的信息,通常包含“推荐新闻”“评论”“跟帖”等背景信息及相关资料，为了让受众在阅读新闻时能够更好地理解新闻事件所处的背景和理解新闻必备的拓展资料，相关信息的存在是十分必要的。除了作为受众对网络新闻的阅读延伸，相关信息作为网络新闻的延展部分也为受众提供了一个全新的互动入口。

相关信息的补充工作当前多依靠发布系统自动完成，在此之前，编辑记者需要输入相关的关键词供系统关联使用。这也意味着相关信息的推荐很大程度上依赖系统的智能程度与编排方式，距离受众想要获得的信息辅助状态仍然有很大的距离。为了达到相关信息的完善度与关联推荐的精准度，新闻编辑在选取新闻关键词时需要投注更多精力。

每篇稿件在提交主编之前都须经过查重，符合文字复制比要求。这也对编辑记者的工作提出了更高的要求，需要在系统推荐的基础上进行进一步的删除与筛选，为受众提供最合适的信息环境。

第二节　网络新闻写作技巧

一、即时滚动写作

即时滚动写作是一种在实时环境下进行的写作方式，与单篇静态的传统新闻不同，它允许记者或团队以迅速、连贯且持续的方式记录和发布信息。即时滚动写作受益于新闻媒介的变化与技术的更迭，不再受制于报纸的出版时间与周期，彻底突破了时间限制，实现了与受众的零时差沟通。记者可以快速地将文字、图像、视频等内容传达给受众，而受众可以立即看到这些内容的更新。这种写作形式通常用于新闻报道、直播事件、体育比赛、大型会议等需要即时发布信息的场景。

案例 2－6

2023 年 10 月 7 日，巴勒斯坦伊斯兰抵抗运动宣布对以色列发动军事行动，巴以冲突一触即发，我们来看 10 月 7 日潮新闻客户端对这次冲突进行的动态跟踪报道。

滚动丨哈马斯下属武装派别向以色列发起大规模导弹袭击[①]

10月7日

【23:58 消息】

以军空袭加沙高层建筑　哈马斯称将对特拉维夫发动更多袭击

当地时间7日晚间，以色列国防军发表声明称，以空军对加沙地带的两栋高层建筑发动了空袭，这两栋建筑为哈马斯的军事资产。对此，巴勒斯坦媒体援引哈马斯军事领导人的话称，哈马斯将对特拉维夫发动更多袭击。（据央视新闻）

与此同时，巴勒斯坦当地媒体援引哈马斯领导人哈尼亚的声明，表示此次针对以色列的军事行动，是解放包括耶路撒冷在内的巴勒斯坦土地和人民、解放被以色列关押巴勒斯坦人的“战争”的开始。

【22:34 消息】

以军证实有以色列人遭哈马斯劫持

当地时间7日，以色列媒体援引以色列国防军发言人的话称，在加沙地带边境与巴勒斯坦伊斯兰抵抗运动（哈马斯）武装人员的交火中，有以色列人遭劫持，并有以军士兵在交火中身亡。

7日，哈马斯高级指挥官萨利赫·阿鲁里在接受媒体采访时说，哈马斯目前扣押了大量以色列俘虏，其中包括以方高级军官。（据央视新闻）

【18:04 消息】

中国驻以色列使馆：一名中国工人在以色列南部被流弹打伤

当地时间10月7日，中国驻以色列使馆证实，在当天的巴以冲突中，一名中国工人在以色列南部阿什凯隆附近被流弹打伤，目前正在医院救治。（据央视新闻）

【17:48 消息】

驻以色列使馆紧急提醒在以中国公民切实加强安全防范

中国驻以色列使馆发布安全提醒称，以色列多地今晨响起防空警报，可听

---

① 潮新闻客户端. 滚动丨哈马斯下属武装派别向以色列发起大规模导弹袭击[EB/OL].（2023-10-08）[2024-01-25]. https://baijiahao.baidu.com/s?id=1779152837451376919&wfr=spider&for=pc.

到火箭弹爆炸声。特此再次提醒全体在以中国公民密切关注安全形势,避免外出,警报响起时,及时到避弹间躲避,确保安全。

另据以色列旅游部门提醒,考虑到当前复杂安全局势,全以境内各类旅游活动即刻暂停,已入境外国游客应停留在酒店房间内,避免外出。请在以中国公民务必留意并遵守相关安全指引,特别是要熟悉避弹场所位置及分布,听到防空警报后,第一时间撤离至避弹场所。

如遇紧急情况,请及时报警并与使馆取得联系。

以色列报警电话:+972-100

医疗急救电话:+972-101

中国外交部全球领事保护与服务应急呼叫中心电话:+86-10-12308或+86-10-65612308

中国驻以色列使馆领事保护电话:+972-3-5459520

(据央视新闻)

【17:41 消息】

埃及对巴以局势持续升级发出警告

当地时间10月7日,埃及外交部发表声明称,巴勒斯坦和以色列双方之间的局势持续升级,将引发可怕的危险。

埃及呼吁以色列保持最大限度的克制,避免平民遭受危险,并警告暴力升级将造成严重后果,并对推动停战的努力产生负面影响。埃及呼吁国际社会立即进行干预,制止巴以双方持续升级的局势。(据央视新闻)

【15:37 消息】

以军将军事行动命名为“铁剑”

以色列国防军已正式发起针对加沙地带武装组织的军事行动,并命名为“铁剑”。以色列国防部长加兰特发表声明,表示哈马斯组织犯了一个巨大的错误,以色列将赢得这场战争。与此同时,以军已开始动员数万名预备役士兵。(央视新闻客户端)

【14:16 消息】

杰哈德宣布加入哈马斯对以色列军事行动

据路透社报道,当地时间10月7日,巴勒斯坦伊斯兰圣战组织(杰哈德)宣布加入巴勒斯坦伊斯兰抵抗运动(哈马斯)对以色列的军事行动。

【13:30 消息】

哈马斯宣布对以色列展开新一轮军事行动

当地时间10月7日，巴勒斯坦伊斯兰抵抗运动（哈马斯）宣布，对以色列展开新一轮名为“阿克萨洪水（Al-Aqsa Flood）”的军事行动。

哈马斯方面表示，在新的军事行动中，已发射数千枚火箭弹。（据央视新闻）

【13:22 消息】

以军称开始对加沙地带哈马斯目标发动空袭

当地时间7日早晨，以色列国防军发表声明，表示开始对加沙地带的巴勒斯坦伊斯兰抵抗运动（哈马斯）目标发动空袭。

以色列国防军发表声明称，此次袭击是巴勒斯坦伊斯兰抵抗运动（哈马斯）实施，以色列国防军将采取行动进行回应。（据央视新闻）

【13:14 消息】

以军宣布进入战争状态

以色列国防军发表声明称其已进入战争状态。声明指出，巴勒斯坦伊斯兰抵抗运动（哈马斯）将承担此次袭击的全部责任和后果。（据央视新闻）

【12:19 消息】

加沙地带武装组织向以色列境内发射多枚火箭弹

当地时间7日清晨，加沙地带武装组织向以色列境内发射多枚火箭弹，包括经济重镇特拉维夫在内的以色列南部和中部地区持续拉响防空警报，靠近加沙地带边境的多个以色列城镇上空传出爆炸声。

根据当地媒体援引以色列急救组织消息，袭击已经造成5名以色列人受伤，其中1名70多岁的妇女伤势严重。以色列国防军要求以色列中部和南部居民保持在防空洞附近区域。

以色列总理内塔尼亚胡和国防部长加兰特等高级官员将就此举行紧急会议。（据央视新闻）

即时滚动的新闻写作方式以快讯为主，并根据事件发展不断补充细节，力求捕捉新闻事件的最新动态，为受众呈现事情发展的全过程。

二、超文本写作

超文本写作的概念是与传统媒体的线性文本写作对比产生的，新平台的产生必然会催生新的文本内容，其主要体现在技术手段的使用与文本中信息之间的链接方式。

(一) 多媒体技术的运用

1. 不同类型的多媒体信息

报纸等传统媒体呈现的新闻报道大多以文字为主，一方面，这受制于报纸这种媒体形式，另一方面文字的可读性与确定性也为受众缩短了获知新闻信息的时间与精力成本，一定程度上为受众提供了思考的间隙与想象的空间。但是与广播电视这样的媒介相比，文字在表达的生动性和感官的调动性上相对欠缺，在描绘新闻时难以像声音、视频报道一样真实、具体与客观。由此可见，不同的媒体信息与技术都有各自的优势与局限性。而网络新闻媒体作为多媒体传播的平台，可以将不同的媒体信息与技术手段汇聚在同一个平台甚至整合在同一篇新闻报道之中①。要实现这种变化，既需要对每一种信息的作用有透彻了解，也需要对它们的整合原则和整合方法有深入认识。

(1) 文字

正如上文提到的，尽管其他类型的媒体信息同样发挥着重要作用，但文字仍然扮演着无法替代的角色，文字仍然是一篇新闻报道的主要构成成分。文字特有的诠释作用不可替代：无论是新闻内容的解读还是新闻评论的呈现，文字都是其得以成立的主要形式，特别是在一些深度报道之中。即便是在多媒体报道兴盛的当下，编辑、专家甚至网友的文字评论仍然是构成新闻报道的重要要素。除此之外，文字也是各种多媒体信息的黏合剂，图片、视频、音频等内容若不加以整合与组织会呈现出各自独立、相互离散的状态，并不能真正服务于新闻主题，而文字的串联使得各种新闻素材得以有机结合。除了诠释与黏合的作用，在上文中提到的相关信息这一构成要素中，新闻背景与相关知识常常选取自报纸、杂志或者网站资料，也需要文字对其加以概括与整合，从而转化为真正能给予受众帮助的有效信息。因此，文字作为最基础的信息要件，在网络新闻中不可或缺且至关重要。

---

① 彭兰.网络传播概论[M].2版.北京：中国人民大学出版社，2009：99.

（2）图片与图表

常见的新闻图片包含记者、采访对象、新闻地点、新闻事件的照片，也包含一些资料图片等，当然这其中也有一些为了新闻内容的呈现而制作的新闻图表。

新闻图片往往服务于新闻的主题、气氛基调与信息调动。通常，新闻主角与新闻地点等关键要素图片的出现有助于受众记住故事的主要人物或核心场景，这对于新闻主要内容的传达是非常必要的。除了信息提要，图片比文字的描述更加直观，能够给予受众更强烈的临场感与沉浸式体验，使其加深对新闻主要内容的记忆与理解，感受新闻的主要气氛与报道基调。

部分由信息加工制作而成的图表则常常承担着信息传达的作用，无论是枯燥的新闻数据，相对复杂的事件过程还是更为专业的资料对比，都需要图表的拆分与重组，将数据与信息以更加简洁明了或是具有趣味性的形式呈现给广泛的受众。

无论是图片还是图表，都在一定程度上缓解了受众的阅读疲劳，拓展信息获知的渠道。图片与图表的插入同样讲求质量以及与文字内容的适配度，必要时也需要对其进行合适的处理。

（3）音频

多媒体报道中，音频的使用也非常常见。除了音频新闻，可以利用的音频素材还有采访录音、背景与环境音响、音乐以及补充性的音频资料，等等。与图片的使用相同，音频在网络新闻中的出现同样在内容形式的丰富与信息解释上发挥着独特作用。相比之下，音频更大的作用在于作为“证据”出现在新闻内容之中，增强新闻的真实性与确定性，因此其常与相关引语与介绍语伴随以音频链接的形式出现。背景音乐的运用则主要运用于一些专题报道中烘托气氛、传达情绪，使受众能在感官上被调动从而沉浸其中。

（4）视频

视频形式的素材往往兼具图片、文字、音频、动画等多种多媒体信息的作用，其主要为现场拍摄的影像或者摘取的影视资料片段。在音频、图像的配合之下，视频能达到的临场感在多媒体信息中是最佳的，特别是在突发事件、自然灾害、表演、赛事等内容的报道中，视频内容代替记者将观者引领进入新闻现场，感受新闻环境与新闻事件。除了现场影像资料，新闻中选取插入的影视片段，也可以起到信息解释说明、气氛调节、重现事件的戏剧冲突等作用。需要注意的是，因为视频观看在感官调动上更加全面，需要的时间与注意力成本也更大，所以更容易引发观看疲劳。在视频信息的选取上应当选取最有说服力和代表性的视频，发挥比其他多媒体信息单独出现更有力的说明作用。

2. 多媒体新闻

多媒体信息和技术的丰富与发展使得多媒体新闻也随之出现。多媒体新闻整合了文字、图片、音频和视频等多种媒体形式，使两种以上的媒介形态实现有机统一，打破了传统新闻单一线性等特点，为受众提供了更加丰富、生动的新闻内容。多媒体新闻更好地满足了互联网时代受众对新闻提出的新期待与新要求，在网络新闻的生动性、丰富性、即时性与互动性上有了新的突破。

前文详细介绍并分析了网络新闻中常见的几种多媒体信息各自的优势与应用的场景，而如何将上述信息有效结合也是新闻写作中必须面对并解决的问题。对于多媒体新闻来说，如何实现各种多媒体信息的融合，成为真正服务于内容的新闻形式是新闻写作中需要注意的问题。

节省成本，物尽其用。在多媒体信息的选择和使用中，经济、省时、有效的信息应当优先处理，避免加入冗余的信息，增加新闻写作与阅读的难度。每种信息类型的出现都应该发挥相应的、独特的作用，而非徒劳堆砌、流于形式。在多媒体信息的运用上也要做到物尽其用，利用信息分析技术手段使其发挥最大的功用。

当一篇网络新闻报道需要利用多种新媒体信息类型时，如何让多种信息相互配合，共同服务于新闻主题与新闻效果，达到 1＋1＞2 的效果也是需要思考的问题。这些信息与手段如果不加融合就会呈现出相互孤立、离散的局面。就像合唱一样，不同的信息手段扮演着不同的声部，有着各自不同的音色。完美的乐曲是各个声部相互配合，浑然一体的结果。在网络新闻写作中，可以使用网页编辑技术与 Flash 技术将不同类型的信息加以整合呈现。同时还要注意比重，要做到主体明确，详略得当，避免无意义的堆砌。

随着信息技术的发展，网络新闻的传播形式也发展出了不同形态，其在表现形式和表现内容方面存在少数不同交叉，但所包括内容无非是音频、图像、文字以及视频的合成。所谓融到深处、回归内容，任何发展形态都是以大幅度提高新闻利用率和价值为目的，而这正是媒介融合的核心。在此基础上融入更加多元的要素，给受众带来丰富的新闻内容与视觉效果，通过更富情感的表达与更沉浸式的形式使受众更好地理解新闻内容并加入互动才能完成新闻内容真正的传达。

然而多媒体新闻的普及也会使得信息过载，大量音频、图像、视频的出现使受众很容易出现视觉疲劳，因此如何设计出更具吸引力和有效传达信息的多媒体内容是绕不开的问题。而多媒体新闻的制作往往需要更高的技术要求与制作成本，这也是一个新的挑战。在运用各种新闻素材与信息时，常常会涉及版权与知识产权的问题，需要新闻写作者有相对明晰的版权意识，并在广泛的图文信息中进行辨别与筛选，确保信息来源的合法性与内容的真实性，避免出现侵权、虚假新闻与失实报道。

总而言之，相比传统新闻来说，多媒体新闻在内容丰富性与阅读体验上有许多优势，但它也对新闻写作者提出了诸多挑战。传媒行业与新闻机构需要在制度完善、技术更新、内容创新等多方面发力，才能发挥出多媒体新闻在网络新闻报道中的真正优势。

(二) 超链接的设置

网络信息层次化的技术基础是伯纳斯-李(Tim Berners-Lee)提出的超链接。超链接使得新闻相关的信息超越了传统的纯文本形式与线性结构，呈现出更丰富合理的内容与结构形式。

1. 超链接的重要作用

(1) 拓展新闻内容，扩充新闻信息

在网络新闻中，需要加入链接的部分各有不同，新闻中出现的人物、地点、特定的名称与概念，以及与新闻内容相关的过往新闻、政策法规以及背景信息等都可以根据需要插入。超链接的插入可以将受众引导至相关的文本信息、过往的新闻报道、可供信息搜索的网站网址与搜索引擎。因此，超链接的插入可以从全方位补充新闻所需的信息，帮助受众以更直接的方式接触到新闻的深层背景，感知新闻内容的深度与广度。

(2) 创新新闻形式，方便受众阅读

超链接的加入也使得新闻的呈现形式发生了非常显著的变化。在传统的写作模式中，“倒金字塔”等新闻写作结构已经在尝试将受众更关心的内容放置在更直观醒目的位置，以便受众阅读。然而信息冗余的情况仍然存在，这是由新闻有限的篇幅与线性的叙述结构所决定的。超链接的加入使得材料与文章内容分层具有可行性，在网络新闻的写作中可以搭建新闻主干，再以超链接的形式给出细节信息与相关内容。这样的写作方式既可以给予受众基本的内容向导，又赋予受众极大的自主权，可自由选择想要详细阅读的部分。超链接加入新闻中的表达，则实现了受众个性化阅读的培养。首先，超链接连接的不同意义文本为用户个性化阅读提供了可能。在超链接语境下，用户可以自主选择自己喜欢的新闻信息进行阅读，文本意义的开放性，促成了用户的个性化阅读。其次，超链接语境下，不同信息的获取路径也促成了对同一信息的不同理解，这就为用户的个性化阅读提供支撑。这促使用户摆脱了传统的新闻信息中用户只能沿着新闻从业者提供的既定的路径进行阅读的方式，形成了用户的个性化阅读①。

（3）延伸新闻报道，实现动态更新

网络新闻的超链接技术对于新闻信息的拓展与补充不是平面的，而是立体的，多维度的。超链接的插入在原有的基础上进行了更加横向或是纵深的报道，新闻的连续性、深刻性上都得到了很大程度的提升。这使得一篇完整的网络新闻像是繁茂生长的大树，土壤之下是繁茂的根系，深入详尽的内容打造了立体连续的新闻之"网"。这样的组成结构与写作模式不仅可以实现内容的延伸与连接，评论、补充叙述等受众与作者之间的互动形式，也为信息的不断补充与动态更新提供了新的入口，不断为新闻内容注入活力，实现真正的动态更新。

2. 设置超链接的注意事项

（1）避免过度使用，减少信息冗余

由于超链接信息容量较高且不受控制，大量信息被创造并快速传播，极容易导致信息泛滥，从而使受众在信息阅读过程中"迷路"，因多次跳转或者无限的延伸，逐渐偏离其想要阅读的新闻主体。因此在插入超链接时需要进行筛选和判断，注重插入信息的质量，避免信息的大量堆砌。在使用超链接之前需要对其必要性进行思考，使其达到解释信息完善结构的作用，通过减少不必要的信息链接避免信息冗余，减轻受众阅读负担。

（2）注意设置方式，实现内容协调

在超链接的插入位置与打开方式上始终存在许多争议，研究者与业内人士也仍未达成共识。超链接出现的位置可以是正文相关引导之后，也可以位于文章末尾，其在阅读的便利性和信息的传达度上各有利弊。有的网站采用

① 李静茹.超链接在融合新闻文本中的应用研究[J].新媒体研究，2019，5(14)：13-14.

直接跳转至新页面代替当前页面的方式，有的网站则借助小窗等信息提示方法对链接内容进行呈现。超链接放置的位置与跳转的方式需要结合具体的新闻内容进行设置，达到与新闻主体相互配合，协调一致的效果，没有单一固定的模式可以套用。同样的，受众打开链接的方式也不止一种。

案例 2-7　央视网关于东航客机坠毁的报道

东航一客机坠毁：多路救援力量集结　现场救援画面曝光[①]

央视网消息：3 月 21 日 14 时 38 分许，东方航空公司 MU5735 航班执行昆明—广州任务时，在广西梧州市上空失联并坠毁。机上载有乘客 123 人、机组人员 9 人。经确认，坠毁位置为广西梧州市埌南镇莫埌村神塘表附近山林，坠机引发的森林火灾当天被扑灭。东航客机坠毁后，国家民航局启动应急机制，并派出工作组于昨晚抵达梧州迅速开展工作，指导协助当地现场救援、善后处置等，南部战区组织兵力赶赴坠机现场救援＜＜＜详情进入

据“南部战区”微信公众号消息，东航客机在广西梧州藤县坠毁后，南部战区迅速启动应急机制，梧州军分区、武警梧州支队第一时间组织救援力量赶赴事故现场展开救援。陆军某陆航旅、某合成旅、某空中突击旅，空军某运搜旅，武警驻事发地周边力量等迅速完成备勤，随时准备支援，百余名专家及医护工作人员已抵达梧州＜＜＜详情进入

东航客机坠毁之后，各方力量第一时间启动应急机制并向现场集结，总台记者直击事故现场　搜救人员连夜搜救＜＜＜详情进入

另一路总台记者廖汨昨夜今晨也一直守候在事发现场，一起来看看她 22 日凌晨发回的最新报道。我现在就是在距离事故核心现场大概二三十米的地方，走到这里的时候我们可以看到已经有工作人员在现场警戒，我们也没办法再往里走了，但是我们可以通过镜头往山上面看，有灯光的（地方），搜救人员还在进行搜救工作。

3 月 22 日凌晨 3 点多钟，一台装载着雨衣、雨鞋和帐篷的物资车抵达了莫

① 央视网.东航一客机坠毁：多路救援力量集结　现场救援画面曝光.（2022-03-22）[2024-01-25]. https://news.cctv.com/2022/03/22/ARTIOm8ubH2uZfTRCCpMZnIV220322.shtml.

埌小学，现在工作人员正在进行搬运工作。根据最新的气象预报显示，在 22 日当天藤县会有新的一轮降温降雨的过程，当地也是提前做好应急准备工作。3 月 22 日凌晨，东航客机坠毁事故现场应急指挥部灯火通明，相关职能部门正连夜开展搜救工作，一些救援装备也陆续用于救援中。

记者从东航方面获悉，此次坠机事故发生后，该公司已经停飞所有 737 -800 客机。昨晚 8 点，东航专项工作组抵达广西梧州。

这则新闻交代了东航客机坠机的基本事实，并补充了后续关于人员抢救和现场救援的相关内容，用梗概的形式为受众梳理出一条清晰的时间线与阅读线索。同时，文章通过设置超链接的方式对文中提到的内容及线索做了更加具体的阐述与补充，从不同角度使得新闻内容更加完整。在阅读时，受众可以通过点击链接播放插入的音视频。它们分别是：

1. 视频简讯：南部战区组织兵力赶赴坠机现场救援
2. 视频简讯：百余名专家及医护工作人员抵达梧州救援
3. 视频详讯：东航客航坠机现场搜救人员连夜搜救

潮新闻编辑中心和潮新闻创意设计中心联合制作的互动式新闻项目“不凡之路”，展示了 210 省道浦江段的变迁史以及它对当地居民生活带来的积极影响。该互动式新闻，为用户提供了沉浸式的体验，让用户通过滑屏和点击操作深入了解 210 省道浦江段的变迁及其对当地社区的影响。每一个省道旁的关键地点，如村庄等，都配套了相应的超链接，点击即可了解详细的背景资料和发展现状①。整合了丰富的多媒体内容，为用户提供了一个扩展信息的平台，增加了透明度和可信度。这种结合互动式和超链接新闻的方法，不仅为用户提供了个性化的探索路径，也展示了数字时代新闻传播的新方向，即通过技术应用和创意设计，实现信息的深度整合和有效传达。

（三）互动式写作

早在纸媒、广播电视媒体兴盛的时代，新闻界就已经出现有关互动新闻的描述。彼时，互动新闻的衡量标准较为泛化，多聚焦于浅层互动关系，例如受

① 潮新闻编辑中心＋潮新闻创意设计中心：不凡之路[EB/OL].(2023 - 08 - 15)[2024 -03 -28]. https://h5cases.shobserver.com/h5details/64e45ab031131553c5486aa6/.

众来信、热线爆料、记者采访等方式。囿于技术的限制，早期互动新闻中的互动理念具有参与权和参与感的双重局限性。只有一小部分参与互动的新闻受众才有可能获得互动体验，而大多数新闻受众只是纯粹的旁观者[①]。互联网与社交媒体的发展为不同的主体创造了新闻写作的机会，也为写作主体与受众之间搭建了联络的桥梁。互动式写作就是一种写作主体与受众进行双向沟通和参与的写作方式。传统的新闻写作之中，新闻的传、受二者角色分工非常明确，表现为一种单向的输送关系。互动式写作打破了这种单向的新闻传送，将受众也纳入了新闻创作的系统之中，使受众拥有极大的主动权并能与新闻写作者进行互动。

受众与新闻写作者的互动体现在很多方面，其中，受众评论和回应是网络新闻中常见的互动式写作形式。网络新闻的发布平台与社交媒体通常都会设置评论区，受众可以在文章下方发表自己对新闻事件的评论。受众评论是一种非常及时与直观的互动，几乎可以做到零时差，受众能够在非常短的时间内对网络新闻内容给出自己的反馈与补充。

除此之外，网络新闻中的在线投票和调查也是互动式写作的重要组成部分。作者通过在文章中加入主题投票或问卷等形式的调查让受众加入内容创作之中，其结果甚至影响到内容的结论与观点。这种形式不仅为受众提供了相当大的参与感，也使得新闻报道通过网络媒体选取了合适的调查样本从而得出更具代表性的调查结果，是一种非常有价值的互动形式。

当然，受众在社交媒体或者相关平台针对特定的新闻话题所发布的内容也是参与互动式写作的重要形式。用户通过上传照片、视频或撰写文章等方式参与新闻报道的相关讨论，为网络新闻的进一步报道提供了更多线索与思路。

随着技术的发展，多媒体信息构建起更具丰富性和趣味性的互动新闻，为受众呈现出更加真实的新闻场景，强化了沉浸式体验带来的“目击感”，让新闻变得可听、可看、可感。VR（Virtual Reality，虚拟现实）技术、AR（Augmented Reality，增强现实）技术的广泛运用，甚至让受众能够“穿越”屏幕“置身”于新闻现场，以

---

① 乐和晴.媒体融合背景下互动新闻的兴起与未来：以行动者网络理论为视角[J].新媒体研究，2022，8(12)：48－51.

第一视角身临其境地“亲历”新闻事件，将互动与协作推至全新的高度。

互动式写作为受众提供了一个通往新闻写作的通道，改变了过去只能被动接收的状态，极大地调动了他们的阅读兴趣与参与的积极性。受众的加入也为作者提供了更多的视角和信息来源，一定程度上避免了新闻报道的片面性与主观性，为创造更全面客观深度的报道提供了可能性。这种互动不仅能够促进内容补充、信息拓展、知识共享和合作，也能够建立起一个良性沟通、共建共治的社区氛围。

写作主体的加入当然也会增加一定的风险，使虚假信息和恶意评论更易出现，混淆视听，影响新闻报道的可信度和公正性。因此，互动式写作需要新闻创作主体有敏锐的察觉与及时的干预意识，在共创中发挥好引导作用；不仅要提供相对专业权威的信息，定下整个报道的主基调，还要整理梳理受众在共同写作中提供的信息，及时剔除虚假信息与不良言论以维护良好的互动环境和言论自由。互动式写作是一种利弊共存的写作技巧与写作形式，需要发布平台与新闻媒体共同治理，通过设立明确的参与规则并及时地审核监控来发挥其独特的优势，为网络新闻报道贡献其力量。

案例 2-8

《铁血铸军魂》[①]是央视新闻移动网在中国人民解放军建军90周年之际，推出的创意H5(第五代超文本标记语言)系列产品，包含《铸魂》《砺剑》《红色记忆》三大板块与阅兵系列直播《沙场点兵》产品集，用户可通过自主切换，实现交互浏览(图2-1)。

其中每个板块都提供了一些予以用户自主性的交互式选择，比如评论、选择性阅读、远近景拖动和趣味答题，等等(图2-2)。

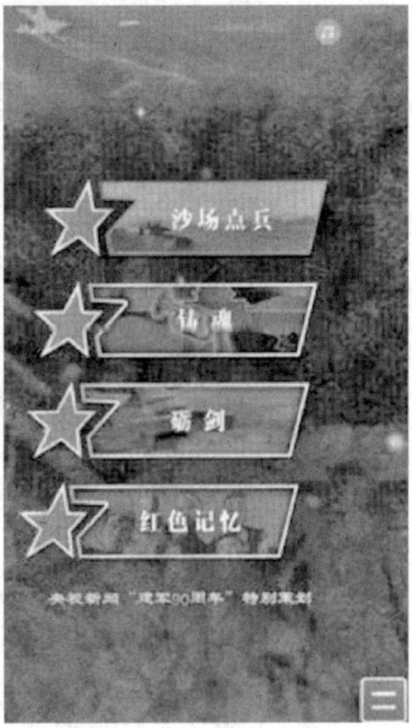

图2-1　《铁血铸军魂》界面

① 网易.基于移动终端的交互式新闻作品评析——以中国新闻奖“H5”作品为例[EB/OL].(2018-10-19)[2024-01-25]. https://www.163.com/dy/article/DUFNHD3205148AoV.html.

图 2－2 《铁血铸军魂》交互设计界面

第三节　网络新闻写作面临的挑战与困境

发布平台、技术手段、传播方式等的更迭使得网络新闻的写作表现出不同理念与形态，但传统新闻写作中所要求的新闻价值、新闻伦理、新闻真实等要素在网络新闻中依然是不可动摇的关键所在。随着互联网的发展，依托其产生并兴盛的网络新闻迎来新机遇的同时，也面临着许多挑战。

一、不断被挑战的新闻真实性

媒介技术的发展使得传播主体不再单一，传播已经不再是谁的特权。随着"人人都有麦克风"的时代来临，每个组织、机构甚至每个有能力使用网络平台并发表言论的人都被赋予了自由发声的权利。在网络环境这个几乎不受限制与拘束的空间之中，传播信息的结构不再是垂直的、层层递进的，而是扁平且分散的。每个人在网络空间中都拥有均等的发声权利，这也意味着网络信息的源头和网络新闻的制作者不再是单一的。然而，由于没有经过专业的训练，并非所有个体都有专业的信息搜集与加工能力，有的甚至不具备基本的媒介素养与伦理道德，舆论环境离"百家争鸣"的繁荣景象仍然有相当的距离。

网络新闻自出现就以其突出优势"快速传播"受到广泛认可，人们可以在移动端以最惊人的速度接收最新鲜的资讯，新鲜与迅捷也就成了网络新闻不断追求的目标。在对传播速度的追逐中，准确性往往成为牺牲品。有些人与部分机构为了追求新闻的时效性，保证新闻的独家性，常常在未谨慎核对事实的情况下就发布新闻，待真相水落石出时又不得不将已发布的新闻撤销。这样的事情时有发生，导致公众对网络新闻的信任度与接受度也逐渐下降。

2020 年 5 月 30 日，网民"小岛里的大海"在微博上声称广州市方圆实验小学的一名教师体罚自己 6 岁的女儿，女儿原本患有哮喘，在叮嘱班主任并"送礼"6 万元以后，依旧被罚跑 10 圈，导致女儿剧烈呕吐、吐血，右手神经受损，留下严重后遗症，自己也曾经在凌晨 2 点遭到老师的攻击。随后，各大媒体与个人自媒体账号争相报道转载，然而就在 5 月 31 日，广州市白云警方通报，发帖人承认其女儿因体罚吐血、凌晨2点遭到老师殴打，送6万元等是为扩大影响而编造的谎言，照片展示的衣服"血迹"实为化妆品和水，其女儿目前精神状态良好[①]。

这样的情况时有发生，国内外网站都深受困扰。虽然各大网站都在建立相应的核查制度与奖励奖项，但失实信息和假新闻仍然没有真正断绝，网络新闻的可信度也不断被挑战。

2004年，美国传播学者拉尔夫·凯伊斯(Ralph Keyes)最先提出"后真相"概念。"后真相"指的是各种诉诸情感与个人信仰的内容与陈述客观事实相比更容易影响民意的各类情况。"后真相"时代，人与人之间的距离也越来越近，社交媒体平台中每个个体都能够发出和接收信息，社交媒体与网络舆论也有着千丝万缕的联系。换句话说，在后真相时代，真相没有被篡改，也没有被质疑，只是变得很次要了。人们不再相信真相，而更相信感觉。往往在新闻媒体的报道出炉前，受众已经对特定事件或问题形成了潜在共识和认知框架。

当然，对于网络新闻的真实性，不少学者也持相对乐观的观点，认为更加不同的消息源和参与主体使得事情能够从更多角度被展示与评论，从而共同加速事情真相的揭露。网络环境赋予新闻创作主体的自由度也会提升新闻在宏观上的客观性与真实性，从而实现一种微妙的动态平衡。

因此，作为新媒体时代的网民和网络新闻的受众，真相的获知既受到外部内容创作环境的影响，又受到网民内部群体心理的影响。在复杂的舆论环境中，新闻媒体的任务不仅仅是报道真相，更重要的是要让受众接受真相，这是比告知真相更难也更重要的事。

二、模糊不清的新闻侵权边界

网络新闻的广泛生产与传播极大地拓宽了公众获取信息的途径，但同时也引发了众多版权纠纷和各类新闻侵权问题。传统媒体的原创内容在未经授权的情况下被频繁转载，而版权所有者在维权过程中面临重重困难。《中华人民共和国民法典》第一千一百六十五条规定了民事侵权责任的一般条款，明确

① 网易.一再反转！网曝广州6岁女童被老师体罚到吐血，造谣家长被刑拘[EB/OL].(2020-06-02)[2024-01-25]. https://www.163.com/dy/article/FE4V60GF05370IEY.html.

了侵权行为的构成要件。虽然网络新闻侵权问题的界定和解决存在难度，但现有的法律资源已经为版权保护提供了一定的框架和指导。需要进一步强化的是法律的执行力度，提高自媒体的法律意识，以及完善相关法律，从而更有效地解决新闻侵权问题。

新闻侵权是指通过新闻媒介侵害公民、法人或其他组织的名誉权、隐私权、姓名权、名称权及其他合法权益的行为[①]。网络新闻侵权是一种新闻侵权行为，是利用网络这一特殊媒介进行传播，而造成对他人的侵权行为。具体来说，网络新闻侵权是指网络新闻的发布者或传播者，向公众传播内容不当或法律禁止的内容，侵犯他人合法权益并造成损害的侵权行为。在互联网环境下，新闻侵权一般包括：侵犯肖像权、侵犯隐私权、侵犯著作权、侵犯名誉权。

新媒体时代下，新闻行业的门槛越来越低，人人都可以在其社交软件上发布、转发新闻。除此之外，网络新闻的制作与生产过程中许多资料与素材由于纷繁复杂，溯源困难。出于牟取商业利益的目的，未经被报道者同意就在新闻媒介上使用擅自使用他人信息的行为时有发生。同时因为追责困难，网络新闻中可能出现的不实信息也会以文字、语言或图像等形式对当事人的名誉造成侵害。

最具争议性的是网络新闻在著作权侵犯方面的讨论。网络的开放性和超链接技术的大量应用使新闻写作者之间的内容引用更加便利，网络传播更让其产生的后果快速扩大。当下很多网站都会蹭热点时事或娱乐八卦的热度，迅速发布能够满足用户猎奇心理的新闻报道。其中对于点击率和浏览量较高的新闻报道，一些网站常常通过删除信息及修改信息、重新加工新闻作品的具体内容、修改新闻的相关链接、完全剽窃甚至恶意篡改的方式转载或发布，以吸引大众注意力，获取社会资源。然而，因为新闻信息的重新整合与加工，内容抄袭的标准很难界定，学界与业界的标准也各不相同，因此“洗稿”的情况屡禁不止。与此同时，部分传统媒体对新闻作品的版权价值认识不足，对新闻作品的有效管理和利用存在欠缺，没有形成有效的版权保护机制和运营模式，这也在很大程度上纵容了屡禁不止的新闻侵权行为。

除此之外，新闻聚合平台是指依托信息聚合、机器学习和大数据分析技

---

① 孙旭培.新闻侵权与诉讼[M].北京：人民日报出版社，1994：13.

术，实现对不同媒体（包括传统媒体、网络媒体和自媒体等）新闻数据的集中整合分析，根据新闻数据的重要性和关注度对用户进行有针对性推送的网站、阅读器或客户端等网上新闻传播平台①。然而，由于当前业界对于什么样的新闻内容能够自由抓取仍处在基本秩序建设阶段，加上新闻内容版权的模糊，相关媒体单位对新闻聚合分发平台侵犯其新闻出版著作权的诉讼屡见不鲜。

2018 年 12 月 15 日第三届中国产经媒体融合发展高峰论坛期间，由中国行业报协会召集，《传媒茶话会》与各主流财经媒体共同发起并成立了“中国财经媒体版权保护联盟”。联盟的初衷与宗旨就是联合各财经媒体，共同抵制未经授权擅自转载新闻作品的行为，提高各财经媒体对其作品转载体的议价能力，通过更加规范的流程降低维权难度、促进市场化交易，从而推动整个新闻版权市场的健康发展。这是主流媒体在抵御新闻侵权方面的积极尝试，也反映了新闻侵权现象存在之普遍。

当前，新闻信息的获取方式已经相当便捷，但对新闻作品的著作权和新闻当事人的保护却远没有跟上信息技术发展的步伐。究其原因，是自媒体在新闻生产制作中的自律意识有待提高，法律制度仍不完善，毋论惩处力度。只有将网络新闻写作中的侵权边界清晰地厘清，界定明确的禁止涉足的区域，才可以减少网络新闻中的侵权行为，营造更加清朗的网络新闻创作环境。

三、分散的受众注意力与“标题党”

新媒体时代给予了受众更多的选择权，他们可以自由地从一个网站或应用程序转到另一个，但在获得极大的自主选择权的同时，注意力也被无限切割成更能接受碎片化信息的水平。此外，社交媒体平台的形式与使用方式也加剧了这种情况。人们经常在浏览社交媒体时随着深度标引和链接不断滚动屏幕，寻找有趣或引人注目的内容，以填补他们的闲暇时间，集中精力阅读长篇文章或进行深度思考日渐困难。

在信息爆炸的时代，受众的注意力如同一种稀缺资源引得各媒体机构与个人争相竞夺。为了获取点击量与关注度，一些媒体机构倾向使用夸张、有争议性或具有吸引力的标题来吸引受众注意。这些标题常常与事实并不符合，

① 侯乐萌，王蕊.新闻聚合分发平台及其版权问题研究[J].中国出版，2019(21)：53-55.

或夸大扭曲，或完全无关，违背了新闻的真实性和客观性。

然而，这种情况带来的影响并未终结于受众点击进入文章的时刻，而会给受众带来一系列问题。当受众点击一个吸引人的标题后发现内容与标题不符，会产生失望，愤怒等“受骗感”，从而对相关媒体产生质疑并丧失信任。

比如“科学家证实：喝红酒可以治愈癌症！”这个标题给人以误导，因为实际上科学界尚未找到确凿的证据表明红酒能够治愈癌症。“爆料！某名人涉嫌巨额税务逃漏！”这个标题暗示了某名人涉嫌逃税，但实际上只是该名人的税务申报存在问题，尚未涉及任何逃税行为。“全球末日即将来临！你必须做这些准备！”这个标题制造了恐慌情绪，但实际上并没有确凿的证据支持全球末日的说法。

类似的标题不胜枚举，这部分网络新闻标题只选取或提炼可能会引起受众关注的某些信息进行放大化处理，故意扭曲新闻事实，偏离事件真相，让受众产生认知偏差①。它们破坏了传媒行业的公信力和可信度，也严重影响了网络新闻创作的生态环境，这使得真实的新闻信息与关键报道的传播举步维艰。

为避免此类标题，需要新闻受众提高信息收集与辨别能力，学会从多渠道深层次分析新闻内容。其更需要新闻创作者增强媒体素养，以内容为导向，坚持真实与客观呈现的原则，保持标题与内容的一致，虚心接受受众的批评并积极改进。在新闻写作中坚持遵循职业道德，提供有价值的信息，为受众提供有意义的报道。

第四节　网络新闻时代的写作者

为了适应新媒体时代的发展与网络新闻写作的需要，新一代的媒介工作者需要不断武装自己，提升一系列能力以应对不断变化的网络环境，生产出更有质量，有温度的新闻内容。因此，相比传统媒体的新闻记者，新一代的媒介工作者需要具备更全面的技能。

---

① 冯博.网络新闻标题的失范现象及其规避路径[J].传媒，2019(9)：89－91.

一、过滤、甄别、运用信息的能力

在这个数字化和互联网时代，大量信息以惊人的速度产生和传播着，但是信息生产主体与流程的多元也决定了信息质量的参差不齐，并非所有信息都是准确、可靠和有价值的。与此同时，受众对新闻的需求也发生了深刻的变化。他们期望得到及时的、准确的和多样化的信息。因此记者必须具备甄别和运用信息的能力，提供公正、客观和有深度的报道。这样才能在广阔的信息浪潮之中，做好赶潮人，利用自身的知识储备与专业能力对信息进行去粗取精、去伪存真的工作。

在此基础之上，新闻工作者还需要对真实的信息加以分析与利用，通过专业素质和专业能力加工出清晰条理且有价值的新闻信息，为受众呈现客观、全面、深刻的报道。在提供真实有力的信息同时，内容创作者还要提供自己洞察新闻事件的独特视角，让信息和素材发挥出最大的价值。

二、坚守新闻伦理与道德

2016 年 2 月 19 日，习近平总书记在党的新闻舆论工作座谈会上的讲话中强调："新闻观是新闻舆论工作的灵魂。要深入开展马克思主义新闻观教育，引导广大新闻舆论工作者做党的政策主张的传播者、时代风云的记录者、社会进步的推动者、公平正义的守望者。"这要求广大的新闻工作者坚持正确的工作取向，努力发扬职业精神，恪守职业道德，勤奋工作，甘于奉献，做作风优良的新闻工作者。

新闻工作者要避免将个人偏见和个人利益置于新闻事实之前，从而确保报道的准确性和可信度。同时在报道中要平衡好公共利益和个人权利之间的关系，尊重被报道者的权利，严格遵守法律和道德规范。尤其是网络媒体迅速发展，网络新闻飞速传播的时代，新闻工作者更应该以身作则，遵守新闻伦理道德，构建良好的网络生态环境，推动社会进步与和谐发展。

三、持续更新写作技术与手段

网络技术的发展催生了许多新的新媒体手段，文字、图像、视频、音频等信息利用其各自优势在新闻报道中发挥着不可取代的作用。随着各项技术的更新迭代，补充相关知识与技能并利用专业能力与创造力将多媒体信息与技术高效融合，成为新时代新闻工作者面对的新挑战和必备的新技能。

面对媒体格局新变化，习近平总书记提出了“四全媒体”的新概念，这是首次从不同层次和不同角度对全媒体时代下的媒体形态给予形象的阐释，为今后一段时间的媒体融合发展指明了方向与目标。“四全”媒体即全程媒体、全息媒体、全员媒体、全效媒体。全程是指在时空维度上，突破了原有时空尺度，实现新闻的及时、全时，随时随地；全息是指利用各种新媒体技术多角度、全方位、多样态地呈现信息，带来逼真、立体化体验；全员是指除了专业的新闻从业者，众多主体都可以参与新闻生产，传播的门槛大大降低；全效则是指传播的效果、功能与效能，新型媒体能够提供更强大的功能与传播效果。“四全”是对全媒体分别在时空、技术、社会、生态四个维度上的阐释。四全媒体力求借助多平台，依托新技术，实现全员参与和高效传播的效果。这对媒体工作者的“四力”（脚力、脑力、眼力、笔力）建设提出了更高的要求和标准，特别要求新闻记者必须深入思考，透过现象看本质，挖掘深刻内涵，揭示事实真相，利用现有的技术手段和平台载体增加新闻报道深度，提升传播效果。

这意味着，在当下的传播环境之中，新闻工作者需要成为一个“全能传播者”，而不仅仅是一个“文字加工者”。其要善于理解不同的多媒体信息的优势与短处以及它们各自适用的情境，也要善于掌握不同平台的传播风格与调性，搭建不同平台之间的传播矩阵，积极利用 AR、VR、人工智能、大数据等先进技术，把信息以更加新颖的方式及时、准确、智能地提供给不同情境下的不同受众。

由人民日报视频客户端“视界”制作的以党的二十大为节点发布的《新千里江山图》，以名画《千里江山图》为基础背景，以“江山就是人民，人民就是江山”为创作主旨，在四分钟的短视频里嵌入了 2012 年到 2022 年这十年间的发展成就、重大事件以及典型人物。其中，综合运用了 3D 全景建模和虚拟现实（VR）等多种技术手段，在美的律动中展开新时代壮美画卷，生动展现了新时代中国人民的神韵风采，打造了一场“青绿山水、千里江山”的视听新闻盛宴，引爆互联网各大平台，实现了破圈传播①。

---

① 贾司瑒，甘思一.“选择《千里江山图》时，我们也怕被网友说‘碰瓷儿’”| 中国新闻奖一等奖创作谈⑦[EB/OL].(2023-11-22)[2024-03-28]. https://mp.weixin.qq.com/s/WpVezv48J3erLvwAJrfkuw.

随着技术手段的不断更新与完善，新闻工作者也需要与时俱进，持续更新新闻写作的技术手段，不论是具体的设备技术还是新的传播思维都需要熟练掌握，成为新传播时代的复合型人才。

四、审时度势，把握全局

党的十八大以来，党中央高度重视新闻舆论工作。习近平总书记多次指出，新闻工作一定要把围绕中心、服务大局作为基本职责，胸怀大局、把握大势、着眼大事，找准工作切入点和着力点，做到因势而谋、应势而动、顺势而为。

面对网络世界纷繁复杂的信息与不可阻挡的信息全球化趋势，新闻工作者需要在这种信息洪流之中和时代发展的新态势之下坚持不可动摇的信念，同时不断提升自己的认识水平与国际化视野；以平等交流的态度和开放包容的姿态应对日渐改变的传播格局与时代变化，为新闻写作与报道融入更加全面深刻的视角与见解。同时，新时代的新闻工作者也要深刻认识到，新形势下加强和改进国际传播工作不仅是重要的，更是必要的。讲好中国故事，传播好中国声音，将中国真实、立体、全面地展现给世界，这不仅是网络新闻写作中需要具备的能力，也是当下新闻工作者需要共同牢记的使命。

思考与练习

1. 网络新闻写作中，内容摘要的作用主要体现在哪些方面？
2. 多媒体新闻写作之中如何利用多种媒体信息？
3. 追踪一场体育赛事，如篮球赛，试做一则滚动式网络新闻报道。
4. 新时代的新闻写作者应当具备哪些思想与素质？

第三章

网络新闻编辑

第一节　网络新闻编辑的定义与原则

一、网络新闻编辑的定义

（一）传统媒体的新闻编辑

新闻编辑的概念在清末西方传教士来到中国开办报刊后流传开来，后随着中国的新闻事业不断发展，其定义也得到了延伸和拓展。新闻编辑指新闻活动相关的一系列业务，包括选题决策、采编组织、版面设计、新闻制作等环节，也指在新闻机构中承担以上工作的专业人员。按照管辖范围区分，有如总编辑、部门编辑等；按照处理的媒介对象分类，有文字编辑、美术编辑、多媒体编辑等；按照具体的媒体渠道区分，有如报刊编辑、电视编辑、新闻网站编辑、移动新闻客户端编辑、微信公众号编辑等。新闻编辑部是新闻媒体中负责新闻生产的核心组织，其下又可以分为众多部门负责不同新闻产品的内容生产。总编辑是新闻编辑部的最高领导人，编辑委员会是新闻编辑部的最高领导机构，以总编辑为首的编辑委员会对媒体新闻生产的所有业务负责，是新闻生产活动的总决策方。总编辑可以说是整个媒体的掌舵人，在新闻媒体创办之初编辑委员会就要对媒体做出总体设计，制定编辑方针，规定媒体定位、主要报道内容、报道基本标准、目标受众、风格特色等，为媒体的全体工作人员提供工作纲领和行动指南。媒体推出的新闻产品同样由编辑进行产品设计，决定新闻产品的报道内容、报道形式、报道风格和目标受众等。

除新闻媒体和新闻产品的设计之外，新闻编辑也负责日常新闻活动的整体策划组织。新闻编辑在新闻报道从无到有的生产过程中发挥着“把关人”的重要功能。在策划选题阶段，编辑通过整理新闻线索，初步确定备选主题，讨论、分析、比较不同选题的优劣，从而选定最有新闻价值的主题和新颖恰当的报道视角进行采编组织。在选稿阶段，编辑不仅需要校对新闻报道的文字性错误，解决音视频材料的技术性问题，更要仔细考虑稿件的政治立场、思想导向是否存在问题，还要根据媒体定位和风格对稿件材料进行选择和修改。在报道发布后新闻编辑还需要对受到的反馈信息进行分析和回应，调整报道内容和报道策略。新闻编辑从细微的事实现象出发组织生产出形式多样内容丰富的新闻报道，可以说新闻编辑的能力水准决定了媒体报道的质量上限。

（二）网络新闻编辑的发展

自 1994 年中国接入全球互联网后，国内众多新闻媒体开始关注并尝试网络化，一些传统主流新闻媒体开始发展自身的网络版（如人民网、新华网等），地方媒体集团创办了专门的网络新闻媒体（如新京报社联合北京千龙新闻网络传播有限责任公司运营的千龙网、上海报业集团主办的澎湃新闻等），还有互联网技术公司创办的商业性质的新闻资讯网站（如新浪新闻、网易新闻、搜狐新闻等）也开始涌现。网络媒体的出现带动了新闻编辑业务的革新和发展，新闻编辑的基本工作内容和工作架构经历着从传统媒体时代到网络媒体时代的全面转型。网络新闻发展初期，新闻活动的网络化主要是通过线下内容线上化实现。在传统媒体的网络版上，新闻编辑往往是将传统媒体上的内容进行镜像式的平移，完成新闻发布的线上渠道拓展。而以互联网为运营平台的商业性新闻网站则主要转载、整理专业媒体发布在网上的数字化的新闻报道形成网站内容。这一阶段网络内容生产对大部分人而言还存在一定技术门槛，因而网络新闻生产还只是传统新闻渠道的简单拓展，新闻编辑的主要工作尚停留在将传统新闻资源数字化并上传到网络平台以及对互联网上的新闻信息进行收集和汇总。网络新闻活动仍旧以新闻内容为核心，而具有互联网内容自养成特性的新型新闻传播生态尚未形成。

社交网络平台的兴起催生了网络新闻生产和分发的新机制，也形成了互联网传播的新生态。互联网用户个体信息生产的流行造成了网络信息的急速增长，并且这些信息的内容不再源于固有的媒体资源，也不再由专业的编辑人员或技术专家把控，而是完全个人化的。个人化信息传播一方面使得个人的声音不再需要传统的大众媒体赋权就能够传播到公共的网络空间，而可以与专业媒体生产的新闻内容共同进入网民的视野。UGC 得到了越来越多网民的关注和喜爱，因而网络上个人的影响力达到了前所未有的高度。另一方面，社交网络服务（Social Network Service，SNS）技术使得网民能够在网络上建立人际联系。网民的信息接收逐步从以内容为核心转向以信息生产者为中心，非专业的个人或组织通过网络技术形成的自媒体（We Media）渐渐繁荣起来，获得了许多忠实的受众。此时网络传播生态经历着巨大的变化，网络新闻生产遭遇了重大冲击，挣脱了传统新闻生产的思维定势，开始探索网络新闻专业化的道路。新闻编辑工作不再局限于将线下内容搬运到线上，而是需要重新掌握网络舆论话语权，因而必须以互联网传播的思路构建网络新闻生产和发布的新机制。在内容更新方面，新闻编辑从海量信息中精选并整合具有新闻价值的内容，并致力于寻找新颖的新闻线索和独特的报道视角以吸引受众，非专业媒体生产的信息也可能成为新闻报道的内容；在发布形式方面，互联网技术的发展促使网络新闻向着多媒体化的方向进发，新闻编辑通过各种技术平台融合多种媒体形式呈现新闻；在发布渠道方面，多种技术应用的网络平台成为新闻发布的新渠道，新闻编辑进而负担起了管理不同发布渠道的任务，了解不同技术的特征并合理分配新闻资源是新的工作方向；在传播受众方面，得益于互联网社交特性的发展，原本大众传播中被动接收信息的“受众”角色向主动接触信息甚至自主生产信息的互联网“用户”转变，信息传播不再是一对多、单向的而是多边互联的，新闻编辑更加重视与网民的互动以及网民的新闻消费体验。

手机等移动电子设备的通信网络升级以及互联网技术的进一步发展迎来了移动互联时代，社交媒体的网络新闻生产革新浪潮已初见成效。以专业生产内容（PGC）为主导的自媒体蔚然成风，不同平台聚集了格局不同特点的深度用户，依托平台的网络社群也开始形成，这样的背景下移动互联网的新环境进一步给新闻编辑工作带来了多方面的挑战。智能手机、平板电脑、智能手表等移动电子产品因为方便携带而成了人们日常获取网络信息的主要终端；新闻发布需要进一步适应各种新型终端的媒介形态，因此适应小屏、竖屏的信息形式也成为新闻发布的首选。此外，移动互联技术也改变了用户的信息接收习惯，碎片化阅读、基于场景的内容成为互联网信息消费新风尚，用户个性化需求更加鲜明强烈；新闻媒体面对的舆论环境更加复杂，所面向的受众群体的需求更加多元，所身处的媒体市场竞争也愈发激烈。新闻编辑必须在维护新闻专业主义的前提下紧跟时代潮流，进一步实现网络新闻业务升级，主动学习新兴媒介技术并积极将其融入新闻活动中以达成更高效、优质的新闻生产，深入研究互联网用户信息消费行为和偏好，使专业新闻媒体重新成为互联网时代的主流信息源，加强新闻媒体的网络舆论引导力。

二、网络新闻编辑的原则

新闻舆论工作对于党的事业而言至关重要。2016 年，习近平总书记在党的新闻舆论工作座谈会上指出："在新的时代条件下，党的新闻舆论工作的职责和使命是：高举旗帜、引领导向，围绕中心、服务大局，团结人民、鼓舞士气，成风化人、凝心聚力，澄清谬误、明辨是非，联接中外、沟通世界。"要承担起这个职责和使命，必须把政治方向摆在第一位，牢牢坚持党性原则，牢牢坚持马克思主义新闻观，牢牢坚持正确舆论导向，牢牢坚持正面宣传为主[①]。新闻编辑工作要牢牢把握新闻产品的整体质量和水平，编辑工作的开展必须严格遵循新闻业务的根本原则。在网络新闻时代，专业媒体和非专业媒体对受众市场的竞争越来越激烈，网络新闻对时效性、技术性的要求不断上升，为了追求快速且有吸引力的新闻内容，专业媒体失范事件频发。为巩固专业媒体在互联网时代的权威性和公信力，推动传统媒体的网络化转型和新兴媒体的专业化发展，网络新闻编辑的工作原则必须得到进一步的声明和强调。

（一）政治性和思想性

新闻编辑的政治性原则就是坚持党对新闻舆论工作的领导，坚持正确的舆论导向，维护国家和人民利益，促进社会和谐发展；思想性原则就是要传播先进思想文化，弘扬新时代社会主义核心价值观，坚持以正面宣传为主，营造良好社会风气。政治性原则是新闻事业的根基，思想性原则是新闻事业的目标。

随着传统媒体的受众逐渐转移到线上，互联网已经成为新时代主要的舆论阵地，互联网的低门槛准入和一定程度上的匿名性使得舆论场暗流涌动，群体观念和情绪如果得不到正确引导则极易走向极端，新闻舆论工作更加成为

① 新华社.习近平：坚持正确方向创新方法手段 提高新闻舆论传播力引导力[EB/OL].(2016-02-19)[2024-01-25]. http://www.xinhuanet.com//politics/2016-02/19/c_1118102868.htm.

互联网时代维护意识形态安全和政权安全的重要环节。新闻编辑工作要坚持政治性原则，就是要强调党对新闻舆论工作的领导作用，这要求“各新闻媒体机构必须自觉在思想上政治上行动上同党中央保持高度一致，必须在新闻工作中体现党的意志、反映党的主张，维护党中央权威、维护党的团结，巩固了党对新闻舆论工作的领导权、管理权，确保了党在中国新闻事业中的核心地位”①。坚持党性原则也要做好党性与人民性的统一。“人民至上”体现了以人民为中心的发展理念和工作导向，“坚持人民至上，就是要始终坚持以人民为中心的工作导向，做到立足人民、服务人民、依靠人民，要真正把为人民群众提供信息传播、舆论表达和社会生活服务作为新闻工作的根本任务”②。新闻事业是党与人民的共同桥梁，新闻编辑工作应当将党的思想方针转化为人民日常的生活与行动，及时反映民众的生活实践经验和面临的实际问题，履行好服务群众、教育群众、引导群众的职能。

坚持思想性原则强调新闻宣传以稳定社会、团结群众、鼓舞士气为基本方针，传递国家欣欣向荣之发展态势，回应人民对美好生活的向往，以正面宣传为主，凝聚社会共识，促进民众团结友爱的精神，引导有益于社会进步、人民幸福的网络舆论。坚持正确的舆论导向要求新闻报道在各个领域、不同主题下都要采取积极正面的视角。在网络舆论场人声嘈杂的状况下，新闻编辑要致力于加强网络正面内容建设，发展积极向上的网络文化，打造健康清朗的网络环境。同时面对错误的思想主张以及不良的价值导向要及时发声制止，帮助网民群众辨别真伪善恶，使舆论监督工作和正面宣传协同并行，发挥好正面导向的作用。随着新兴媒体的发展，新闻编辑更要创新理念，积极参与新闻体裁、传播形式、传播内容、传播机制和传媒业态的发展和更新，推出网民喜闻乐见的新闻产品；融入网络传播的新机制之中，提升新闻宣传的质量和水准，使专业主流媒体稳稳占据网络舆论阵地，增强互联网上的舆论监测、舆论控制和舆论引导的能力。

（二）真实性和客观性

真实性是新闻的生命，是新闻报道得以存在的基础；客观性是新闻具备公信力的前提，是新闻公共性质的必然要求。新闻的真实性、客观性是保证新闻

---

① 邓绍根，曾林浩.论中国共产党新闻事业的党性原则及“党性和人民性统一”[J].当代传播，2022(5)：12－18.

② 郑保卫.论中国共产党百年新闻思想的核心与精髓[J].新闻爱好者，2021(9)：17－25.

报道公信力的决定因素，是新闻实现舆论引导功能的先决条件，维护新闻真实、客观就是保证新闻报道服务于人民群众，就是维护社会公平正义。

新闻编辑在工作中必须遵循新闻的真实性原则，保证新闻报道在细节上尊重事实，在整体上呈现事实，不仅要杜绝对事实的主观篡改，更要避免非主观意愿造成的错误。网络新闻更新节奏快，网民的注意力往往无法长时间聚集于一个消息或事件，因而常常出现媒体为了尽快发布报道抢占时效吸引受众而疏忽了新闻真实性的情况。同时，网络时代技术的进步和众多非专业媒体的涌现造成假新闻泛滥。媒体市场竞争愈发激烈，受到争取市场利益的欲望驱使，一些无良媒体存在刻意歪曲事实，夸大其词，渲染极端情绪，编造博人眼球的假新闻的行为，严重污染了网络信息环境，造成了极其恶劣的社会影响。并且由于网络技术的发展，如今许多虚构的新闻资料完全能够以假乱真，大部分网民甚至包括新闻从业者都难以辨别。面对此类新闻专业媒体也应当予以重视，应当以专业的态度核实新闻内容，及时辟谣，防止网民受到虚假信息的误导而陷入恐慌或产生大规模负面舆论。此外，在新闻生产的过程中新闻编辑对网络资源的采用也应当做到追根溯源，确认其真实性，宁愿少一份新闻素材，也不能随意将来源不明的网络资源直接当作事实用于新闻报道。新闻编辑人员也必须不断加强信息甄别能力，提升职业道德素养，加强行业自律，坚持维护新闻真实性。

新闻客观性原则在学界和业界引起了许多探讨和争论。由于新闻报道资源有限，新闻编辑在选择报道什么和不报道什么时，事实上已经进行了主观价值判断，而新闻报道的生产过程更是不可避免地会受到记者和编辑的主观影响，而纯粹的去个性化的事实描述显然也不是新闻活动真正追求的目标。认识新闻客观性原则的本质，事实上是加深对新闻活动社会意义的理解。客观性原则强调新闻报道不得因私影响新闻的社会公益性，不能为了维护某些集团的利益而刻意以偏概全，混淆是非。客观性原则要求编辑尊重事实，却并不是完全没有立场和态度。事实上，新闻客观性不仅仅是新闻生产的专业规范，更与正面舆论导向具有内在一致性。“自理论言之，‘新闻客观性’与民主正义、公共责任、公共生活及公共利益等重要问题有着割舍不断的联系。”[①]新闻肩负着服务社会大众，传播先进思想，引导正面舆论的公共责任，新闻客观性

① 褚金勇.“新闻客观性”的历史脉络、逻辑向量与现代启示[J].青年记者，2019(18)：29-30.

的理想事实上是为了新闻活动的责任和使命服务的。因而我国的新闻传播事业反复强调坚定的政治立场，将新闻的党性和人民性统一起来，就是要拿客观的事实说话，从客观的视角做好正面宣传工作，积极传播社会正能量，批判违背国家和人民利益的行为和思想，回应大众对先进思想的需求和对美好生活的期许。学者胡正荣认为，在媒介技术不断进化，网络社会的复杂度逐步升级的当下，新闻真实性的原则“需要适应复杂网络社会升维后的新概念、新范畴和新表述。就拿新闻叙事的方式而言，复杂网络社会再进化一定会让新闻表达进入全息影像时代，原有的二维世界升级到三维乃至多维世界，新闻真实的建构就多了元素、维度和要求”①。新闻编辑必须以媒介革新为基础贯彻客观性原则，坚决为广大人民群众的利益发声，促进社会公平正义，在进行宣传工作时更要有理有据，从人民群众能够切身体会到的客观事实切入，增强新闻报道的说服力和引导力，营造积极健康的舆论环境。

(三) 多元化和个性化

媒介技术的进步使新闻表达走向多元化，移动用户的增加促使新闻消费走向个性化。面对“去中心化”的新传播形态，新闻编辑必须以多元的传播主体、多样的传播形式、多个传播渠道增强新闻报道的传播力，同时贯彻分众传播、精准传播的理念，为受众提供个性化的服务，满足不同群体的需求和偏好。

网络时代的媒介形式多样，文字、图片、音视频、游戏、AR/VR以及其他多媒体形式得到了广泛应用，也呈现出了不同的特质和优势。对于网络新闻编辑而言，新闻呈现的多种形式之间不再存在明确的界限，而是可以根据不同的内容和不同的发布渠道进行多元化创作和融合。网络新闻编辑不仅要以生产丰富精彩的内容为目标，更要灵活利用多媒体技术和形式包装新闻内容，丰富受众的新闻消费体验，更好地传达新闻内容和观点。

互联网时代的信息增量早已超越个人的认知能力，大众媒体受众到互联网用户的角色身份转变也预示着如今传播关系的复杂化。与传统主流媒体向受众传达重要信息不同，今天的用户倾向主动获取符合自身利益和兴趣的信息，这意味着网络新闻需要从用户的兴趣取向和阅读体验出发，充分利用技术手段提高新闻内容的个性化水平。媒体可以采用简易资讯聚合

---

① 胡正荣.复杂网络社会认识论中的新闻真实[J].新闻与写作，2022(7)：1.

(Really Simple Syndication,RSS)技术将新闻内容聚集到统一平台,并利用大数据算法的技术手段,根据用户个人属性、信息消费情况设计个性化内容推送机制,而用户也可以主动利用 RSS 阅读器订阅特定媒体账号获取个性化的新闻内容。例如今日头条的头条号、百度的百家号等就是典型的资讯聚合平台,同时为用户进行兴趣推荐和新闻媒体订阅功能,极大程度上满足了用户的个性化需求。新闻媒体还可以主动推出垂直类新闻产品,深耕具体领域新闻内容,吸引有特定偏好的受众。垂直类新闻产品可以根据不同内容分为体育、健康、财经等垂类产品,这类产品在传统媒体时代就已经盛行起来,而网络媒体更强调多种媒介资源的聚合和跨界的合作运营形式;也可以根据不同表现形式分为数据新闻产品、微信公众号、短视频类新闻产品、Vlog 类新闻产品等,例如泛资讯媒体"四川观察"以短视频内容为主在多个短视频平台和官方客户端布局,获得了许多网友的关注和喜爱(图 3-1)。

图 3-1　四川观察抖音号首页

(四) 创新性和互动性

创新性原则是网络新闻迎合互联网受众信息消费偏好的必然要求,互动性原则是融入互联网传播新生态的必由之路。新闻编辑工作必须守正创新,从选题、视角、形式、渠道等多方面寻找突破口,创做出能够赢得大众市场,引导舆论风向的新内容。同时,互联网用户在网络信息生产和传播过程中起到了不可忽视的作用，新闻编辑应当主动融入互联网社会化传播结构，提高新闻报道的互动性，加强媒体与广大网民的联系，综合提升新媒体影响力。

传统媒体的新闻选择也讲求新鲜度，而在网络媒体时代创新性不仅意味着要报道“新鲜事”，也要求新闻编辑从习以为常的“旧闻”中找到新角度，为新闻报道增添新意，满足受众对新事物的好奇心，甚至为用户创造新的新闻消费需求。从报道选题来说，网络信息传播的高度自由性为新闻编辑提供了开放的选题库，“新鲜事”不一定是由新闻编辑部决定的，也可能是网民决定的。从报道视角来说，在真实客观的前提下，新闻编辑要以新视角看老事物，例如近年来火爆的乡村短视频。短视频凭借技术门槛低、内容简短的特性深得许多不擅长文字表达的乡村民众的喜爱，为城乡文化传播和乡村经济发展提供了新的机遇。在网络传播大众化的背景下，新闻编辑也要多从微观视角讲述宏观议题，例如第 31 届中国新闻奖获奖作品《杨叔的脱贫日记》[①]，以陕西省宝鸡市硖石镇车辙村 73 岁的杨思笃老人跨越几十年的日记为切入点，围绕他生活的变化、当地扶贫干部的工作情况进行采编报道，生动鲜活地展现了杨思笃亲历的脱贫故事，以小见大，反映了在中国共产党的领导下脱贫攻坚事业取得的伟大成就。

互动性是网络传播的特性，大众传播的受众观从“魔弹论”到“用户观”的巨大转变意味着网络新闻传播理念的更新和转向。网络传播越来越注重社交性，互联网用户获得发言权，新闻媒体通过大众媒介设定公共议程“唱独角戏”的时代已经一去不复返了。网络上形成了以用户为节点的新传播系统，良好的公共舆论环境不仅依靠专业媒体的引导和维护，更对互联网时代用户的媒介素养和道德水平提出了更高的要求。不同于线性的、技术化和被动的受众模式，媒介融合环境下专业媒体只需选择发布有社会价值、有利于自身利益的内容。在自主选择、话语权转变的用户模式中人人都可以是信息发布者，人人都具有话语权，专业媒体丧失主动话语权，信息发布职能被降低，但在该环节应更多地发挥其专业素养，承担起“把关人”角色。用户在信息生产环节不再被动接受，转而成为主角。这些转变都需要媒体机构和用户积极适应，提升自

① 中国记协网.杨叔的脱贫日记[EB/OL].(2021 - 10 - 25)[2024 - 01 - 25]. http://www.zgjx.cn/2021-10/25/c_1310262117.htm.

身素养，适应“用户”在传播事件中的日常化。因此，新闻媒体不仅需要深度融入网络传播生态，做好信息整合筛选、新闻把关工作，还应与用户保持紧密的良性互动，不论是网络上的自媒体、关键意见领袖还是普通网民，新闻媒体应当积极与多种网络角色保持互联互通，实现专业媒体深度网络化的同时促进网络媒体趋向专业化、主流化，通过科普教育提升普通网民媒介素养，在互动中优化网络舆论环境，强化自身引导力。

第二节　网络新闻编辑实务

詹新惠提出网络媒体编辑工作包括三个层次，十个方面。“三个层次是指基础层——选择鉴审，重点层——加工制作，核心层——策划组织；十个方面包括判断稿件、选推稿件、修改稿件、制作标题、加工正文、整合编写、组织管理互动、策划报道活动、规划创设产品和编辑运营融合”[①]。从宏观来说，新闻编辑需要对整体的媒体定位和报道策划负责，从微观来说，日常新闻稿件的采写组织、校对设计、排版发布以及后续运营也是新闻编辑的工作。网络新闻编辑实务很大程度上继承了传统新闻编辑工作的流程，但互联网传播的新机制也对新闻编辑工作提出了新的要求，新媒介技术的应用和互联网用户信息消费方式的变化对新闻编辑工作的各个层面都产生了影响，并且使其长期处于进化的进程中。

一、媒体定位和新闻产品设计

（一）媒体定位

媒体定位取自市场营销学的市场定位，是新闻编辑工作的初始环节。编辑委员会根据媒体基本架构、市场环境和社会需求对媒体的主要面向和基本准则进行说明和规定，制定清晰的编辑方针。网络媒体的定位与传统媒体并无太大差异，与纯商业产品的定位始终不尽相同，作为社会公器的媒体不是为固定的某个客户群体服务，而是对整体的社会治理负有责任，因而媒体定位必

① 詹新惠.网络与新媒体编辑运营实务[M].北京：中国传媒大学出版社，2019：13.

然是在把握正确舆论导向的前提下，综合考虑内部、外部各种影响因素进行编辑方针的提出和完善。

影响媒体定位的外部因素主要有管理者、营收模式和受众市场。管理者是能够直接对媒体进行组织管辖的组织或个人，在我国具有采编权的新闻媒体都由从中央到地方的各级党委宣传部或新闻出版主管行政部门管理，而新闻媒体的营收模式则已经融入市场化经营。这就意味着媒体既要作为党的“喉舌”做好宣传工作，履行社会公器的责任，又要在媒体市场中具有竞争力，找到稳定的营收模式。传统媒体的盈利大部分来自广告投放，而新媒体时代广告商更青睐用户活跃的社交媒体平台，因而新闻媒体需要转型投入自身品牌建设，凭借新媒体渠道拓展更多营收模式。市场化经营的新闻媒体必须注重受众导向。互联网时代用户的网络信息消费行为可以得到跟踪、记录和分析，有利于媒体进一步掌握受众的基本属性和新闻消费偏好，媒介技术的革新也为个性化新闻生产、精准式新闻推送提供了可能，新闻媒体定位愈发趋向于分众化。

影响媒体定位的内部因素则主要是资金、技术和人员。新闻内容生产首先会受到资金、成本的限制，这一点几乎直接决定了媒体的规模大小。在市场化经营的影响下，媒体资金基础也随着外部因素变化而变动，媒体定位必须在收支平衡且较为稳定的状态下进行，创新改版都要视媒体经营发展情况而定，否则将只是空谈。技术手段同样是新闻生产的限制条件，媒体拥有什么样的设备，具备哪些技术手段决定了新闻报道的表现形式和发布渠道，缺乏技术硬件的支持再优秀的报道策划也无法付诸实施。新闻人员的专业技术能力与技术硬件设施相辅相成，同时不同专业人员的构成影响着媒介内部架构和报道生产的具体流程。媒介人员的专业能力、综合素质以及管理制度体现了媒体的专业性，决定了新闻生产的效率和质量水平。

媒体定位还受到媒体所处具体社会背景的影响，比如区域性媒体的定位一定与其所处地区的地理环境、经济水平、风土人文等特征相呼应。决定媒体定位的多种因素显然不是互相孤立的，外部因素由社会背景决定，也间接影响了内部因素，例如社会经济发展、技术进步，媒体营收增加，可以投入更多资金更新设备、雇佣新闻工作者，从而实现媒体的拓展和创新。总而言之，新闻编辑在媒体定位环节需要宏观把握媒体的内部、外部现实条件，规划好媒体发展的大方向，并且对各种因素的变动保持关注，在恰当的时机对媒体定位进行合理的改变和更新。

(二) 新闻产品设计

新闻产品是在新闻媒体的市场定位和编辑方针指导下设计出的具体新闻内容和形式，“新闻产品设计不仅是一种定性的考虑，而且要进行精确的定量安排并确定操作规则”[①]。传统新闻以内容为核心竞争力，而网络媒体围绕内容展开，以技术应用、渠道架构和用户体验三位一体共同打造具有独特吸引力和影响力的新闻产品。网络媒体的新闻产品一般包括门户网站、社交媒体账号以及融合媒体等。其中门户网站的设计与传统报刊设计类似，需要确定网站具体版面结构、报道内容和风格特色；而在社交媒体上运营的媒体账号在内容发布形式上依照平台规定的基本形式进行，强调受众互动管理和设计；融合媒体产品则是网络媒体产品的一体化发展模式，促进媒体在不同渠道发布的新闻内容形成有机共同体，建设媒体品牌，从整体上增强媒体影响力。

新闻产品设计的第一步是进行市场调研，确定目标受众群体情况以及媒体市场环境。产品设计不是凭空想象出来的，必须充分落实到满足大众的实际需求上。没有受众市场的新闻产品无法生存，投入越多损失越大，为了媒体长期的良性经营，市场调研至关重要。市场调研一方面要确定可能的目标群体的基本属性，包括社会身份、收入情况、信息消费偏好等；另一方面也要调查媒体市场环境，包括媒体市场规范以及是否存在定位类似的竞品，市场规范是新闻产品运营的指导，而竞品的存在则要求产品设计突出独特风格，促进良性竞争。市场调研的方式多种多样，例如实地考察、大众调查、目标受众访谈、文献研究等。网络新闻产品设计则应当格外重视网络公开的信息消费数据，尤其在大数据技术广泛应用的背景下，分析网络上的海量数据能够为编辑挖掘个人难以发现的蓝海市场，并精确刻画目标受众形象，为个性化产品设计提供可靠的分析基础。

在完成市场调研后，新闻产品设计就需要从抽象的想法落实为具体的产品设计方案。产品设计方案一般以文字形式呈现，需要详细制定产品编辑方针。新闻产品编辑方针内容包括确定受众群体，对受众群体进行宏观描述和

① 《新闻编辑》编写组.新闻编辑[M].2 版.北京：高等教育出版社，2019：47.

微观细分；确定传播内容，设置基本栏目；确定传播形式和渠道，保证技术支持；确定新闻产品特色风格，打造媒体品牌。新闻产品的设计方案规定了日后新闻生产和产品运营的所有方面，因而需要编辑人员广泛收集方案，反复讨论提出创意，相互协调完善方案，再对不同方案进行比较选择。产品设计方案不能片面地判断其好坏，媒体内部外部的基本情况也必须作为考虑因素。对增加媒体整体经营负担的新闻产品方案必须谨慎斟酌，扬长避短，确保实际的传播效果和收益。

经过反复讨论打磨后，编辑可以选择最优的产品设计方案试行，在合适的时间和选定的渠道进行一段时间的内容发布，总结传播效果，整理受众反馈，在编辑部内对新闻产品是否可行，是否需要更改，后期如何进行运用等事项再次进行讨论。方案试行选取的内容发布时间、渠道和具体发布什么内容都可能对传播效果造成巨大的影响，新闻编辑要调动工作经验，把握设计方案的核心元素，尽可能在试行阶段将产品的优势和不足都展现出来，广泛采纳意见和建议，争取新闻产品设计尽善尽美。

二、新闻报道策划

（一）报道选题策划

报道选题策划是日常编辑工作的初始环节。新闻编辑需要根据媒体定位和新闻产品编辑方针确定值得报道的新闻事实，一般报道的选题来源包括重大活动、突发事件、热点话题和特定领域值得关注的事件。报道选题策划不仅要考虑选题本身的价值和合理性，也需要预估和考虑采编难度和报道规模。报道选题的好坏关乎后续一系列新闻生产传播环节，因而需要编辑人员进行反复提议、讨论、取舍，尽量使选题策划富有创意并且符合媒体定位，能够体现媒体独特性。

在互联网时代，“新闻”不再是等待着采编人员发掘并从专业媒体编辑室中生产加工出来的信息，网络上任何个人或组织主动发布的信息都可能因为具有公共性价值或者引起了较大范围的关注而成为新闻来源。新闻编辑的基本工作就是识别值得报道的新闻事实，并调动新闻记者以及相关技术人员将资源收集、整理起来加工为符合新闻标准的内容和形式。互联网信息发布和传播的开放性一方面为新闻编辑提供了日常可能难以发现的新闻线索，另一方面也导致新闻编辑在新闻选题环节失去了一定主导权，这意味着网络媒体的诞生和发展不仅为新闻生产带来了新的源泉和动力，也为新闻编辑工作增加了新的任务和责任。2023年3月，淄博烧烤因为网友的抖音视频分享火爆社交媒体，引起了众多网友的关注讨论，在短时间内掀起了前往淄博旅游，“打卡”淄博烧烤的热潮。淄博烧烤突如其来的“出圈”也在迅速吸引众多新闻媒体围绕这一话题进行报道，报道主题不仅关注到与烧烤直接相关的食品安全卫生问题，也探讨了淄博城市旅游品牌建设的现存问题和未来发展等一系列话题。借助网络上流行的话题，媒体报道不仅获得了较高的关注度，也在娱乐化的浪潮中营造了理性的讨论空间，履行了自身公共责任。

而面对网络信息引起的负面舆论，媒体新闻生产的滞后性常常使自身处于不利地位，舆论引导难度陡然攀升。2021年5月9日晚，一名高二学生在成都第×中坠亡，5月10日该学生家长在微博平台发布博文称校方全面封锁相关消息拒绝家长看监控的诉求瞬间引爆舆情。几小时内成都第×中和成华区教育局在微博上就相关事件进行了回应，但官方回应简短客观，案件具体信息无法公布，家长情绪没有得到安抚，网民对事件的信息需求也没有得到满足，舆情迅速恶化。网友开始怀疑案件真相，流言四起，年轻生命逝去的悲剧更加重了网民对校方的不满情绪。5月11日，新华社评论报道提出该事件引起广大网友质疑，指出校方回应敷衍冰冷令家长和社会寒心；央视网评校方应当拿出事实证据进行回应消弭质疑；人民日报评坠亡事件官方回应应当多一些同理心，在讲明事实的同时抚慰家长和大众情绪。当天晚些时候，警方通报排除刑事案件，家长对结论无异议。5月13日人民日报微博账号发布坠楼学生生前活动轨迹完整监控视频，此次舆情事件告一段落。就整体而言，新闻媒体对事件反应迅速，以安抚大众情绪为主，也积极跟进了事件发展，但在官方没有给出具体信息的时期，各种阴谋论和网络谣言大肆传播，以至于网民对最后的事实真相也存有猜疑，同时媒体的表态显然加强了家长、大众和校方、警方的对立，不利于事件解决和社会和谐，因而虽然事件最后得到平息，但也造成了无法消除的负面影响。为了维护专业媒体的权威性和公信力，进一步维护社会和谐，面对突发舆情事件，报道选题不仅要反应迅速，及时感知舆论动态，更要考虑到多方观点，建立起公开的而非封闭的沟通空间，同时要关注网络信息传播情况，甄别可能引起公众探讨的信息的真假，防止谣言误导大众，以恰当且全面的报道引导正确的舆论风向。

（二）内容生产规划

确定报道选题后，编辑就需要制订采编计划和发稿规划。采编计划是确定报道需要的大致素材量和素材类型，按照编辑部人员构成进行工作调度，在新闻主题框架的基础上为报道填充内容。采编工作开展的过程中，编辑需要随时跟进事实发展情况和素材收集情况，并以此对主题框架和报道发布规划进行反馈和修正。报道规划则是根据选题策划的预期和采编工作的进展进行报道规模和周期的设置，网络新闻的报道规划还要考虑到不同渠道分发的内容区分和时间协同。

人民日报“中央厨房”式的新闻生产模式最能体现全媒体报道规划的特征。“中央厨房”整合多种媒介资源，以统一采编，融合编辑，多渠道分发为特点，统揽媒体旗下所有新闻产品的报道组织规划程序，将新媒体编辑和传统媒体编辑工作融合起来，以多种技术手段提高采编效率并对多渠道分发进行统一管理。“中央厨房”对新闻生产采取开放灵活的原则，鼓励多元化生产和加工，促进跨界媒体人员实现新闻内容价值最大化，以数据化、智能化、移动化的技术融合为依托，形成开放包容、海纳百川的新闻生产新生态。但不同媒体的基本情况不同，“中央厨房”的建设需要大量媒介资源、媒体渠道和工作人员，在新闻生产规模不够大的情况下盲目追求全媒体生产模式反而可能造成资源浪费。“中央厨房”的生产原则是可取的，但具体的组织规划形式还需要编辑根据媒体实际情况进行调整。

网络新闻时代，新闻媒体也可以调动非专业的个人或自由记者等自媒体的新闻生产动力。例如善于引起情感共鸣的非虚构类新闻稿件得到了越来越多的关注，一些网络媒体专门以非虚构的新闻作品为主推出新闻产品，并开放投稿渠道接收媒体外的团队或个人的稿件，例如腾讯新闻的《谷雨实验室》栏目、网易新闻的《人间 *The Livings*》。为了让受众快速了解新闻信息，传统的新闻稿件愈发趋向简洁，老套冗长的新闻稿件难以引起大众的兴趣，而非虚构作品以新闻性兼顾文学性的表达方式，通常从具体人物的经历和感受出发呈现社会现实，以共情的方式打动受众、引发思考、表达观点，在新媒体时代得到了较好的反响。非虚构作品的写作者既有专业记者，也有草根大众，内容通常以普通人的真实经历展开，能够将媒体触角伸到传统新闻生产难以抵达的层面。此外，“数字化技术背景下的非虚构写作拥有传统特稿无法比拟的营利优势，它既能为媒体提供内容付费的营利模式，又便于记者打造个人IP，实现商业价值”①，非虚构写作开创了商业化新闻生产的新渠道，一些撰稿人也能通过非虚构写作实现自我职业发展，对于媒体和创作者而言是一种互利共赢的良好机制，也具有积极的社会意义。

新兴技术辅助的新闻生产也是近年来网络新闻编辑的发展方向。例如移动互联网实现新闻生产的平台化，不同媒体可以通过新闻生产平台共享内容资源，突破空间局限性，实现线上的新闻采编和分发。大数据技术能够追踪、获取、处理海量数据，并通过强大的算力对数据进行整理和分析，为新闻编辑提供更加精准、有深度的关键信息，也可能揭示人工统计难以察觉的新闻线索，提前感知风险和变化。人工智能技术在新闻生产中也得到了一定应用。AI可以通过大数据快速收集新闻要素，并以资深记者团队设计的报道题材模板为基础进行新闻创作，在一定程度上提高了新闻生产效率，但这一过程中新闻编辑把握新闻立场，决定报道视角和风格的角色仍不可或缺。此外以VR、AR为代表的新媒介技术也为新闻拓展了呈现形式，将虚拟和现实深度融合，增强新闻的临场感。在2023年的中国新媒体大会上，上海广播电视台推出的Xnews融合媒体新闻智慧生产平台被选入“融媒有技”优秀案例库。该平台面向新闻“策、采、编、存、发、管”全流程，具备对接新媒体平台的视频直播、视频收录、视频制作等功能，综合运用人脸识别、图像识别、语音识别、OCR识别、语义分析等AI智能辅助技术，使新媒体发布和电视制作更加便捷高效、安全可靠②。

(三) 新闻稿件编辑

组织采编后得到的稿件需要经过筛选和编辑后进行发布。新闻稿件选取首先遵循新闻真实客观的原则，对于耸人听闻或哗众取宠的稿件不予采纳。其次，要衡量稿件的新闻价值。网络媒体时代追求精品新闻，能够简短精悍传达的信息就不宜采用长篇大论的稿件，而值得全面深入娓娓道来的报

---

① 杨利娟.新闻业危机的商业主义救赎——以非虚构写作平台“真实故事计划”的创业实践为例[J].现代传播(中国传媒大学学报)，2019，41(7)：70－74.

② 中国记协网.Xnews融合媒体新闻智慧生产平台[EB/OL].(2023－07－08)[2024－01－25].http://www.zgjx.cn/2023-07/08/c_1310731326.htm.

道稿件就不能虎头蛇尾。最后，要注重稿件具备的鉴赏价值。网络新闻报道不只是用户获取信息的渠道，也是用户在闲暇时光实现娱乐消遣的产品，不论是文字报道还是多媒体内容都应当具备一定鉴赏价值，为用户提供更好的阅读体验。

筛选后选用的稿件将进入审核校对流程。新闻编辑遵行“三审三校”的审核校对制度，“三审”指在稿件定稿前由至少两名不同层级的编辑对稿件政治倾向、内容合理性和文字符号使用规范性进行三次审核，对于敏感内容或重要出版物还可能增加审核环节，经过审核修改的稿件再进入校对环节。“三校”是在审核环节后将稿件交予专业校对人员对稿件内容进行逐字逐句修改，并由美术编辑编排刊发格式，最后责任编辑再次比对原稿进行校对，通读并确保质量达到可刊发水平后，稿件编辑环节才算完成。随着机器学习和自然语言处理技术的发展，机器辅助校对在编辑工作中也已得到广泛应用，机器进行的校对能够快速处理大量文字稿件，并在很大程度上减少文字符号运用错误或语言不通顺的问题。相较于人工校对，能够避免受到编辑个人的语言习惯的影响，但目前针对不同主题或领域的校对模型精度不够高，机器校对不能完全取代人工校对，二者结合有利于提升审核校对工作的效率和质量。除了对一般语言规范的审查和校对，网络新闻编辑还需要对新媒体报道内容中具有互联网传播特点的新词语和新形式采取辩证的态度予以取舍。“同一个新闻报道，可以有多版本的适配不同传播平台的表达方式。”[①]例如网络流行语在社交媒体平台而言更具有传播优势，网络新闻编辑更需要考虑网络流行语是否存在不良导向，是否会引起歧义，以及对于广泛大众而言这些新用语究竟是“亲近”的还是“猎奇”的。总而言之，“三审三校”制度是新闻稿质量的重要保障，在网络新闻编辑工作中同样需要重视遵守，也需要不断根据新媒体环境进行升级。尤其对于新媒体内容，稿件审核必须高度重视新闻真实性、专业性和技术问题，确保稿件内容真实可靠，多媒体素材与报道内容吻合，避免由于审核不严而造成“新闻反转”。

稿件发布后才发现错误并进行纠正非常容易导致受众质疑新闻编辑的专业性。不论是新闻内容与事实不符，新闻内容与所用图片、音视频等多媒体素

① 周琪.网络流行语是否适合入新闻标题[J].青年记者，2022(2)：1.

材不符，还是文字、符号运用不规范，都会产生负面影响，因而在报道发布后一旦编辑人员主动发现错误或得到受众的相关反馈，新闻编辑必须做到及时回应，处理问题，更正错误，并根据错误的严重性和造成的后果进行声明或致歉。

网络新闻在线上发布，相较于传统媒体的错误纠正方法更加便捷，在媒体运营的网站上编辑可以直接对网页内容进行增补或删减，而在第三方平台上内容修改方式相对来说复杂烦琐。例如微博上线的编辑功能可以进行内容修改和重新发布，对于有修改的博文会显示“已编辑”标志并保留编辑记录。微信公众号的内容修改机制较为严苛，已发布公众号文章只能进行一次编辑修改，其中文字修改或删除不能超过 20 字，图片至多修改 3 张，且只能在原有图片的基础上进行替换或删除而不能增加①。形式更为复杂的新闻内容，如互动新闻、数据新闻、新闻游戏等在已发布内容的基础上进行修改较为困难，如果出现严重错误编辑往往只能删除稿件重新发布。而由于网络信息的碎片化传播模式，修改后的新闻内容很容易和原报道之间存在传播断裂，因此编辑还需要补充修改声明并以恰当的方式引起原报道的受众的注意，从而保证看到错误新闻内容的受众也能够注意到对原报道的修正，避免以讹传讹造成不良影响。

(四) 融合媒体新闻制作

融合媒体新闻制作强调在新闻呈现环节将文字、图片、音视频等信息形式进行恰当的组合式运用，并采用技术手段将多媒体内容整合，实现多渠道分发和多平台呈现，利用多模态信息为受众提供感官丰富的新闻内容。但融合媒体设计并不是多媒体形式的滥用，而是综合新闻内容、渠道特性、新闻定位、受众兴趣多方面因素考虑后为新闻设计出的最优呈现形式。不同的媒介形式有自身的优势和不足，新闻编辑必须在足够了解媒介特性的前提下才能够实现对多媒体融合的熟练运用。

文字报道是新闻诞生以来最常见的报道形式。文字信息含量高，逻辑性强，简略的文字就能够迅速且准确地传递新闻信息，对于逻辑要求较高的分析类内容以及表达观点立场的评论类报道而言，文字则更是不可或缺的媒介。

---

① 易撰自媒体.微信公众号出新规：已发表文章可修改 3 张图+20 文字[EB/OL].(2023-09-26)[2024-01-25]. https://baijahao.baidu.com/s? id=1778070485764078817&wfr=spider&for=PC.

文字也常用于对图片、视频内容进行解释说明以连接多种新闻资料，并避免产生完全背离新闻意图的误解。

新闻图片包括摄影、绘画、图表、资料图片等，在新闻报道中应用十分广泛，在新闻呈现中具有多种效用。一般而言，新闻摄影可以辅助实现文字表述具象化，既可以为受众提供既视感，又能增加新闻报道的可信度。好的新闻摄影作品不仅具有技术性美感，同时富有隐喻意义，能够通过摄影画面传达作者的态度并影响受众情绪。绘画作品在新闻中往往以漫画形式呈现，政治主题的新闻漫画大多具有讽刺意味，而其他议题下的新闻漫画则为新闻报道增添轻松俏皮的氛围，增加阅读的趣味性。新闻图表在以数据统计为基础的新闻报道中较为常见，图表能够以量化直观的形式表明新闻事实，同样也增加了新闻的专业性和可信度。新媒体时代的数据新闻就脱胎于传统的图表新闻报道，积极采用大数据技术和统计学方法，结合动态动画制作和用户交互设计所推出的新闻产品受到广泛好评。其他资料图片在报道中的应用通常也起到辅助事实呈现、补充相关信息、提升新闻可信度以及增加阅读趣味性的作用。

音频媒介可以单独实现新闻播报，也可以作为构成元素之一辅助新闻呈现。音频内容包括人声独白或对话、场景音效和音乐等。人声音频在语言表述中不仅传递了文字信息，同时通过语音语调传达说话者的情绪，在采访类对白音频中专业记者和受访人之间口音的区别也能够增加新闻与现实生活的亲近性。场景音效往往作为背景音用以丰富受众的新闻体验，为受众增添在场感，也能够提供一定新闻背景信息。采用音乐作为新闻背景音同样可以烘托氛围，渲染情绪，为新闻报道增加感官体验。

视频媒介能够以动态、连贯的方式呈现新闻信息，充分调动受众视觉和听觉敏感性，与日常生活中接触外界信息的形式十分接近，因而适用于直白地呈现新闻事实。同时，视频的制作可以整合文字、图片、音频以及动画，并采用剪辑手段重构信息逻辑，因此在采用视频媒介时既要注重通过动态的画面给予受众感官刺激，全面呈现新闻信息，也要警惕对视频画面的编辑和多段视频剪切后形成的逻辑是否违背新闻客观性、真实性等原则。

得益于5G技术的发展，高速的信息传播为AR/VR新闻内容的生产和分发提供了便利。近年来许多主流媒体凭借其媒介资源优势一马当先将AR/VR技术应用于新闻生产中，但由于生产和接收设备的限制，目前相关技术在新闻生产领域的应用尚且不够成熟，在未来随着智能移动设备的升级，VR/AR 等技术的应用也会更加广泛并再次推动新闻传播进入新时代。

多媒体内容的整合多通过网页编辑实现，通过超文本标记语言（HTML）将文字、图片、音视频、动画等素材在网页中以融合的形式呈现出来，目前已经发展到了第五代超文本标记语言（即 H5）。H5 网页编辑语言相较于前几代网页代码有两个最重要的特性：其一是能够兼容 PC 端和移动端上不同尺寸、分辨率的网页编辑和显示，因而常用于生产电脑端和移动终端互通的新闻内容；其二则是得益于通信网络的更新换代，多媒体素材在网页中的加载速度显著提升，H5 强大的解析力也适用于制作多媒体交互内容，为新闻游戏的发展提供了可能。

图 3－2　H5 新闻《2022 送你一张船票》部分画面截图

以新华社在党的二十大召开之际发布的《2022 送你一张船票》H5 新闻（图 3－2）[①]为例，该 H5 内容主要以手绘动画形式呈现，以中共一大召开的地点之一的红船作为线索，回顾在中国共产党的领导下我国实现的崛起、革新和发展，以红船在群山间穿梭航行隐喻中国共产党领导中国不断前进，“轻舟已过万重山”。动画中以图片和文字形式强调党的二十大通过的重要历史决议，设计弹窗邀请用户参与二十大问答游戏。结尾以 VR 动画形式展现红船全景，以交互形式为用户提供愿望和祝福选项并生成专属的纪念海报“船票”促进分享传播。这一 H5 内容在新华社客户端、微博、微信公众号等进行了传播布局，兼容 PC 端和移动端内容呈现，充分展现融合媒体优势，兼具审美性、趣味性和思想教育意义。

① 新华社. 2022 送你一张船票［EB/OL］.（2022－01－04）［2024－01－25］. https://h5.xinhuaxmt.com/h5/2022/cp/index.html.

（五）网络新闻发布

传统的新闻发布环节是将新闻内容从固定的报刊出版物、广播频道、电视频道在固定时间分发出去，而网络媒体时代的新闻分发不仅要面对多个平台的分发渠道，相对应地也要求新闻内容以多种媒介形式呈现，还需要在庞杂的互联网信息中吸引到最广泛的受众，并尽可能精准地触达目标受众，进而使新闻内容得到反馈并被分享给更多人。网络新闻分发涉及的变化因素远多于传统媒体时代，网络新闻编辑不仅要精心打磨新闻内容，更要在新闻发布环节使新闻内容融入平台生态，积极采用平台特有的多种功能使新闻报道与目标受众以及可能感兴趣的潜在受众建立联系。

多渠道的新闻分发不能各自为战，传统媒体和新媒体之间也不是二元对立的关系。新闻编辑要充分发挥不同渠道优势，同时在各个渠道和平台之间建立联系，搭建全程、全息、全员、全效的新型主流媒体矩阵。2019 年年初，习近平总书记在十九届中共中央政治局第十二次集体学习时的讲话中强调，宣传思想工作要把握大势，做到因势而谋、应势而动、顺势而为；坚定不移推动媒介融合发展；要坚持一体化发展方向，加快从相加阶段迈向相融阶段，通过流程优化、平台再造，实现各种媒介资源、生产要素有效整合，实现信息内容、技术应用、平台终端、管理手段共融互通，催化融合质变，放大一体效能，打造一批具有强大影响力、竞争力的新型主流媒体[①]。网络新闻时代的新闻编辑必须做好新闻发布的传统媒体和新媒体渠道管理工作，网络新闻内容的发布渠道目前一般有官方的新闻网站、新闻客户端、微博、微信公众号、抖音视频号以及其他社交媒体平台上的媒体官方账号。“在新媒体语境下，判断传播内容是否优质，不仅要衡量题材是否新颖、独到、有价值，还要思考传播方式和表达手段是否更符合用户的需求。”[②]多渠道新闻发布不仅是为了使新闻的传播范围更广，更要让不同渠道发布的新闻内容适应不同平台的用户取向和需求，使不同渠道分发的新闻内容在多样化的基础上形成有机的共同体，联通传统媒体和新媒体的新闻内容，实现线上、线下舆论场一体化。以人民日报的全媒体矩阵为例（图 3－3），根据中国记协网 2022 年发布的《中国新闻事业发展报告》，截

① 习近平.加快推动媒体融合发展 构建全媒体传播格局[EB/OL].（2019－03－15）[2024－01－25]. http://www.qstheory.cn/dukan/qs/2019-03/15/c_1124239254.htm.

② 陈杏兰.“媒体矩阵”建设中的三个思维误区[J].传媒，2020(11)：65－67.

至2021年11月30日，以“两微两端多号”为代表的人民日报新媒体覆盖用户总量超6.5亿[①]，不论是微博、微信公众号等以文字为主的社交媒体平台，还是以短视频为主的抖音平台，人民日报衍生出的新媒体账号都能够充分适应平台特性，打造受众喜闻乐见的内容，并利用平台造势扩大新闻内容传播范围，使主流媒体内容在互联网时代再次成为主流。此外，人民日报也积极建设自

图3-3 人民日报全媒体矩阵品牌展示

图片来源：http://media.people.com.cn/NMediaFile/2019/1112/MAIN201911121953000470326908480.jpg.

---

① 中华全国新闻工作者协会.中国新闻事业发展报告[EB/OL].(2022-05-16)[2024-01-25].http://www.zgjx.cn/2022-05/16/c_1310592108.htm.

有移动传播平台，包括人民日报客户端、人民日报英文版客户端以及“人民日报+”短视频客户端，在移动传播市场深入扎根，在媒介融合发展探索中实现了多平台、多渠道、多形式的内容生产和分发，成为主流媒体的升级和优化的模范和标杆。

移动互联时代用户的信息获取呈现出碎片化、场景化的特征，各种媒介平台为了占取用户的碎片化时间，培养平台用户黏性，多采用大数据结合算法进行内容推荐。最为常见的算法推送机制是兴趣内容推荐和热点话题推荐功能，前者以用户信息获取行为为中心，为用户推荐可能感兴趣的内容，后者以大多数网民关注的热点话题为中心，使用户了解大家在关心什么。此外，如微博这样强调内容互动社交属性和微信这样重视私域流量的媒体平台以人际互动网络为出发点，向用户推荐“你的朋友在看的内容”，实现内容推广同时加强平台上的虚拟人际关系，维护平台生态；还有结合 GPS 定位、北斗定位、用户兴趣分析和话题热度分析实现“附近的人在看”“同城热点话题”等推荐形式。算法推荐的模式花样繁多，在学界和业界也引起了有关用户私人信息收集使用界限以及算法的信息茧房导致群体极化的讨论，但从应用实践来看，算法推荐确实能够增加内容推送覆盖率，也有助于舆论引导。新闻编辑应当对算法推荐机制保持开放的态度，在新闻发布过程中既要合理利用算法推荐增加报道影响力，也要避免用户受到类似信息的围困而陷入单一视角和观点。

新闻内容的呈现形式在新闻生产环节已基本确定，但在新闻发布环节不论是文字、图片、视频还是其他内容形式的稿件都需要进一步加工调整以符合平台的媒介特性和确保与不同终端的适配性，各平台用户的消费特征和形式偏好也是新闻发布形式调整需要考虑的因素。正如传统印刷出版的纸质媒体需要编辑在空白的纸张排版布局，网络新闻的发布同样需要对空白网页进行设计编排，使新闻报道既能迅速准确地将重要信息呈现给受众，同时满足受众对外延信息以及审美体验的多种需求。网页新闻排版自由度较大，页面排版要遵守用户视觉习惯。其一，版面编排要分清信息主次使重点突出，避免过多信息和超链接分散用户注意力；其二，版面设计要符合新闻内容逻辑，巧妙地运用点、线、面和多种色彩对内容进行区分和标注；其三，版面设计要符合主流的审美并满足用户的审美需求，精美的美术设计也能实现新闻推广，建设媒体品牌。而在移动端发布的内容主要考虑多种移动设备的尺寸差异以及移动端用户阅读习惯，适应小屏、竖屏的呈现形式，强调以触屏形式触发交互内容，同时还要考虑到不同用户群体的私人显示设置。例如中老年手机用户群体通常会将手机字体设置得较大，在新闻内容排版时就必须考虑字体大小是否会导致内容错位而影响阅读体验。新闻编辑在发布环节应当就内容、渠道和目标群体的基本情况反复和美工人员进行交流磋商，选取最优形式呈现新闻内容。

（六）受众互动设计

网络媒体的互动特性是任何传统媒体都无法比拟的，因此新闻编辑不仅需要管理新闻内容，还需要重视与受众的互动。传统媒体的编读往来主导权完全掌握在新闻编辑手中，不论是受众来信还是听众连线等互动方式都是经由编辑筛选后编排在新闻内容中实现的，而网络媒体时代，随着论坛“跟帖”功能的发展，网络媒体设置评论区供用户发表看法已经十分普遍。在社交媒体平台上用户还可以通过转载的形式将新闻报道内容作为自己观点的“附属品”。新媒体受众掌握了信息发布主动权，可以通过实时互动表达观点，并且大部分情况下受众评论与新闻报道的可见性几乎是一体的，二者协同产生影响，形成了网络时代的新型传播景观。网络媒体互动形式的转换提升了受众互动管理在编辑工作中的重要性，新闻编辑在新闻生产、发布、运营的多个环节中都要考虑如何积极利用受众互动加强报道传播力和媒体影响力。

编读互动的频繁促进了新闻的情感化表达。越来越多新闻内容采取共情的策略拉近新闻内容与受众之间的距离，从小人物故事入手，采用充满临场感的表现形式，使受众从情感体验出发理解报道传达的观点立场，并引发受众对社会现象的深入思考。新闻编辑可能主动与受众建立类人际关系，通过表达方式的转变维护编读关系，例如许多新媒体编辑自称“小编”，以朋友的口吻与受众平等对话，或者在新闻内容中使用网络流行语来增加报道的趣味性和亲和力。新闻编辑在传播语态上进行尝试和创新有助于受众对媒体产生信赖感，但媒体表达方式的转变也必须把握好尺度，不能为了贴近受众而舍弃新闻应有的专业性和自身的职业素养、道德底线，在报道中不能过分媚俗，更不能见风使舵随大流。网络舆论生成于“网络—节点式”新闻生态系统，互联网大众在情绪宣泄的影响下易忽略对事实真相的关注以及理性的价值判断，“用户群体的情感力量会通过舆论生成的方式直接影响新闻的生产、传播结构，甚至倒逼生产者顺应其情感结构进行内容生产，以获取认同”[①]。在日常的新闻活动中与受众达成良好的互动关系最终是为了实现更好的舆论引导，新闻互动管理必须把握恰当的尺度，以专业的视角和亲切的话语开展新闻活动。

新闻编辑将用户互动融入新闻内容生产和传播也成为网络新闻的重要创新点。为了最大程度发挥用户主观能动性，新闻编辑可以利用多种平台手段为用户搭建公共论坛，号召网民积极发表个人观点成了新的新闻形式。许多媒体平台都开发了调查投票功能，网民实时投票的结果完全公开，给予了用户极大的主动权，以投票选项为引导也更能激发用户观点表达和讨论。例如在 2023 年 6 月 25 日，@农民频道在微博＃为什么以前不讨论调休＃话题下发起了“取消调休和落实双休你更支持哪个?”调查投票，设置“取消调休”“落实双休”和“雨我无瓜”三个选项。至投票结束共 43.1 万名用户参与，该条博文获点赞 48.1 万次，评论区网友讨论互动达 5 000 多条，转发达 1 400 条以上，引起了广泛的反响和讨论。调休一事与所有上班族利益攸关，关于调休制度的颁布和实行也应当给予这一人群充分的发言权。互联网的互动特性远超于任何传统媒体，例如投票、评论和转载等多种互动设计降低了大众进入公共论坛的门槛，通过互动促进了用户表达欲和分享欲，也拓展了新闻运营形式。

社交平台上的受众互动相当自由，并且极具个性化，这就为评论内容和编读互动增加了许多不可控因素，有时还会带来始料未及的意外情况。目前一些新闻编辑对意料之外的负面评论和质疑手足无措，难以正确处理负面信息以扭转不良舆论的范例，一些编辑甚至将用户的评论或者新闻报道直接删除，反而招致更大范围的负面批评。为了避免这种现象的发生，新闻编辑应当及时总结反思负面评论的内容，及时更正新闻内容的错误并将结果反馈到新闻生产环节避免再次出错；面对争议性问题就应当表明立场，引导和谐友善的探讨氛围；面对群众情绪发泄，则更要理性对待，尽可能减少极端情绪的蔓延。新闻编辑与受众的互动环节不仅要提出良性互动的策划，更要做好对负面评论的处理预案，既不能强硬地阻断与受众的交流，也不能任由网民评论或情绪宣泄引导舆论走向。

---

① 陈立敏.“网络—节点式”新闻生态系统的生成逻辑与运行机制[J].编辑之友，2023(3)：84-90.

此外，融合媒体的发展使得为用户提供服务成为媒体发展的新方向。2017 年，习近平总书记在十九届中共中央政治局第二次集体学习时的讲话中强调，要坚持以人民为中心的发展思想，推进“互联网＋教育”“互联网＋医疗”“互联网＋文化”等，让百姓少跑腿、数据多跑路，不断提升公共服务均等化、普惠化、便捷化水平①。各级部门机构主动开设服务类新媒体账号，发布新闻资讯并提供线上业务办理渠道，形成政务新媒体。以国务院办公厅推出的中国政府网为核心的新型政务媒体为例，中国政府网以官方门户网站、国务院办公厅客户端、国务院客户端小程序、中国政府网微博号和微信号为全媒体矩阵，不仅报道国际国内重要事件，进行最新政策发布和解读，开设“@国务院我来说”留言入口供广大群众建言献策并由相关部门对群众留言进行回应，在国务院办公厅客户端和小程序还设置了为个人和企业提供便利的一系列线上服务，如个人公积金查询、电子社保卡申领、企业电子营业执照申请等。媒体和政务部门相融合的发展模式以用户深度参与和个性化体验为重点，强化信息发布传播、用户互动、舆论引导、业务办理等多项功能，巩固拓展了主流舆论阵地，也增加了用户媒体互动在社会治理层面的参与度，取得了良好的社会成效。

新闻媒体也主动依照自身定位开发服务类新闻产品，例如人民网推出的“人民投诉”为用户与企业、机构提供沟通渠道，将用户投诉内容和企业或部门回复审核后呈现，并对典型的投诉问题进行整理、调查报道或评论，充分由用户主导进行新闻内容生产，也切实地解决了群众日常生活中遇到的问题。中国日报（*China Daily*）以其双语报道资源为优势推出了中国日报手机报、英语点津网等一系列英语学习类新媒体，在双语新闻报道外还开设了“口语”“译词”“听力”等栏目为用户提供权威的英语学习资源，以用户的学习需求为出发点进行内容生产。

（七）传播效果评估

新闻的传播效果评估一方面是对具体新闻活动的总结或对一轮舆情事件的反思，也是新闻媒体长期运营的养料，能够为编辑提供媒体管理的改进思

① 中国政府网.习近平主持中共中央政治局第二次集体学习并讲话[EB/OL].（2017－12－09）[2024－01－25]. https://www.gov.cn/xinwen/2017-12/09/content_5245520.htm.

路。新闻报道既要“叫座”也要“叫好”。传播效果包括报道传播的广泛度和受众参与度，也包括报道对社会舆论的影响以及观点主张的传达情况。传统媒体的传播效果研究一方面关注报刊出版量、广电频道收听率或收视率，另一方面通过受众的问卷调查等形式获得反馈。网络媒体时代新闻传播的整体过程都在线上完成，通过技术手段整理互联网储存下来的数据信息能够为新闻编辑的效果分析工作提供大量分析材料。面对庞大的互联网数据库，新闻编辑在效果研究中要遵循两个原则，“其一是设置细化多元的效果评估指标；其二是应当重视受众这个重要的评估维度”①。

传播效果评估首先要对具体的新闻报道的传播广度、讨论情况进行总结分析，在这一层面上浏览量、点赞量、转载量等用户机械性互动数据能够用以判断传播广度。而深入到具体的互动情况，例如用户跟帖、评论的具体内容，用户转载的二次传播交流情况以及网络意见领袖在特定圈层中对新闻内容或相关议题进行的讨论和发散都对传播情况评价有重要意义。

其次，以媒体为中心聚集的用户形成的社群也是传播效果评估的重要组成部分。新闻报道的最终目标是与社会大众形成良性的信息交流，互联网用户的关注、点赞、评论、转载行为构成了互联网新闻传播生态，社群化是用户信息消费的特征。传播效果评估不仅是对新闻内容的管理，也涉及媒体的“粉丝”增长管理，从新闻发布和粉丝群体变化的关联性入手，分析如何加强粉丝黏性，并通过已有粉丝群体进一步拓展市场，吸引更多潜在用户成为忠实用户也是效果评估环节应当思考的问题。

目前，许多科技公司已经推出了基于大数据技术对网络话题热度或媒体影响力进行评估的产品。例如微信推出的微信指数小程序，通过搜索关键词能够显示一段时间内特定关键词在微信搜索、公众号文章和朋友圈中被提及的情况；百度推出的百度指数数据分享平台以用户的搜索和浏览行为数据为支撑，可以呈现关键词搜索情况、多个关键词之间的相关性、特定资讯传播效果、搜索某关键词的人群属性以及品牌综合指数等评分；清博智能推出的清博数据是对第三方新媒体、“两微一端”新媒体进行大数据评估和研究的平台，其

---

① 和曼，焦飞越．“四全媒体”背景下网络新闻编辑核心竞争力的构建[J]．中国编辑，2021(7)：91-96.

独有的微信传播指数(WCI)、微博传播指数(BCI)、头条号传播指数(TGI)等算法已经成为新媒体整体影响力的权威评估标准。新闻编辑在进行传播效果评估时可以灵活利用此类数据分享平台,同时结合其他多种评估方法进行研究讨论,对新闻媒体各渠道传播效果和整体传播效果进行全方位的评估,为优化新闻生产传播环节寻找进路。

第三节 网络新闻编辑人员

一、网络新闻编辑人员职业素养

新闻编辑人员作为新闻产品的第一把关人,只有具备优良的职业素养才能够实现高质量的新闻产出,引领社会大众团结奋进,沟通国内国际舆论场,完成新闻工作者的使命。网络媒体时代的舆论生态纷繁复杂,新闻编辑必须进一步提升职业素养,把握网络传播的新趋势和新规律,回应新时代对新闻舆论工作的要求。

(一) 政治立场和思想导向

从新闻工作的政治性出发,新闻编辑的基本职业素养当中首要的就是坚定的政治立场和明确的思想导向。党性原则是新闻工作的基本原则,坚持党性原则的根本就是坚持党对新闻工作的领导,核心在于坚持正确的思想导向,站稳政治立场。我国的新闻编辑人员必须具有鲜明的政治立场,就是必须在新闻工作中全面接受党的领导,与党的路线、方针、政策保持高度一致,坚持以服务人民群众,服务社会为基本觉悟,在舆论导向上贯彻落实习近平新时代中国特色社会主义思想,培养政治远见和大局意识,这是坚持正确立场的关键。

在具体工作中,新闻编辑应当在新闻生产、发布的全过程中把握政治立场和思想导向问题。从选题策划到稿件审核以及版面编排,编辑都应当保持高度的政治敏感性和敏锐的政治鉴别力,不仅要核查新闻是否符合新闻规范,更要思考其在政治立场和思想导向上是否符合国家和人民的利益,是否符合社会主流思潮,是否有助于积极舆论的形成。尤其在网络媒体时代,新闻更新节奏明显加快,新闻发布渠道多,新闻稿件和材料的数量不断增加,稿件形式和种类也变化繁多,新闻编辑日渐繁重的工作量也意味着更大的把关责任。

为提升政治素养，新闻编辑人员必须加强对党的理论的学习和思考。对理论知识的广泛吸收和深入思考是坚持正确政治立场的基本保障，通过深入研读马克思主义经典著作，编辑人员能够加深对社会现实和政治理论的理解，同时也能够提升对新闻工作本质的理解。新闻编辑人员应该在专业实践中将感性认识和理论知识有机结合起来，以经验充实理论，再更新理论以指导实践，如此往复不断加强新闻报道在以先进思想教育受众，以正确观点引导正面舆论中的积极作用。

（二）职业道德和理论储备

新闻工作是公共性业务。尽管互联网时代多元主体都拥有信息发布的能力，但非专业新闻媒体并没有完全自由的新闻采编权，尤其在涉及重大事件和重要政治议题时，即便是以新闻报道为营业内容的商业新闻媒体大多也仅可转载、汇编专业媒体生产的新闻内容。专业新闻工作者必须对自身有更高的职业要求，坚守新闻专业主义，恪守职业道德规范，对新闻工作保持谨慎负责的态度。新闻编辑人员面对互联网的海量信息应具备敏锐洞察力，面对更新迭代的新媒介技术应调动强大的学习力，面对流量为王的营收模式应保持专业的自制力，不随波逐流，以社会效益作为新闻事业的最高准则。

当前许多网民不再对专业媒体和主流媒体的新闻报道感兴趣，反而热衷消费非专业媒体生产的多媒体内容。一些生产高质量内容的非专业的新兴媒体成为专业媒体强势的竞争者，这是新闻工作者必须正视的事实。但也正因如此，新闻编辑人员更应当加强职业道德和作为专业新闻人的责任感，对新闻工作保持敬业精神，积极探索互联网时代新闻传播规律的变化和发展趋势，在网络媒体时代制做出更优质、能够吸引到忠实受众的新闻内容，真切地反映社会问题，引导树立正确的价值观，把好思想导向关，守护网络舆论阵地。

为了加强新闻工作者自身职业道德提升，相关组织也主动发布了行业自律性文件以自我规范并交予社会大众监督。中华全国新闻工作者协会发布的《中国新闻工作者职业道德准则》(2019)，约定了七条全国新闻工作者包括新媒体新闻信息传播从业人员应自觉实施的准则，包括：全心全意为人民服务；坚持正确舆论导向；坚持新闻真实性原则；发扬优良作风；坚持改进创新；遵守法律纪律；对外展示良好形象[①]。中国广播电视社会组织联合会发布的《新闻出版广播影视从业人员职业道德自律公约》提出十条职业道德自律，要求新闻出版广播影视从业人员实行以下职业道德行为自律：维护党的领导和国家利益，不发表或传播损害党和国家形象的言论；秉持真实客观公正原则，不搞有偿新闻和虚假新闻；传递正能量，不在网络及其他媒介上制作或传播有害信息；追求健康向上的文化品位，不使用低俗粗俗媚俗的语言、文字和图像；确保制作服务质量，不提供粗制滥造的出版物、视听作品和技术服务；对社会公众负责，不制作、代言和传播虚假广告；崇尚契约精神，不做出影响行业诚信和秩序的违约行为；积极自主创新，不抄袭剽窃他人创意及成果；开展健康的媒介与文艺批评，不贬损他人名誉及作品；树立良好职业形象，拒绝涉“黄赌毒”和违反公序良俗的行为[②]。

新闻学的基础理论最初是在西方兴起的，中国新闻学界和业界至今依旧在孜孜不倦地建构更加适配中国国情的新闻传播理论体系，网络新闻活动的兴盛也为传统新闻传播理论带来了革新，催促着新闻编辑转换思路，适应新的传媒业态。因而新闻编辑不仅需要掌握新闻传播学经典的基础理论，还必须深入掌握中国特色社会主义理论思想，结合中国新闻传播的本土实践推动实现新闻传播理论的本土化，促进中国特色社会主义新闻话语体系的建设，助力新闻传播事业与中国国情的深度融合。同时网络传播发展迅速，形成了完全不同于传统大众媒体时代的传播图景，并且随着媒介技术革新，传播机制和媒介样态还处于长期的变化过程中，新闻编辑还需积极学习并主动探索新媒体时代的新闻生产方式变化、传播规律变化以及受众的媒介使用情况，及时更新传统的大众传播思维，掌握新型网络传播理论，以先进理论指导网络新闻实践。

(三) 法律法规和基本常识

作为社会公民应当了解法律法规，遵守纪律，作为从事任何行业的工作者也必须具备相关领域的法律知识素养，对新闻编辑人员而言，知法、懂法、守法

---

① 新华网.中国新闻工作者职业道德准则[EB/OL].(2019-12-15)[2024-01-25]. http://www.xinhuanet.com/politics/2019-12/15/c_1125348618.htm.

② 中国广播电视社会组织联合会.新闻出版广播影视从业人员职业道德自律公约[EB/OL].(2015-09-28)[2024-01-25]. http://www.carft.cn/2015-9-28/2151a982-6b06-cf36-eaa5-29e76bd03ee7.html.

更是重中之重。新闻编辑人员首先必须了解新闻业相关法律法规，同时还要遵守业界相关规范以及具体工作部门的规章制度，才能够确保新闻活动有序开展。我国虽然没有专门的新闻法，但在宪法及许多重要法律中都提及了开展新闻活动有不可触碰的红线，此外一些行政法规、部门规章、规范性文件、司法解释当中也有新闻活动必须遵守的要求和准则。针对互联网新闻相关产业也已出台专门的相关法规，如国家新闻出版广电总局、工业和信息化部颁布的《网络出版服务管理规定》(2016)对网络出版物划定了范围，规定了网络出版服务许可、出版服务管理方法、出版监督机制、保障和奖励原则、法律责任等内容。国家互联网信息办公室通过的《互联网新闻信息服务管理规定》(2017)，涵盖互联网新闻信息服务活动开展的许可条件、运营要求、监督机制、法律责任等内容①。编辑人员在工作中应当以法律法规为职业底线，以规章规范为自我约束，把握新闻内容的正确性，自觉监督自身行为，不抱侥幸心理，不惧威逼利诱，必要时主动拿起法律武器捍卫社会公平正义。

除与新闻活动直接相关的法律法规之外，在进行涉及法律问题的事件报道或者其他具有科普知识性质的报道时，新闻编辑人员还必须学习相关领域的法律知识和基本常识。为了充分发挥新闻教育大众的作用，新闻编辑人员要以谦卑而诚恳的态度深入了解报道所需的法律法规以及基础知识，对于更加复杂的知识结构以及新闻中涉及的关键信息和敏感信息更应严谨地寻求相关专家的解答和认证。如果新闻编辑对其他专业领域相关知识一知半解，在编辑过程中不谨慎核查信息甚至随意胡编乱造，造成的错误将对新闻媒体的权威性和公信力产生极其严重的负面影响。尤其在网络媒体时代，用户能够实时并且公开地反馈问题、指正错漏，即便编辑及时更正了错误也不免贻笑大方。而如果错误得不到及时妥善的处理，还可能升级为舆论事件引发广泛讨论，甚至导致大众对媒体产生不满情绪，这对新闻媒体的公信力将造成难以挽回的损害。

正如习近平总书记2018年8月在全国宣传思想工作会议上谈到的，宣传思想干部要不断掌握新知识、熟悉新领域、开拓新视野，增强本领能力，加强调

---

① 人民网.个人信息法、监察官法、法律援助法、医师法等多部法律今日表决通过[EB/OL].(2021-08-20)[2024-01-25]. http://society.people.com.cn/gb/n1/2021/0820/c1008-32201388.html.

查研究，不断增强脚力、眼力、脑力、笔力，努力打造一支政治过硬、本领高强、求实创新、能打胜仗的宣传思想工作队伍[①]。新闻工作涉及社会生活方方面面，新闻编辑人员必须以认真严肃负责的态度对待所发现的新闻事实和生产的新闻内容，坚决遵守法律法规，广泛学习基础知识，积极扩充基本常识，不断提升知识储备，增强工作能力。

二、网络新闻编辑人员专业能力

（一）选题策划和创新能力

选题策划是新闻编辑必须具备的基本能力，但显然网络新闻时代的选题来源远远多于传统媒体时代，新闻选题不再局限在可预知的重大事件和偶尔发生的突发事件，还可能来自互联网用户随手发布的信息或编辑主动发现的创新性主题。随着多种数据资源的网络共享，专业媒体很难再推出传统的"独家报道"，因而新闻编辑必须充分调动主观能动性，在选题策划环节下功夫，加强创新意识，生产高质量的新闻内容。

选题创新能力首先体现在对新闻线索的敏感性上，面对充满冗余的互联网信息，乏味简略的新闻报道可能在受众眼中如过眼云烟，并不能留下很深刻的印象，更遑论引起受众的思考和讨论。同时，一些不具有权威性的用户发布的见闻和观点可能因其内容翔实且震撼人心而在网络上引起热烈反响。新闻编辑要进一步开拓视野，从网络信息和现实生活中获得启发，也应当虚心从优秀的自媒体内容中吸取经验，或者主动伸出橄榄枝与非专业媒体或企业、品牌进行跨界合作，为报道策划注入新动力。同时，选题策划的创新还有赖于新闻编辑的洞察能力。新事物或事件出现的第一时间往往不会展露其本质，如果一味追求报道时效性则容易人云亦云，新闻编辑应当先以深入的洞察力把握事物发展本质，再从其内在的发展逻辑进行选题策划，从而体现新闻报道的创新性。

（二）信息收集和整合能力

对网络信息的收集和整合是新闻编辑必须具备的基本能力。新闻编辑筛

① 新华社.习近平出席全国宣传思想工作会议并发表重要讲话[EB/OL].(2018-08-22)[2024-01-25]. https://www.gov.cn/xinwen/2018-08/22/content_5315723.htm? tdsourcetag=s_pcqq_aiomsg.

选并重新梳理网络信息，再将整理好的网络信息发布在互联网上，一方面是为受众提供有价值的信息内容，另一方面也是为新闻生产积累资源。近年来由于网络新闻资源获取十分便捷，跨越了时空阻碍而受到新闻编辑的青睐，但采用错误网络信息造成的“假新闻”事件频发，甚至不少错漏发生在权威性很高的主流媒体的报道中，严重损害了主流媒体的公信力。随着网络新闻生产线上平台的建立，网络新闻资源逐渐主流化，网络新闻编辑人员当然也不能因噎废食，而是要提升信息收集、溯源、甄别和整合能力，在信息收集的过程中采取谨慎专业的态度，在采用网络资源之前，核查事实、辨别真伪、追根溯源等必要环节绝不可随意略过，避免将假信息用于新闻生产误导大众，损害媒体形象。

此外，网络新闻作为数字资源在互联网上通过定期维护可以长久地留存下来，因此也成了新内容生产的辅助资源。利用超文本链接技术，新闻编辑可以将过往发布的新闻报道与最新生产的新闻进行有机整合，构造跨越时空的互联传播模式，不仅能够为新闻报道增加前后呼应的连贯性，建设新闻品牌，也能够提升用户阅读体验，拓展信息知识网，培养更多忠实用户。

（三）新闻把关和舆论引导能力

没有网络安全就没有国家安全，习近平总书记多次强调网络安全和信息化对建设和谐社会、维护广大人民利益的重要性和关键意义①。在互联网时代，过量的网络信息使得大众注意力分散，新闻编辑人员应当深入透视网络舆论，树立正确的舆论风向，积极采用多形式多渠道发布新闻，及时处理受众反馈信息和问题，切实提升网络新闻时代的舆论引导能力，巩固专业“把关人”的角色。

网络媒体时代用户不再是被动的信息接收者，同样也不再仅仅依靠新闻媒体作为获取信息的来源。新闻编辑无法控制整个互联网环境中呈现或不呈现什么信息，也无法确保所发布的新闻报道是否能够得到最广泛用户的关注，“把关”难度陡然增加，舆论引导的任务也愈发艰巨。面对这样的困境，新闻编辑必须改变思路，提升能力，不能将传统新闻业务的“样板”沿用到网络新闻业务，而应当调动主观能动性，在日常报道中强化新闻把关，及时处理网络谣言，

① 党建网.习近平：没有网络安全就没有国家安全[EB/OL].(2022-09-06)[2024-01-25].https://baijiahao.baidu.com/s?id=1743184786907236179&wfr=spider&for=pc.

在舆情初期快速把握正确的舆论方向，提升新闻生产效能，争当公众论坛组织者、协作者。

新闻编辑也必须具备以技术手段辅助进行舆情分析和舆论引导策划的能力，合理利用媒体和互联网技术公司通过对媒体平台的用户行为数据和信息传播情况的大数据分析推出的互联网舆情监测平台，例如人民网舆情监测平台“人民舆情”、新浪推出的“新浪舆情通”等。

(四) 新技术学习、应用能力

网络媒体的兴盛也提高了新闻编辑的技术能力门槛。新媒体的兴起对传统的新闻业带来了前所未有的挑战，这与数字技术的发展密不可分。新技术生产的媒体内容具有很强的创新性，但新技术的应用导致网络上的虚假信息大幅增长，尤其是技术合成的图片、视频越来越逼真，使网络平台成了谣言的高发地。网络新闻编辑每天面对大量新媒体生产内容，想要从其中发现网络热点和新闻线索，如果不具备对新技术生产内容的敏感度、警惕性和辨别力，就很可能受到误导。因此新闻编辑必须紧跟媒介技术发展的脚步，要对新技术的应用原理和现状有一定把握，培养自身对应用新技术生产出的信息内容的鉴别力。

移动传播时代面对多种新闻发布渠道，为了加快新闻发布的效率，回应多种渠道新闻生产的需求，一系列辅助新闻生产的应用软件和功能性网站也成为了新闻编辑的得力助手。人工智能、大数据、区块链等新技术通过相关应用功能设计能够更加简易地应用于信息收集、材料整合、新闻内容编写和校正甚至新闻分发和管理环节之中。网络新闻编辑人员应当积极学习如何使用类似的软件和平台以加强自身对新技术的应用能力，提升新闻生产效率和新闻内容质量。

除了把握新闻报道的内容，还需要管理新闻发布渠道。网络媒体时代，除了新闻网站，媒体客户端、微博、微信公众号等需要编辑部进行统筹运营的发布渠道越来越多，新闻编辑人员要增强对多种渠道的掌控能力，要充分了解不同渠道、终端的特性及其面向人群，避免新闻内容的同质化、刻板化，关键点就在于根据不同平台的技术性特征对新闻内容进行对应的加工和合理分发，争取新闻报道在各渠道的传播效果实现最大化。

思考与练习

1. 网络新闻编辑包括哪些基本内容？编辑原则是什么？

2. 尝试分析一个网络新闻媒体的媒体定位和编辑方针。

3. 选取一个舆论事件，从网络新闻编辑的角度分析主流媒体如何进行报道策划。

4. 结合案例分析不同网络新闻发布渠道各自有何优势和不足。

5. 新媒体时代背景下，网络新闻编辑人员应当具备怎样的职业素养？应当提升哪些能力？

第四章

网络新闻评论

新闻评论是指对新闻报道、社会事件或其他话题表达观点与意见，它可以表现为社交媒体上的评论互动、专题文章、视频内容等形式。新闻评论本质上是基于事实的一种观点表达，互联网时代之下这种观点表达也发生了许多变化，不仅表现在表达主体的泛化也表现在表达形式与表达风格的丰富。

第一节　网络新闻评论的定义和特点

一、网络新闻评论的定义

网络新闻评论指的是通过互联网媒介对新闻事件、社会现象、社会问题等发表的评论性的观点。

广义的网络评论，是一种意见信息，是个人或组织在网络媒体上首发的对新闻事件或社会现象、社会问题的见解。狭义的网络评论，是指以完整的文章形态首发于网络媒体新闻网页上的评论作品①。

二、网络新闻评论的特点

网络新闻评论和传统新闻评论一样，都是针对特定的新闻事件所进行的观点性表达，新闻的时新性也决定了新闻评论强烈的时效性、评论对象的特定性和直接的针对性。但网络新闻评论又与传统的新闻评论不同，平台与技术

---

① 肖峰.全媒体新闻编辑与评论[M].武汉：武汉大学出版社，2021：333.

手段使其呈现出更鲜明的特点。

(一) 评论主体的多元性与匿名性

互联网的技术逻辑将使得传播结构不再是逐层递进的,而趋于扁平化的网状结构,处于网络节点上的每个个体都拥有自由发声的权利。多元的主体提供了不同的观点与视角,使得互联网成为一个流动的观点市场,也让新闻评论的生产不再是新闻编辑或者学者专家的专利。只要拥有上网的设备,任何人都可以针对新闻事件或者相关讯息发表自己的观点。新闻评论权力的下放汇集了更多观点,打破了从前的一元化的价值观,使得网络空间在理论上更趋于理想的讨论环境。与此同时,网络的匿名性也赋予了个体极大的自由,特别是在社交媒体中,卸下现实生活中的顾忌与防备,网络新闻评论受到的规范与限制大大减少。网络匿名性对于新闻评论来说既是保护,又是放纵,虽然由此产生了许多正义之言,但也为新闻评论的清池里增加了些许污秽。因此更需要新闻媒介发挥好把关作用,让更加客观有意义的评论成为新闻评论的主流。

(二) 评论发布的即时性与互动性

网络传播的即时性使得新闻评论也跟随讯息传送的速度即时发布,彻底打破了传统媒体新闻发布的周期性和因等待与刊登带来的延时性。新闻评论的参与者可以做到随时随地想评就评,无论是专业人士还是网民都可以第一时间就相关新闻发表自己的观点。同时网络的传输速度让受众可以迅速查看、分享和转发他人的评论,进而扩大影响力,吸引更多人关注并参与其中,助长新闻舆论的蔓延。这种快速传播和实时发布也将参与其中的主体汇聚至同一个话题之下,实现实时互动与快速反馈,形成一个即时讨论、实时互动的链条与场域,从而形成多元立体的评论形态。当然,即时发布的评论与快速互动的机制让许多参与其中的人跨过理性思考的步骤,高频的反馈与互动也使得新闻评论中出现一些受群体情绪影响的言论和偏离新闻事实的讨论。

(三) 评论手段的丰富性与多媒体化

得益于新媒体技术的更迭与手段的丰富,网络新闻评论的形式也不再局限于单调的文字,而是以图片、音视频、动画等多种形式,甚至融合综合运用,图文并茂,视听兼具,大大增加了评论的趣味性与说服力。随着网络文化的发展,表情包等新形式也被应用于新闻评论之中,其以简短精悍的形式融合文字、图像、动画等手段,直观地表现评论者的观点与情感态度,引发共鸣与互动，受到年轻群体的喜爱。当然，新媒体技术与手段的丰富也容易让参与者忽略评论的深度，甚至在不恰当使用的情况下引起误解、冲突或争议。

(四) 评论内容的日常化与简易化

前文提到，新闻评论的主题可以大致分为社会、经济、时政、娱乐等类别的内容，事实上，与人民生活和切身利益相关的话题引发的新闻评论热度更高，参与主体也更广泛。因此，网络新闻评论的话题更贴近生活，贴近广大群众，逐渐呈现出民生化和日常化的特点。话题使然，新闻评论的内容也在以更生活化和简易化的风格出现。

第二节　网络新闻评论面临的新要求

网络新闻评论为个人观点的表达提供了平等的机会，也为事实的全面深入探讨提供了公开的平台。一则优秀的新闻评论需要阐述鲜明的观点，提供具有说服力的论据和精辟有力的论证，而在新媒体时代，一则优秀的网络新闻评论则需要满足更多的要求，达到更高的标准。

一、兼顾“实时”与“真实”

在互联网时代，信息传播的速度达到了惊人的速度，新闻事件从发生，被报道，引发讨论，直到销声匿迹的周期大大缩短。因此，及时发表评论可以使受众更好地参与正在发生的事件中，当下发表的观点也更有助于展开讨论或形成共识，让更多人参与舆论和决策的过程中，有助于形成全民参与、多元对话的网络空间。同时，实时发布的新闻评论不仅可以相对直观地反映公众对新闻事件的态度，也有助于舆论态势的研判，从而加快相关部门的反应与解决速度。然而，实时发布的评论也不可避免地使一些非理智情绪与未经查证的信息夹杂其中，从而催生许多虚假信息与谣言。因此如何兼顾“实时”与“真实”是对网络新闻评论提出的新挑战。

网络新闻评论需要在合理的时间范围内进行回应，这是由新闻所追求的时效性决定的，但这并不代表只要“快”的评论就是好的评论。快速发布的新闻评论需要建立在审慎调查、深刻认识的基础上，确保所引用的信息和提供支持的材料来自可信的来源。同时也需要积极查证消息的真实性，对经手的信息进行辨别和筛选，避免成为谣言的制造与传播者。在纷繁的网络信息之中还要保持独立的思考，减少他人的观点带来的干扰，不盲目跟从。实时性与真实性的兼顾对新闻评论作者寻求真相的耐心和敏锐，独立思考的勇气和决心都提出了比传统新闻时代更高的要求。

阅读材料

人民网评："带节奏""假种草"，严惩不贷！①

"曝光一周 3 000 元，半个月 5 000 元，一个月 8 000 元。""760 元就能推动一次网暴"……近日，公安部新闻发布会介绍，部分"网络水军"团伙在热点舆情事件中，编造传播虚假信息"蹭热点"收割流量，甚至"造热点"，裹挟舆论、误导公众。网络谣言打击整治专项行动中，依法侦办"网络水军"案件 130 余起，抓获犯罪嫌疑人 620 余人。

今年 3 月，中国互联网络信息中心发布第 51 次《中国互联网络发展状况统计报告》。数据显示，我国网民规模已达 10.67 亿人，其中，手机网民规模为 10.65 亿人，网民中使用手机上网的比例为 99.8%。"人人手握麦克风"的现实背景中，信息发布越来越简单迅捷，也越来越令人感到真伪难辨。其中一个很重要的原因就在于，有些"网络水军"在兴风作浪，以炮制谣言为能事，以收割流量为乐事，四处散播蛊惑人心的虚假信息和有害信息。

从公安部新闻发布会介绍的情况来看，某些"网络水军"正在呈现规模化、集团化之势。山东公安机关侦办一起粉丝数量超过 150 万的网络大 V，利用制造热点话题实施敲诈勒索的"网络水军"案件，目前已依法刑事处理 3 人；浙江公安机关侦办一起使用群控软件提供虚假"点评赞"服务的"网络水军"案件，目前已依法刑事处理 9 人；河北公安机关侦破一起"利用热点话题炒作实施敲诈勒索"的"网络水军"案件，抓获犯罪嫌疑人 81 人。

此次曝光的典型案例，实际上也对应着"网络水军"的两种类型：要么强

---

① 人民网.人民网评："带节奏""假种草"，严惩不贷！[EB/OL].(2023-07-25)[2024-01-25]. http://opinion.people.com.cn/n1/2023/0725/c223228-40042953.html.

蹭热点话题伺机敲诈勒索，要么散布虚假信息攫取不义之财。身处网络时代，“网络水军”堪称公敌与公害。然而，尽管屡遭严打，“网络水军”却始终未能绝迹。究其原因，公共情绪的变化，既是“网络水军”孜孜以求的“爆点”，也是他们赚取收益的“卖点”。

生机勃勃的网络社会中，“网络水军”仿佛触目惊心的“牛皮癣”，不仅有碍观瞻，而且严重危害网络社会的肌体健康。庞杂的网络信息中，“网络水军”主要有两种表现形式：热门的突发事件，或者虚假的专业知识。前者主打的是时间差——往往在真相还没有穿上鞋子的时候，谎言就已经跑遍了网络世界；后者主打的是知识壁垒——面对集团作战的营销号，普通消费者几乎没有任何防御能力，很容易偏听偏信堕入“假种草”陷阱。

互联网不是法外之地，公共情绪既不是绑架民意的道具，更不是随意收割的“韭菜”。2013 年“两高”的司法解释第七条明确规定，通过信息网络有偿提供删除信息服务，或者明知是虚假信息而通过信息网络有偿提供发布信息等服务，扰乱市场秩序的，以非法经营罪定罪处罚。公安部门此次重拳出击，再次用行动亮明了态度——无论是“带节奏”还是“假种草”，严厉打击“网络水军”，一个都不能少！

实际上，打击“网络水军”不仅仅是一个法律问题，同时也是一个社会问题。对于普通网友来说，不盲从情绪、放弃思考，是网络时代的基本功。对于网络平台来说，完善监督机制、加强动态监管，是维护平台健康发展的必修课。只有建立起多方参与、各方共享的网络新秩序，才能抽干“网络水军”的“黑水”，斩断攫取利益的“黑手”，共同营造清朗的网络空间。

二、提升原创性与个性化

在信息爆炸的时代，想要在海量的网络信息中脱颖而出，扩大新闻传播价值，吸引受众的注意力便是绕不过的挑战也是必须借助的“东风”。网络新闻评论要改变传统新闻评论的体裁与模式，具备独特的网络特色才能提升评论的影响力和可见度。

网络新闻评论应当积极利用网络媒介超文本、多媒体等的优势，创新新闻评论形式，努力提升原创性与个性化。原创的新闻评论为新闻事件的拓展与延伸提供了全新的视角和思维方式，能够引导公众从多个维度，更深层次洞察分析新闻事件，促成理性的公开讨论。个性化的评论则以新颖的形式，趣味性的体裁或是诙谐的语言提升了受众的参与度和互动性，促使他们在不断的交流与互动之中互相分享各自的见解，从而提高新闻事件与相关讨论的热度与活跃度，增加其可见度与影响力。

网络表达在不同阶段会出现许多不同的受欢迎的文体，流行语与表达形式，新闻评论需要以开放的姿态不断更新知识讯息，积极提升新闻评论的原创性与个性化。同时也要以新闻事实与观点为基础，避免为出现博取眼球过度关注表达形式而忽略内容本末倒置的情况。

三、增强社交媒体化风格

当前社交媒体的应用已经渗透至互联网用户生活的方方面面，深刻改变了人们的阅读习惯和生活习惯，因此新闻评论想要增加观点的能见度与传播度，引发受众共鸣和互动，就需要增强新闻评论的社媒化。社会生活节奏的加快和讯息的爆炸式增加使得网络平台上的内容渐趋微型化与碎片化，评论作者想要将自己的观点和意见通过微博、微信等社交媒体平台发布，就应适应以短文、图像或视频的形式传递观点，以适应现代受众的阅读习惯和信息获取方式。同时，新闻评论系统或平台也应该尝试使用类似社交媒体的功能和界面，为受众提供实时更新和通知功能，使受众能够在评论有新回复或被其他用户回复时及时收到通知，保持对讨论的关注，以便更好地促进用户之间的互动、分享和参与。社交媒体化的表达方式也要求新闻评论者在内容上与当下的流行文化相结合，运用受众喜闻乐见的技术手段与编辑方式使得评论更具表现力和趣味性。社交媒体化的表达方式已成为当下的趋势，网络新闻评论需要从篇幅、内容编排、技术手段等方面着手，增强新闻评论的可见度与活跃度。

四、紧贴“生活”与“时代”

网络新闻评论可以针对的内容与主题十分广泛，正因为如此，新闻评论的选题非常重要。只有真正贴近生活，紧扣时代发展的内容才能引发共鸣和讨论。网络新闻评论作者可以选择当前的热点事件或话题，这些热点事件和话题往往引发公众的广泛关注，作为身处其中的人们自然渴望了解和参与。例如全球范围内的大型自然灾害、重大政治事件、科技创新突破等都是热门的评论选题，可以融入个人见解加以引导和评论。同时，随着社会发展与生活水平的提高，人们也更加关注个人生活，网络新闻评论也应当针对公众普遍关注和参与的话题，比如家庭教育、健康生活方式、社会事件等话题。

新闻评论犹如时代的风向标，既可以反映公众的关注动向，又可以在一定程度上引领公众关注的内容与方向。因此新闻评论编辑、作者在做选题时要紧扣时代的脉搏，努力贴近现实生活，为群众提供真实客观，更“接地气”的内容。

阅读材料

人民网评：推广“家门口就医”，让看病不再难①

近日，国家卫生健康委办公厅印发《基层卫生健康便民惠民服务举措》(以下简称《基层便民举措》)，要求进一步方便城乡社区居民就近、便利获得基本医疗和卫生健康服务，提升群众获得感。

《基层便民举措》围绕方便居民就医、优化服务提供、简化就医流程、改善服务体验、做好慢病管理、提升签约感受等6个方面，提出10条具体措施。其中包括：预约号源向基层下沉，推进中高级职称医师值守门诊，方便居民配药开药，加强与签约居民的联系，深化“一老一小”健康管理服务，延长城市社区门诊服务时间，推行“先诊疗、后结算”等。

去年年底召开的中央经济工作会议指出，社会政策要兜牢民生底线，聚焦医疗领域，要推动优质医疗资源扩容下沉和区域均衡布局。今年的政府工作报告再次提出，要推动优质医疗资源扩容下沉和区域均衡布局。推动优质医疗资源扩容下沉，是构建优质高效医疗卫生服务体系的重要内容，也是缓解“看病难”问题的重要举措。由此，需要基层医疗卫生机构承担更多责任、展现更大担当。

众所周知，“看病难”不是难在大医院不够大、不够强，而是难在基层医疗

① 人民网.人民网评：推广“家门口就医”，让看病不再难[EB/OL].(2023-08-09)[2024-01-25]. http://opinion.people.com.cn/n1/2023/0809/c223228-40053550.html.

卫生机构不够多、不够用。推进分级诊疗，就要增强基层医疗机构的人员配置，提升基层诊疗能力，从而把小病、慢病、常见病留在基层医疗机构，满足公众“家门口就医”的需求。对于“家门口”看不了、看不好的疑难杂症，由基层医疗卫生机构提供上级医院专科门诊预约服务，无疑比患者四处奔波更加专业而高效。为此，《基层便民举措》明确要求，紧密型城市医疗集团和紧密型县域医共体牵头的三级、二级医院预留至少 20%的门诊号源优先向辖区基层医疗卫生机构开放。

实现“家门口就医”，不仅需要有顺畅的预约转诊机制扫除后顾之忧，而且需要有更加专业的医疗服务人员能满足眼前之需。在推进中高级职称医师值守基层门诊的同时，《基层便民举措》提出要充分发挥家庭医生在预约转诊等方面的作用，强化家庭医生和签约居民的联系，一系列举措将有助于增强签约对象对签约服务的感受度，形成签约双方互动履约的良好氛围。

作为居民健康的“守门人”，家庭医生针对小病进行提前预防和治疗，不仅可以避免养痈为患，而且可以实现分级诊疗。2022 年，国家卫生健康委等六部门联合印发《关于推进家庭医生签约服务高质量发展的指导意见》，其中提出，从 2022 年开始，各地在现有服务水平基础上，全人群和重点人群签约服务覆盖率每年提升 1～3 个百分点，到 2035 年，签约服务覆盖率达到 75%以上，基本实现家庭全覆盖。

家庭医生“基本实现家庭全覆盖”，有助于满足“家门口就医”的需求，从而使分级诊疗落在实处。顺利完成这样的目标，不仅要让医生“愿意签”，而且要让居民“愿意约”——在扩大家庭医生规模的同时，完善工作机制、增强服务保障、扩大宣传引导，才能调动家庭医生和签约居民双向奔赴的积极性，让“家门口就医”的梦想照进现实。

第三节　网络新闻评论的作用

尽管网络评论的载体、形式手段都发生了许多具体的变化，但其所承担的责任与发挥的作用并没有因此而发生变化，这也是新闻评论始终存在的原因和意义。

一、认知功能——提供真实准确的信息

网络新闻评论的一部分重要内容就是对新闻内容进行解读，而拥有不同背景和经验的人们能够提供多元化的视角和思考方式。不同的解读方式与看待问题的视角犹如观察一座山峰的不同角度，通过不同的描绘与补充逐渐勾勒出重现山峰的全貌，这很大程度上可以拓宽人的认知，避免将认知限制在同一个维度与层面。同时，网络新闻评论中不乏极具专业背景与知识积累的人士，所提供的深刻独到的见解既提供了相对客观的解读，也将公众引导至更加理性的讨论空间。网络新闻评论也为观点碰撞与交流提供了一个公开的平台，在互相补充与讨论中，网民的认知范围不断扩大，相关内容也更容易被加工整合形成更加全面的观点。因此，在发挥更大的传播功能之前，网络新闻评论首先为各种观点提供了呈现与交锋的平台，为公众获知真相、深度思考提供了可能。

阅读材料

人民网评：8 亿元修复的天水古城横遭伤害，谁之责[①]

“及时通报问题整改情况”“对发现的问题隐患建立清单台账、限期整改销号”……针对媒体报道的甘肃天水古城内多个文保院落存在更改文物原貌、违规私搭乱建、业态随意变更等问题，天水市委、市政府回应称，当地已成立由核查组制定整改措施，跟踪推进整改。

10、12 号文保院落，曾精心修缮过的柱子上钉着指纹打卡机，后院还加盖了彩钢厨房；多个文保院落违规装修、添建变为餐厅，防火风险也随之增大；酒馆变火锅，茶社成餐厅……从媒体的报道来看，天水古城存在的问题触目惊心，令人叹息。

为修复保护古城，天水投入超 8 亿元，可谓下了血本。钱花出去了，效果也出来了，比如，一处建于明清时期的文保院落，(修复后)庭院宽敞、青砖黛瓦、雕梁画栋。但如今，被商业侵袭的文保院落已经面目全非，岂不让人痛心？

---

① 人民网.人民网评：8 亿元修复的天水古城横遭伤害，谁之责[EB/OL].(2023－08－21)[2024－01－25].http://opinion.people.com.cn/n1/2023/0821/c223228-40060740.html.

痛心来自两个方面，一个是公帑被打了水漂，怎对得起当地人民？另一个是文保院落遭遇严重伤害，怎对得起祖宗？“把老祖宗留下的文化遗产精心守护好，让历史文脉更好地传承下去”，这是今人的责任。如果文保院落横遭伤害，也就无法更好地传承历史文脉。

需要厘清的是，古城不是不能给商业留有一席之地，文保院落也不是完全拒绝商业气息。但是，一旦过度商业化，乃至无视基本规则而强行推进的商业化，则极不可取。

有个细节是，有的改造明明不合规，面对专家提醒却执意推进，这就该追问何以至此？一些“改头换面”的经营均系未批先设、未批先修，问题出在哪里？

表面看，乱改乱修乱建的商家难辞其咎，负责运营天水古城的企业也逃脱不了干系。为了商业利益而藐视法律法规，当然该受到惩罚。但是，板子只能打在他们身上？答案是否定的。

天水市委、市政府在回应中表示，由纪检监察机关牵头，对文物保护、消防安全等责任落实情况开展监督检查，严肃查处监管缺失、失职渎职、不作为、乱作为、慢作为等问题。

据报道，2022 年 9 月，天水市文化和旅游局曾下文要求：县级文物主管部门定期组织对文物建筑保护利用状况开展评估。而这些“改头换面”的经营均系未批先设、未批先修，要求竟成一纸空文，而主管部门又因为没有收到任何报批手续，所以无从监管来推责。由此需要叩问，相关部门有没有定期组织对文物建筑保护利用状况开展评估？是看不到乱象还是假装看不到？是根本就没有走出办公室还是心知肚明却纵容乱象孳生？

制度设计再完美，如果不落实就是一纸空文；如果任其虚置，监管部门就该承担责任。一个最基本的法治常识是，在文保古城，无论是业态设置，还是装修改建，都需要经过至少县级文物部门的批准。但就有商家乱来，监管部门岂可坐视不管？

“皮之不存，毛将焉附？”天水文物资源丰富，变资源优势为发展优势正当时。如果本末倒置，在古城内乱改乱建，即便商业一时发展起来了，但文物被破坏，也是得不偿失，可谓捡了芝麻丢了西瓜。当然，二者并非水火不容，而是能够和谐共存的，关键是如何把握平衡，如何在守法守规的前提下实现利益最大化。

保护好、传承好、利用好老祖宗留下来的宝贝，不能有丝毫的迷糊和含糊。天水古城运营出现问题值得深思，也给人警示，这就是国家花钱修复文物之后，接下来该如何保护？如果相关部门只看到了修复而不注重后期管理，同样涉嫌失职渎职。保护文物，任何时候都不能当甩手掌柜！

二、监督功能——新闻批判的时代使命

网络新闻评论所发挥的监督作用首先体现在对新闻本体的纠错和修正功能上。受众通过新闻评论的方式参与讨论可以指出新闻报道中存在的问题，特别是新闻中的虚假信息或者易引发争议的信息，从而对新闻媒体进行业务与态度的监督和纠错，可以在很大程度上保证新闻的客观性与准确性。

其次，网络新闻评论所发挥的更为重要的监督作用体现在社会真相与公权力上。得益于网络平台的分散性与平等化的参与机制，每一名受众都可以参与新闻评论，打破了传统媒介对社会舆论的相对垄断。这种权力的分散同时也赋予了更多人参与公共事务的权利，普通人也有机会表达自己对新闻事件、政府政策、社会问题等方面的看法和意见。因此，网络新闻评论的监督功能主要是通过分析时政、社会风气以及网民的群体意志、行为倾向等，对政治、经济、文化等各个领域的活动发表批评性意见来实现的。建设性视角下的舆论监督类报道通过记者的深入采访，及时曝光社会问题，纳入多元主体声音，助推媒体、政府、公众三方形成积极互动，助力社会综合治理[①]。事实证明，网络新闻评论的讨论与监督对于社会弊病揭露与政府工作效率提升都起到了非常重要的作用。

2021 年 12 月 20 日，浙江省杭州市税务局消息，头部电商主播黄某偷逃税被罚共计 13.41 亿元。伴随当事人接连道歉及多平台下架，该事件一度“霸屏”热搜并引发广泛讨论。人民网针对其逃税事件发表评论《人民网评：薇娅偷逃税款被重罚，为谁敲响警钟》，针对网民的争议与讨论做出回应，并提醒直播带货与自媒体等新业态在发展中需要时刻规范自身行为，迈上更合法、有序的轨道中健康发展。

① 沈正赋，韦茜.中国特色建设性新闻与舆论监督报道的关系建构[J].中国出版，2022(18)：16－21.

阅读材料

人民网评：薇娅偷逃税款被重罚，为谁敲响警钟？①

据报道，浙江省杭州市税务部门近期经税收大数据分析发现网络主播黄薇（网名：薇娅）涉嫌偷逃税款。经查，黄薇在 2019 年至 2020 年期间，通过隐匿个人收入、虚构业务转换收入性质虚假申报等方式偷逃税款 6.43 亿元，其他少缴税款 0.6 亿元。相关部门对黄薇追缴税款、加收滞纳金并处罚款，共计 13.41 亿元。

网红主播雪梨和林珊珊偷逃税被处罚，还在舆论场中“发酵”。与雪梨和林珊珊相比，薇娅偷逃税数额更惊人，性质也更恶劣。有网友感叹，“光偷逃税就高达数亿元，该挣了多少？”其实，只要合法，无论挣多少都不会引来仇富。问题是，只要是不干净的钱，挣一分都受诟病。

薇娅被重罚，咎由自取！一方面，她偷逃税数额巨大，且持续时间长；另一方面，她是明知故犯，“经税务机关多次提醒督促仍整改不彻底”。在这种情况下，薇娅被重罚，可谓“求锤得锤”。

近年来，直播带货风生水起。作为新业态，网络直播有其存在意义，但是，一些主播只想到攫取行业红利，而不承担社会责任，更没有严格遵纪守法。有关部门依法查处网络主播偷逃税，传递出鲜明信号：一方面，国家支持新业态发展，也在全力规范新业态发展，对其从业者依法监管是应有之义；另一方面，国家捍卫税法决心丝毫不会减弱，随着监管手段升级，那些涉嫌偷逃税的主播千万莫存侥幸心理，一旦有不法行为就会吃不了兜着走！

我国近年来新业态、新技术、新模式方兴未艾，不仅推动了经济发展、增加了就业岗位，更大大方便了群众生活。国家对新业态一直持“包容审慎”的监管方式，绝不是管死，也不是不管不问，而是严格拿捏尺度。此次对薇娅的查处，不仅不会影响新业态发展，还会推动新业态迈上更合法、有序的轨道中健康发展。

依法查处网络主播偷逃税，意义深远。而有效遏制乃至防范出现类似偷逃税现象，既需要直播平台严格把关，压实责任，也需要相关行业强化自律，加强内部约

---

① 人民网.人民网评：薇娅偷逃税款被重罚，为谁敲响警钟？[EB/OL].(2021-12-20)[2023-01-25]. http://opinion.people.com.cn/n1/2021/1220/c223228-32312735.html.

束。多管齐下，各尽其责，直播带货才能迎来发展的春天，新业态才能更良性发展。

三、导向功能——引导社会舆论健康发展

网络的匿名性与便利性使得网民发表观点更加自由，人们也会在网络这一公开环境中主动寻求与自己相似的观点和志同道合的伙伴，从而形成以身份、兴趣爱好、信仰等为基础的圈子。网络群体的出现使观点的传播与强化变得更加容易，也使个体的观点与想法更易受到网络环境中出现的观点的影响。因此，网络新闻评论在纠正错误观点，引导社会舆论朝更加健康的方向发展上发挥着非常重要的作用。网络评论可以为公众提供看待问题的新视角与接收观点的新渠道，给予公共舆论更加有效的引导。一篇优秀的新闻评论可以将事实与情感相结合，用经验、知识和见解促进公众思考，用个人经历、价值观和情绪表达引发情感共振，通过信息与情感的互动与交流对公众意见产生有效的影响，从而推动公共舆论的形成。

2023 年起，在各大城市之间引发了一股“City walk”风潮，年轻群体走上街头，领略城市之美，享受放松的生活方式。针对这一现象，不少网民抨击其为消费主义包装出来的新产品，认为其所倡导的自由与商业性注定无法和谐共存。针对网上对于“City walk”的讨论，人民网发表了题为《人民来论：“City walk”渐流行，见证城市绿色发展》的评论，将这一话题与当下的历史文化传承与城市发展相结合，将流行文化的讨论引导至新的高度。

阅读材料

人民来论：“City walk”渐流行，见证城市绿色发展①

今年，“City walk”悄然走红，成为年轻人的新宠。“City walk”也称城市漫步，是指在城市里或随意漫步或探寻一些特色的景观路线。慢节奏探索城市魅力，近距离感受城市温度，换一种方式欣赏城中的“诗和远方”。城市风景是

① 人民网.人民来论：“City walk”渐流行，见证城市绿色发展[EB/OL].(2023-07-14)[2024-01-25]. http://opinion.people.com.cn/n1/2023/0714/c431649-40035 594.html.

载体，承载的是城市发展与城市生活的彼此成就。

在北京，弯弯绕绕的胡同里，古色古香的老北京风貌铺陈展开，胡同居民的生活景象别有一番滋味；在上海，“梧桐区”让城市漫步者流连忘返，历史建筑、花园洋房、文艺小店，申城文化风韵使人陶醉；在福州，漫步在城市森林步道——福道，环山看城，满眼皆绿，所见皆景，城市生活与绿水青山和谐相融。城市是人民的城市，承载着人民对美好生活的要求和期盼；人民是城市的主人，建好护好城市就是建好护好自己的家园。宜居的环境，是宜居城市建设中不可或缺的一块拼图；城市发展与城市生活相得益彰、互促共荣，正如硬币的一体两面，不能分割。

“City walk”一词虽来自海外，开枝散叶的土壤却是扎扎实实的本土培养。仅中心城区就有58座山体的福州一度让市民受困于“见绿难享绿”。自2012年首条无障碍山地绿道启动建设，10多年来，福州已拥有山地步道131公里，并与501.7公里的滨水绿道相衔，与200多条传统老街巷相接；为更好守好“梧桐区”的特色风情，上海市对“梧桐区”标志性老建筑武康大楼两次保护性修缮，迎合越来越多慕名访客驻足拍照需求，2020年更对武康大楼街区“微更新”：信号灯综合杆优化、冗余立杆移除、最佳拍摄点扩容升级，等等。山、水、人、城亲密交融的福道，让人们身在城中也共享山水之趣；上海“梧桐区”历史文化建筑被细心修缮、维护，相关街区同步及时更新、升级，日积跬步的建设举措、共建共享的城市发展理念，正是培育城市漫步流行起来的土壤。正是城市环境宜人、文化动人的生动面貌，引得漫步者们纷至沓来。

2021年，中办、国办先后印发《关于在城乡建设中加强历史文化保护传承的意见》《关于推动城乡建设绿色发展的意见》，要求促进历史文化保护传承与城乡建设融合发展；促进区域和城市群绿色发展，建设人与自然和谐共生的美丽城市。城市是生命体、有机体，发展城市首先要敬畏城市，建设城市必须善待城市。科学合理规划城市的生产空间、生活空间、生态空间，处理好城市生产生活和生态环境保护的关系，既提高了经济发展质量，也提高了人民生活品质。从水体整治到园林绿化，从“口袋公园”到生态公园，从人口密集大都市到县域乡镇，放眼全国，越来越多地方，城市的发展由外延扩张式向内涵提升式转变，城市建设与“推窗见绿、出门有景”交相呼应、相互赋能。

行走于城市，城市漫步者们探寻连串惊喜，匆匆路人穿行景中也愉悦了心情。人民城市为人民的真诚意，承载于青山碧水美景，化作美好日常、心中暖意。人民城市人民建的绵薄力，体现在分类处置垃圾或小心爱护花草绿地的举手投足，化作日常习惯和普遍共识。城市与人之间的互动模式是彼此相互关照。让这种良性互动模式长久持续下去，游客也好市民也罢，都责无旁贷。

四、教育功能——倡导正确的价值观

在提供真知、发表观点、激浊扬清的基础上，新闻评论更深层的任务体现在对公众的教育功能之上。特别是在各种观点层出不穷的网络环境之中，各种社会思潮与价值观念争相登场，主流意识形态的权威认同受到很大冲击。新闻评论更需要提供正面的范例和引导，通过观点的指引弘扬正确的价值观，新闻评论在塑造公众意识和引导社会思潮方面扮演着关键角色，因此，新闻评论应当深入分析和阐述主流价值观的内涵，通过富有说服力的论点和论据，引导公众形成正确的价值判断和行为选择。

习近平总书记在党的二十大报告中明确指出："继续推进实践基础上的理论创新，首先要把握好新时代中国特色社会主义思想的世界观和方法论，坚持好、运用好贯穿其中的立场观点方法。"每个时代都有值得传颂的时代精神与价值观，其孕育于中国特色社会主义事业的建设之中。作为时代的急先锋，网络新闻评论应该遵守新闻评论原则的同时，紧跟时代步伐，反映社会热点，通过创新的内容和生动的案例传递社会主义核心价值观。培养互联网思维，进行语态变革，评论的语言应通俗易懂，增强亲和力和说服力，同时鼓励受众参与互动，形成积极的舆论环境。评论者应具备高度的社会责任感，坚持真实、客观、公正的原则，避免误导公众。

阅读材料

人民网评：中国正能量，传承浩然正气激扬奋进伟力[①]

中央网信办主办的 2022 中国正能量网络精品征集展播活动 7 月 24 日正

① 人民网.人民网评：中国正能量，传承浩然正气激扬奋进伟力[EB/OL].(2023-07-28)[2024-01-25]. http://opinion.people.com.cn/n1/2023/0728/c223228-40045774.html.

式启动网络展播投票，约1100件作品从报送作品中脱颖而出，生动展现一幕幕中华儿女昂扬奋进的时代图景，映衬出欣欣向荣的伟大中国。

传承浩然正气，激扬奋进伟力。从“东方红一号”到“嫦娥一号”，从“风云气象卫星”到“北斗导航卫星”，背后都有“共和国勋章”“两弹一星”功勋奖章、国家最高科学技术奖获得者孙家栋的身影，孙家栋坦言“我最大心愿就是造一辈子中国‘星’”；“八一勋章”获得者、“排雷英雄战士”杜富国，以坚定信念、不屈意志战胜伤病，重回军营战位，有人感叹“英雄是特殊材料造就的”，杜富国却说“我就是普通一兵”；36年邮路，50多万公里，奔跑在乡村路上的邮递员刘伦，不惧翻山越岭路途艰难，始终认真对待每一封信件、每一个包裹，“本本分分做人、踏踏实实工作”是他的执着信念……

科技工作者、普通士兵、乡村邮递员，都是2022中国正能量网络精品征集展播活动呈现出的奋斗者，他们在不同的岗位上发光发热，以向上向善、可歌可泣的博大精神与实际行动，成就了非凡的“小我”。更重要的是，他们是无数辛勤耕耘、锐意进取、砥砺奋发的中国人的缩影，亿万人民群众在中国共产党的坚强领导下不懈努力，缔造了愈发强盛的国之“大我”。2022中国正能量网络精品征集展播活动吸引亿万目光、引领亿万流量，期待每一个充满正能量的网友点赞投票。这一切更带给人们无穷力量，激励一往无前。

逐梦新时代，奋进新征程。中国特色社会主义是奋斗出来的，实现国家富强、民族复兴、人民幸福，需要长期奋斗、接力奋斗、共同奋斗。奋斗不能靠空喊，必须知行合一，落实到行动中。在奋进的道路上，难免存在艰险挑战。越是困难挡道，越需要勇于担当、敢于斗争、攻坚克难。2022中国正能量网络精品征集展播活动通过一段段感人肺腑的故事、一个个拼尽全力的瞬间、一帧帧闪耀光芒的画面，充分彰显“团结奋斗”这一中国人民最显著的精神标识，引领广大人民群众一张蓝图干到底。

中国梦，是民族梦、国家梦，是每一个中国人的梦，需要每个逐梦人把个人理想追求融入党和国家事业中，以脚踏实地、坚韧不拔的奋斗创造属于自己、更属于祖国的荣光。全党全国各族人民在党的旗帜下团结成“一块坚硬的钢铁”，形成同心共圆中国梦的磅礴伟力，必将创造中华民族新的、更大的辉煌。

第四节　网络新闻论坛——特殊的新闻评论形式

网民的参与是构成网络新闻评论的一个重要组成部分，而在网民互动与讨论的形式上，网络新闻论坛有着很大的代表性。不同于微博、微信等社交媒体的使用，网络新闻论坛的生态环境更贴近新闻评论的内容，其运行的原则也更值得探究。

一、网络新闻论坛形式

网络新闻论坛的形式在技术手段上，主要以 BBS（电子公告板）为主，就其组织管理形式与内容来看，网络新闻论坛可以进行更具体的划分。

（1）专题式论坛。专题式论坛的设立往往有着非常确定的原因与目的，常常因为某些特定的时间节点或者事件的发生而设立，因此也就随着时间推移或者事件的发展而进入停滞甚至关闭状态。

（2）综合式论坛。综合式论坛并非专为某一新闻事件而设立，其通常具有长期存续的特点，讨论的话题和内容广泛而多样。这种论坛形式在各大新闻网站和门户网站中非常普遍，如“新浪论坛”“强国论坛”等。与专题论坛不同，综合式论坛的参与者并非仅仅因为某个具体的新闻事件而加入讨论，而是出于对论坛本身的兴趣和认同感。因此，这些论坛的网民构成相对稳定，他们的参与度和活跃度往往更为持久。其内容也并不局限在某个特定的领域与话题，常常在论坛之中依照类别与话题又细分出一些分论坛。总体来说，综合式论坛的设立与存在以网民的互动与参与作为主要维系。

（3）专业式论坛。专业式论坛主要针对一些专业性比较强的话题与领域，因此其准入门槛相对较高，构成的人员也比较稳定。

二、网络新闻论坛的构成主体

（一）论坛版主/管理员

论坛版主即整个论坛的管理者，在论坛的发展中扮演着中流砥柱的角色，一般由专业人员担任，也可以由网民推选有能力的网民担任。版主的数量取决于论坛的体量与角色分工的不同。一般来说，一个论坛会有论坛秩序监督与引导者、论坛人际维护者、论坛内容更新者。

(1) 论坛秩序监督与引导者。对于一些准入门槛不高或者专业性不强的论坛，成员构成相对复杂，素质参差，观点各异。这种情况下营造文明友好的讨论氛围非常重要，同时还要避免因不实消息滋生的谣言与由观点不同产生的骂战。这需要版主及时监测论坛中的不当发言与不良风气，不仅要对相关内容进行删除与纠正，还要进行正向的引导与对权威意见的强化。作为群体中最具影响力的那类人，论坛的引导者也是在信息传递和人机互动过程中具有影响力和活动力的人，与网民之间有一种自然的亲切感，他们的意见也能够得到普通网民的认同，对网民的意见具有重要的导向作用①。

(2) 论坛人际维护者。网络论坛作为一个虚拟社区容纳着不同生活习惯、性格特征、语言风格的人，因此在群体讨论中冲突与矛盾的产生无可避免。网络的虚拟化和匿名性甚至会使得矛盾升级并演变成语言暴力、网络侵权、群体极化等现象。因此，版主需要积极了解论坛成员的性格特征与个人特质，用巧妙合理的方式化解冲突、引导化解矛盾。同时，版主通常也会组织一些线上或线下的社区活动，如投票、竞赛、问答等，促进用户之间的互动和交流，增进论坛成员之间的关系，营造一个和谐、文明、友好的虚拟社区。

(3) 论坛内容更新者。作为维系成员关系的核心，论坛中的内容也需要长期的运营与更新。版主需要积极设置一些新颖具体的，能引发共鸣或者激发讨论的话题，并对比较有代表性、参考性的高质量内容进行置顶，“加精”等操作。从宏观上来说，同一时期，人们可能会同时对很多个不同的话题进行讨论，这些讨论一开始都只是在小范围内进行。一些意义重大的话题，可能会因为人们视野的局限等原因被忽视。这个时候，将这些重要但还未被人意识到的话题呈现在更多人的面前，发动更多人参与讨论，即媒介的“议程设置”②。除此之外，也需要积极跟进论坛的更新和改进，提供反馈和建议，确保论坛的功能和体验得到不断改进。

---

① 郭淑娟.新媒介环境下网络论坛的舆论引导[J].新闻前哨，2015(2)：74-76.

② 刘哲，董天策.从信息把关人到舆论领航员——网络编辑如何引导网络论坛[J].新闻实践，2008(1)：39-40.

论坛版主的角色分工并不完全统一，论坛会根据自身体量与内容进行具体的设置与安排，版主可以各自独立，也可以身兼数职，其担任着营造一个优质网络社区的责任，需要不断更新自身的能力与素质，相互配合，共同努力。

（二）论坛成员

论坛成员即所有进行网络论坛注册并参与讨论、交流的用户。论坛成员可以是对特定主题感兴趣的个人、行业专家、学者、爱好者，也可以是寻常的互联网用户。论坛成员加入论坛后可以进行发帖、关注、收藏等个人行为，也可以通过评论、私信、投票等方式进行交流与互动。

论坛成员是论坛社区的重要组成部分，他们通过交流和分享知识、经验和观点，共同构建一个充满活力和互动的论坛环境。根据论坛中成员的活跃度与个人贡献度，论坛成员大致可分为“潜水者”（长期围观、不发帖、不参与讨论的人）、一般参与者、活跃者、意见领袖。

三、网络新闻论坛的功能

网络新闻论坛作为门户网站的重要构成部分和网络传播的重要组成部分，为网民提供了一个互动讨论与观点发表的平台，也为网民之间、网民与平台之间搭建起沟通联络的桥梁。因此网络新闻论坛对于网络新闻报道也发挥着非常重要的作用。网络新闻论坛作为网民针对新闻事件进行观点沟通交流的平台，也将新闻事件的热度推向了更高的高度。网络群众在进行观点认同、转发操作时，也让其被更多人获知并加入讨论。作为网络新闻进一步传播与扩散的重要平台，其中呈现的内容也会激发更多对新闻信息的补充与解读，从而推动新闻进行更全面与深化的拓展，给予新闻媒体适时的反馈与启发。

四、网络新闻论坛管理

随着网络新闻论坛的逐步发展与其影响的进一步扩大，不少问题也随之涌现。比如论坛中的言论以何种方式进行管理，既能保证公民的言论自由又可以避免不良言论与虚假信息的出现。比如在对不当发言的论坛成员进行处理时，怎样的惩罚措施既可以起到惩戒作用又不会损伤参与的积极性与活跃度。诸如此类问题都需要多方面的管理措施加以有效指导和适当干预。网络论坛的管理方式大致可以从制度管理、身份管理、论坛内容管理与成员自我管理几方面着手。

（一）制度管理

网络环境的治理需要有适用于网络环境的规章制度为网络论坛的管理提供具体的依据与宏观的法治环境。2000 年 11 月，信息产业部发布了《互联网电子公告服务管理规定》（以下简称《规定》）。《规定》指出，电子公告服务提供者开展服务活动和上网用户使用电子公告服务系统，应对所发布的信息负责，严格遵守法律、法规。随后 2017 年和 2019 年先后出台的《中华人民共和国网络安全法》和《中华人民共和国电子商务法》则对网络基础设施的安全要求、网络运营者的责任、个人信息保护等相关内容做出了相关规定。越来越多针对网络论坛的制度相继出台，极大地约束了网民的言行，使得公众的参与和相关部门对网络环境的治理都更加有法可依。

（二）身份管理

网络环境管理的难度很大原因来自网络的匿名性，人们可以使用匿名身份进行交流和发表言论，这使得网络使用者感觉自己可以更自由地表达观点而不用担心后果。相比之下，在现实世界中，身份和面对面的互动可能会限制人们的言行。这样的心态在一定程度上促使更多人坦诚相见、真诚交流，却也让不少道德底线低下的人肆无忌惮地对他人使用语言暴力或者传播谣言，严重破坏网络环境。因此，想要对网络论坛的生态环境进行管理就需要从网络论坛的准入制度进行一些规定。当前，大部分论坛的准入制度具体体现在发言资格的获取上，大部分网络论坛要求任意网民想要加入其中进行发言需要首先注册 ID 账号，如同现实生活中的身份证号，部分论坛还需绑定个人身份信息与个人通信方式。这样的身份信息要求在相当大程度上加强了对论坛成员的约束，有了与现实生活重叠的个人信息，成员会更加注重个人形象维护与自我道德约束。当然，也有部分网络论坛并没有设立准入门槛，也不涉及个人信息的绑定，给予了论坛成员极大的言论自由，也增加了混乱与无序化的风险。

成为论坛成员之后，其行为也需要有相应的管理措施进行约束。比如违规就会根据成员行为的严重程度与其带来的后果大小给予限制其发言，或者删除 ID 封闭账号等方式的惩罚。相对较轻的违规行为可通过扣除论坛内通行的积分奖励或者福利待遇等进行惩戒，也可以进行一定期限的禁言管理，取消其发文权限,相对严重的论坛管理员也有权利依据论坛的相关规定封停账号。

(三) 内容管理

论坛成员提供的内容是网络论坛得以存续的关键资源,也是论坛品牌与形象维持的关键。加强论坛内容的管理不仅可以提升其质量,也有助于促进网络论坛的健康发展与长期存续。

1. 内容审查

根据国家相关规定,网络论坛需要对成员发布的内容进行必要的审查。部分网络论坛会使用关键词过滤技术,识别和屏蔽包含敏感词汇、低俗语言或其他违规内容的帖子。这种自动过滤系统虽然可以有效减少违规内容的传播,但也有可能产生误判或漏判。因此部分论坛也可能聘请专门的管理员或版主来进行内容审核工作,这些管理员和版主会依据社区准则和政策监控论坛上发布的内容,以确保内容的合法性、道德性和安全性。同时,用户举报机制与社区监督制度也能在很大程度上对成员发布的内容实现全面审查。需要注意的是,内容审查需要讲究适度原则,兼顾成员权益与论坛环境,避免过于挤压论坛成员的发言空间。

2. 内容设置

对于一些已发送的内容,论坛也可以根据内容的具体情况采取不同的管理措施,以实现内容的最佳整合与呈现效果。

针对论坛内质量较高的帖子,可以通过“置顶”“加精”等优待手段进行激励,也可以在论坛内设置排行榜进行内容排序。也可以根据事实对一些相对有代表性的内容进行版面、色彩等的突出显示。通过对优秀内容的设置可以对论坛成员的积极性与活跃性与创造力进行激励,促进论坛内发布内容的质量提升。

当然,为了吸引论坛成员的加入,维持论坛长期存续与发展,也需要对论坛内容进行合理的分类与整合。通过栏目与频道的细分对内容进行合理设置,同时也可以通过专题对内容进行整合,以实现更好的内容交流与传播。

(四) 自我管理

作为以成员维系的虚拟社区,网络论坛的健康发展在根本上还需要依靠网友的自我管理。作为权利与义务的统一体，公众在利用互联网平台进行信息交流时需要明确自身的行为边界，不滥用言论自由，自觉遵守网络平台与论坛的相关规定，共同维护和谐文明的讨论环境。特别是在当下，网络环境中的语言暴力、恶意诽谤、侵权现象屡禁不止，一个健康发展的论坛需要成员加强自我管理，自觉规范自己的言论与行为，才能在网络论坛中营造良好的讨论氛围，使得更多成员拥有归属感与价值感，发挥出网络新闻论坛的独特优势与作用。

阅读材料

国家网信办公布《互联网论坛社区服务管理规定》

国家互联网信息办公室8月25日公布《互联网论坛社区服务管理规定》（以下简称《规定》），自2017年10月1日起施行。国家互联网信息办公室有关负责人表示，出台《规定》旨在规范互联网论坛社区服务，促进互联网论坛社区行业健康有序发展，保护公民、法人和其他组织的合法权益，维护国家安全和公共利益。

国家互联网信息办公室相关负责人介绍，以百度贴吧、天涯网络、凯迪社区等为代表的互联网论坛社区平台，一直以来保持较高活跃度，为广大网民分享信息内容、讨论兴趣话题提供了便利。但从中国互联网违法和不良信息举报中心接受举报情况看，部分论坛社区平台存在淫秽色情、虚假广告、血腥暴力、侮辱诽谤、泄露个人隐私等违法违规信息，污染网络生态，扰乱互联网信息传播秩序，侵害公众利益，广大网民呼吁尽快出台论坛社区服务的有关管理规定。

《规定》明确，国家互联网信息办公室负责全国互联网论坛社区服务的监督管理执法工作；地方互联网信息办公室依据职责负责本行政区域内互联网论坛社区服务的监督管理执法工作。

《规定》要求，互联网论坛社区服务提供者应当落实主体责任，建立健全信息审核、公共信息实时巡查、应急处置及个人信息保护等信息安全管理制度，不得利用互联网论坛社区服务发布、传播法律法规禁止的信息；互联网论坛社区服务提供者应当按照“后台实名、前台自愿”的原则，要求用户通过真实身份信息认证后注册账号，并对版块发起者和管理者严格实施真实身份信息备案、定期核验等；互联网论坛社区服务提供者及其从业人员，不得通过发布、转载、删除信息或者干预呈现结果等手段，谋取不正当利益。

国家互联网信息办公室有关负责人强调，互联网论坛社区服务提供者应当依照相关法律法规加强自身管理，尊重社会公德，遵守商业道德。同时应当建立健全公众投诉、举报制度，在显著位置公布投诉、举报方式，主动接受公众监督，及时处理公众投诉、举报。国家互联网信息办公室欢迎广大网民继续对网上相关违法和不良信息进行监督举报，共同促进网络空间更加清朗。中国互联网违法和不良信息举报中心网址：www.12377.cn，举报电话：12377，举报邮箱：jubao@12377.cn。

互联网论坛社区服务管理规定

第一条　为规范互联网论坛社区服务，促进互联网论坛社区行业健康有序发展，保护公民、法人和其他组织的合法权益，维护国家安全和公共利益，根据《中华人民共和国网络安全法》《国务院关于授权国家互联网信息办公室负责互联网信息内容管理工作的通知》，制定本规定。

第二条　在中华人民共和国境内从事互联网论坛社区服务，适用本规定。

本规定所称互联网论坛社区服务，是指在互联网上以论坛、贴吧、社区等形式，为用户提供互动式信息发布社区平台的服务。

第三条　国家互联网信息办公室负责全国互联网论坛社区服务的监督管理执法工作。地方互联网信息办公室依据职责负责本行政区域内互联网论坛社区服务的监督管理执法工作。

第四条　鼓励互联网论坛社区服务行业组织建立健全行业自律制度和行业准则，指导互联网论坛社区服务提供者建立健全服务规范，督促互联网论坛社区服务提供者依法提供服务、接受社会监督，提高互联网论坛社区服务从业人员的职业素养。

第五条　互联网论坛社区服务提供者应当落实主体责任，建立健全信息审核、公共信息实时巡查、应急处置及个人信息保护等信息安全管理制度，具有安全可控的防范措施，配备与服务规模相适应的专业人员，为有关部门依法履行职责提供必要的技术支持。

第六条　互联网论坛社区服务提供者不得利用互联网论坛社区服务发布、传播法律法规和国家有关规定禁止的信息。

互联网论坛社区服务提供者应当与用户签订协议，明确用户不得利用互联网论坛社区服务发布、传播法律法规和国家有关规定禁止的信息，情节严重的，服务提供者将封禁或者关闭有关账号、版块；明确论坛社区版块发起者、管理者应当履行与其权利相适应的义务，对违反法律规定和协议约定、履行责任义务不到位的，服务提供者应当依法依约限制或取消其管理权限，直至封禁或者关闭有关账号、版块。

第七条　互联网论坛社区服务提供者应当加强对其用户发布信息的管理，发现含有法律法规和国家有关规定禁止的信息的，应当立即停止传输该信息，采取消除等处置措施，保存有关记录，并及时向国家或者地方互联网信息办公室报告。

第八条　互联网论坛社区服务提供者应当按照“后台实名、前台自愿”的原则，要求用户通过真实身份信息认证后注册账号，并对版块发起者和管理者实施真实身份信息备案、定期核验等。用户不提供真实身份信息的，互联网论坛社区服务提供者不得为其提供信息发布服务。

互联网论坛社区服务提供者应当加强对注册用户虚拟身份信息、版块名称简介等的审核管理，不得出现法律法规和国家有关规定禁止的内容。

互联网论坛社区服务提供者应当保护用户身份信息，不得泄露、篡改、毁损，不得非法出售或者非法向他人提供。

第九条　互联网论坛社区服务提供者及其从业人员，不得通过发布、转载、删除信息或者干预呈现结果等手段，谋取不正当利益。

第十条　互联网论坛社区服务提供者开展经营和服务活动，必须遵守法律法规，尊重社会公德，遵守商业道德，诚实信用，承担社会责任。

第十一条　互联网论坛社区服务提供者应当建立健全公众投诉、举报制度，在显著位置公布投诉、举报方式，主动接受公众监督，及时处理公众投诉、举报。国家和地方互联网信息办公室依据职责，对举报受理落实情况进行监督检查。

第十二条　互联网论坛社区服务提供者违反本规定的，由有关部门依照相关法律法规处理。

第十三条　本规定自2017年10月1日起施行。

思考与练习

1. 网络新闻评论有什么特点?
2. 网络新闻评论写作中需要注意哪些问题?
3. 如何运用网络评论实现对舆论的有效引导?
4. 网络论坛是如何进行内部管理的?

第五章

网络新闻专题

第一节　网络新闻专题的基本概念

一、网络新闻专题的定义

(一) 传统新闻专题

新闻消息能够简洁迅速地向受众呈现新闻信息,但在提供详细背景、讲述新闻来龙去脉以及补充相关信息方面有所欠缺,无法完全满足受众对新闻实现深入理解的需求,往往也缺乏足够的舆论引导力。深度采访、调查报道以及新闻专题等报道形式的出现弥补了这一不足,其中新闻专题作为深度报道的一种形式,以聚焦主题为核心,着力挖掘新闻深刻价值,兼顾拓展延伸信息,能够为受众提供最为全面深入的高质量新闻信息,也最能够体现新闻媒体的专业水平。“今天的专题报道的范围已经远远突破了政府新闻、企业新闻和社会机构新闻的有限领域,而扩展到政治、经济、军事、科技、文化、教育、体育、自然环境以及社会生活的各个领域,成为媒体向受众揭示其生存环境变化的深层原因、现实影响以及未来趋势的主要报道手段之一。”①

专题的划分方式多种多样,从报道的主题来划分,一般可以分为人物专题、突发事件专题、重大主题专题以及社会话题专题。

人物专题是对具有重大影响力的人物或典型群体模范进行的专题策划,专题内容围绕核心人物展开,可以将人物的个人经历作为回应社会热点话题

① 高钢.专题报道如何打好“组合拳”[J].新闻与写作,2019(6):108-109.

的切口，也可以借人物独特故事弘扬先进的思想、树立积极正面的榜样模范。人物类专题贴近日常生活，主观性较强，从具体的个人身上发掘具有新闻价值的闪光点，通过平凡日常传递宏观抽象的价值意义，一些文学性、艺术性的表达手法也常被用于增添专题报道的可读性和可看性。

突发事件专题是对突发性热点类事件进行的专题策划。一些容易引起恐慌的突发社会事件以及突发性灾难可能在短时间内得到大量关注并引发社会舆论，专业媒体必须及时做出反应，安抚大众情绪，调查事件实情并把握舆论走向。此类专题新闻性较强，策划较为被动，专题策划首先要求迅速及时，其次要考虑到大众情绪，然后要核实信息遏止谣言，最后要持续跟进事件引导正确舆论。此外，面对社会影响极其恶劣的突发事件，新闻专题应当积极在民众和官方之间构筑沟通渠道，避免“塔西佗”效应的发生。

重大主题专题是对可预见的重要活动进行的专题策划，此类专题是较为主流且常见的。重大活动在活动策划阶段基本确定了其对社会的意义和价值，并且通常是正面的，先天具有新闻价值和重大的社会实践意义，值得媒体进行大规模的专题报道。同时，重大活动主办方往往也会主动联合专业媒体发布官方信息和宣传材料，策划新闻发布会等专门的宣传环节，因而媒体能够较为便捷地获取报道所需的资料，可以直接根据活动议程进行栏目设计和发稿规划，也可以按照自身定调设定独特的报道视角。此外，媒体作为活动策划方既组织活动，也进行活动的专题制作，同时是主题类专题的常见来源。

社会话题专题是对社会各领域中民众关切度高，具有长期效应的话题进行的专题策划。话题类专题与民生密切相关，常见的例如养老、医疗、教育、就业等话题，专题内容通常包括基本信息整理、政策解读、问题讨论等。此类专题直接服务于大众，必须充分反映社会现实，集纳各方观点，并与受众形成互动，为群众的意见发表提供平台。

传统媒体的专题类报道在内容上集纳众多新闻报道的信息，在呈现形式上充分发挥媒介特性，例如在报刊头版列出专题索引栏，在各版之间建立联系；在广播电视节目中则通常采用较长时间播报专题内容，以音视频剪辑的方式呈现多种信息和多方观点。随着网络新闻业务的不断成熟，网络新闻专题也逐步发展起来，并在互联网技术的支持下得到了飞速的拓展和提升。

（二）网络新闻专题

网络新闻专题延续了传统新闻专题的基本属性，是将大量数字化新闻信息进行整合报道的新闻形式。关于网络新闻专题的定义，韩隽、巨高飞提出网络新闻专题是基于网络技术支持，综合运用多种表现手段，展现某个特定主题或事件的一组相关新闻信息的总汇[①]。中国记协发布的《第三十一届中国新闻奖评选办法》(2021)中对网络新闻专题的定义是："综合运用多媒体手段和多种新闻体裁，从不同角度全面报道同一新闻事件或同一新闻主题的作品，含网络新闻访谈。要求主题得当，特色鲜明，容量大、采集广，更新及时，交互性强，表现形式丰富多样；页面结构清晰，布局合理，设计新颖美观，形式、内容与主题思想有机统一。"[②]

从上述对网络新闻专题的定义中，可以总结出：网络新闻专题是网络新闻从业者围绕某一事件或主题展开的组合式、连续性的报道形式，从发布渠道来说是借助网络平台发布的，从报道形式来说是融合了多种媒介表现手段，具有发布更新及时、强信息聚合性、内容全面深入、形式丰富美观、互动性强的特点。专题是网络新闻资源整合的一种重要方式，好的选题角度，出色的专题制作，是网络新闻媒体业务能力的重要体现，在网络新闻的竞争中具有重要地位。

相较于传统的新闻专题，网络新闻专题在时间维度上是随时开放的，在内容空间上是可以无限延伸的，在呈现形式上是多媒体融合的。网络新闻专题既是互联网上海量数字化新闻资源的外在包装形式，也是最能体现新闻报道思想和报道意图的内容整合手段。早期的网络新闻专题致力于迅速且全面地将一系列资讯收集整合到一个网页之中，尽管这种形式的专题为网络用户免去了搜索新闻信息的烦琐步骤，但也远远超出了用户能够消化的信息需求量。这样的专题往往泛而不精，不同形式的报道各自独立，也缺乏专业的新闻解读和观点表达。随着网络新闻生产业务的逐渐成熟，网络新闻专题的编辑思路也得到了更新和发展，融入了互联网的新传播模式，开始追求聚焦主题、形式多元的深入报道，由此网络互动的特性也得到了重视和运用。

网络专题的基本类型与传统新闻专题类似，常见如以重大活动为主题的专

---

① 韩隽，巨高飞.网络新闻专题的内在特质与变化态势——基于近三届中国新闻奖相关获奖作品分析[J].传媒，2020(24)：18－20.

② 中国记协网.第三十一届中国新闻奖评选办法[EB/OL].(2021－04－02)[2024－01－25].http://www.zgjx.cn/2021-04/02/c_139854653.htm.

题策划、对突发性新闻事件进行的专题策划和围绕名人或社会典范进行的专题策划。在网络新闻的创新驱动下，也出现了如服务调查类的新型专题策划，此类专题不仅强调互联网用户参与专题内容生产，更是直接将用户生产内容作为专题的核心展开内容，将网络新闻专题直接作为特定主题下的观点讨论平台、意见反馈平台，联合相关专家和相关部门为网民提供问题咨询和问题解决服务。例如由人民网两会调查发布的《两会调查·融观察》专题（图 5-1）①，以人民网

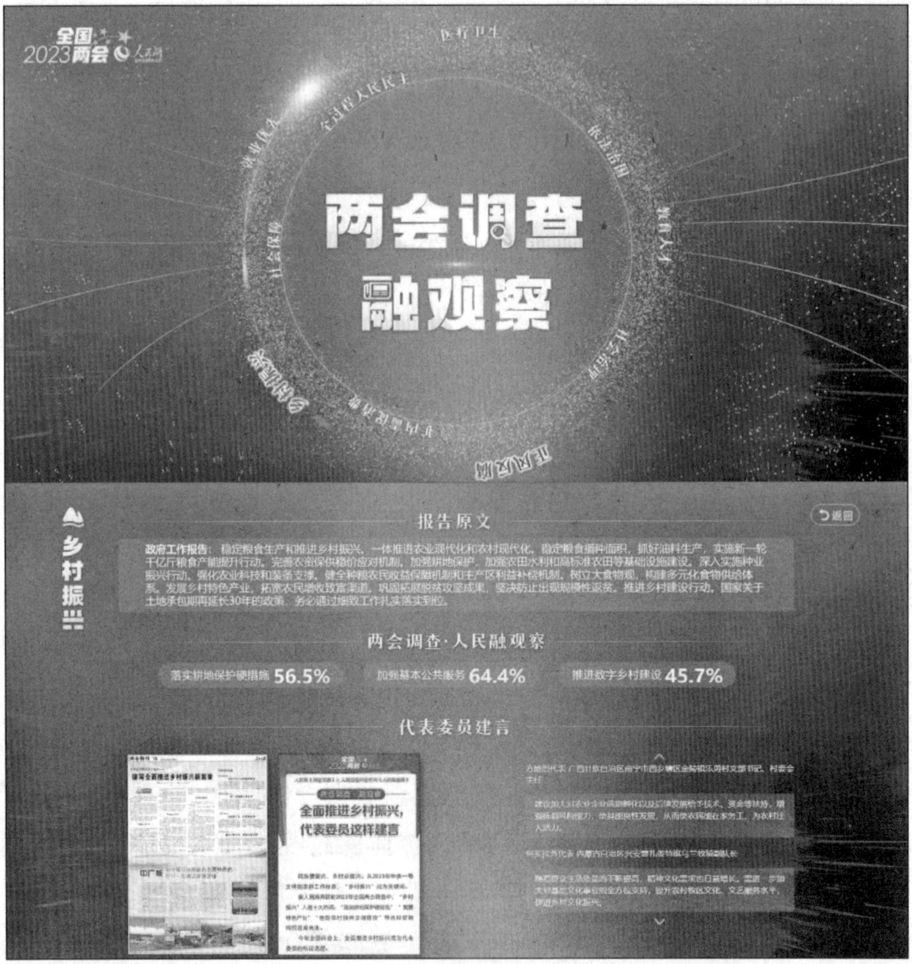

图 5-1　人民网《两会调查·融观察》首页与“乡村振兴”页面

① 人民网.两会调查·融观察[EB/OL].（2023-03-10）[2024-01-25]. http://lianghui.people.com.cn/2023/GB/453381/index.html.

在网络平台开展的2023年两会相关热点议题的调查数据为基础，总结了参与调查的网民对教育人才、社会保障、正风反腐、乡村振兴、就业优先、医疗卫生、依法治国、社会治理、扩内需促消费、全过程人民民主十个两会热词相关议题的讨论度和关注度，并根据关键词以及最受网民关注的议题整理汇总官方工作报告原文相关内容、《人民日报》两会特刊和人民网两会调查相关报道以及议题相关的代表委员建言，从社会大众关切的问题出发进行两会相关专题策划和制作，有效调动了网民获取新闻信息的主动性和积极性，增加了社会大众在两会这一重大事件之中的参与度。

二、网络新闻专题的特点

(一) 策划专业：专业的信息整理和解读视角

新闻专题策划的专业性是其在互联网时代的重要优势。在网络世界，任何重大事件或突发情况的相关信息早已不仅仅来自专业媒体，相关事件的参与者、目击者以及非专业的自媒体都可以发布事件的相关信息，互联网用户在多种平台上表达个人的观点也可能引起广泛讨论形成舆论。网络新闻专题作为专业的新闻产品，首先经过对主题信息的多方面整理和逻辑性梳理才能进行采编规划，在采编环节由专业记者、通讯员从正规渠道对信息进行搜集、核实、整理，再由美术编辑和技术人员对文字、图片、视频等多媒体素材进行编辑设计得到新闻稿件，最后在多种媒体渠道发布。尽管用户通过数字网络可以随时获取大量的信息资源，但互联网的信息发布呈现出无序化、碎片化的特征，面对重要的新闻事件，用户可能接触到大量缺乏前因后果的信息，鱼龙混杂真假难辨，这不仅损耗了大众信息接收的精力和时间，还不利于形成有序的公众舆论，因而新闻专题专业的信息整合特性和逻辑梳理功能在网络新闻时代尤为重要。为了正确发挥网络新闻专题的作用，新闻编辑在进行专题策划时不能盲目跟风，尤其面对重大突发事件时，新闻专题策划既要求快，更要求稳，面对网络信息要加以甄别、求证，重视信息真实性和信息源权威性，以专业的信息整合、解读、再生产流程确保网络新闻专题不仅内容全面翔实，更能帮助大众了解事件发展逻辑，辨明信息真伪，免受虚假信息误导。

新闻专题专业的解读视角也是网络时代引导舆论的关键。对于特定议题如何选择报道视角，网络信息发布的自由性、随机性和个性化使得新闻事件的解读众说纷纭，如果失去了专业媒体的报道和解读，大众舆论极易被引导向错误的方向，长此以往必然导致严重的社会问题。一方面，网络新闻专题的报道规模远大于网络上大部分随手发布的信息，因此能够得到更多的关注度，有鉴于此，专题报道应当具备专业媒体的解读视角和明确坚定的态度立场，从而帮助受众更加理性深刻地理解新闻事实，规避由于信息不足或信息扭曲造成的负面舆论。另一方面，面对竞争激烈的媒体市场，独特的报道视角能够使媒体脱颖而出，特别是在进行典型新闻事件专题策划时，不应死板地沿用过时的报道模板，新闻编辑要有意识地寻找令人耳目一新的解读视角，注重事件报道和意义解读的结合，多采用贴近受众的表达方式而非说教，抓住报道中令人动容的共鸣点，提升专题报道的说服力、感染力。

(二) 内容丰富：信息既有集成性也有延展性

"网络专题的一个优势，是可以开辟各种专区、专栏，或在大专题之下开设小专题，而不会受到版面、时段的限制，使得专题内容和形式丰富多样。此外，网络专题还可以实现连续性报道，使得一个主题能够得到全面、深入的呈现。"[①]网络新闻专题依托于网络空间发布，可以储存远多于传统媒体能够承载的信息量，并且通过网页编辑的形式，专题内容不仅可以整合后统一呈现，还可以通过再次编辑不同专区、专栏等对专题内容进行延伸和补充。

在报道策划组织阶段，一般会紧紧围绕专题的核心议题进行信息收集和整理，形成新闻专题的主干和脉络，并整合形成报道的大致骨架。这一阶段所收集到的信息也是最广泛受众对相关议题最关心的信息，因此新闻专题必须重视关键信息的整合和呈现，确保核心信息的突出和全面。在此之外，不论是信息收集的过程中还是专题发布后的受众反馈中，都可能出现策划阶段不曾涉及的重要信息，这些周边信息也具有相当的新闻价值，可以为新闻专题报道增加血肉，作为背景补充或知识拓展，有助于受众对议题实现更深入完善的理解。对这些周边信息的筛选和呈现也能在一定程度上体现新闻报道的意图，可以促使专题进行持续性报道。同时，也可能出现与专题核心议题的关联性较弱，但同样具有探讨价值的信息。这种辐射信息很多时候容易被忽略，但对

① 姜润曦，杜仕勇.全媒体时代网络专题报道的融合创新——以人民网两会报道为例[J].传媒，2021(3)：27-28，30.

深化专题内容而言可能会发挥重要作用，对此类信息的选择和报道依赖新闻编辑的专业判断，既不能让辐射信息喧宾夺主，将受众注意从核心议题转移到其他方向，也不能进行无意义的信息增补，浪费新闻媒介资源，应当适当进行辐射信息的增补引导受众进一步思考，或作为日后的其他报道策划的铺垫，为新闻专题增加媒体的特色。

（三）形式多样：采用多元化的媒介形式呈现

相较于报刊的文字或图文形式、广播的音频形式和电视媒体的视频形式，网络新闻可以自由地组合运用包括文字、图片、音视频、动画等多种媒体呈现方式，借助互联网技术容纳融合媒介新闻内容，还可以根据不同栏目的特性选择恰当的呈现形式，从而达到更好的传播效果。近年来，航拍、VR/AR、全景摄像、手绘动画等多媒体形式的内容广泛应用于新闻报道中，“技术不仅是优化话语表达、提升内容传播力影响力的重要手段，其本身也成为内容的重要组成部分”[①]。多媒体元素的组合使用更具灵活性，各媒介元素之间不再相互隔离，能够实现有机结合，协同作用，有效增强专题内容表现力，新闻专题对信息的整合能力也从单纯的文字信息集群转化为多媒体形式内容的深度融合。

网络新闻专题的呈现形式从简单的图文设计到融合媒体内容生产也有赖于多渠道的分发机制。新闻专题生产不仅可以通过电脑端的网络页面进行层级搭建，还可以连接到其他媒体平台以及移动端的媒体应用上。随着网页编辑技术的革新，网页编辑内容能够根据不同终端的设备属性和页面大小进行适应性解析呈现，为多媒体元素在不同平台上的多样呈现提供支持，丰富了网络新闻专题的表现形式。

（四）互动潜能：受众互动与专题生产相融合

网络新闻活动的互动性是其发展的重要助推力。新闻专题内容和形式的多样性在增加受众互动可能方面十分适用，加上互联网背景下人机交互设计十分便捷，受众主动参与的信息生产也已经趋于普遍，网络新闻专题的互动发展前景相当可观。在专题策划生产阶段，编辑就可以通过对受众进行线上实时调查了解受众对专题主题的基本看法和对信息整合的期待，以此新闻编辑

---

① 汪文斌.“思想＋艺术＋技术”深化重大主题报道融合创新——以中央广播电视总台全媒体传播矩阵为例[J].传媒，2023(1)：23－24.

可以对专题策划进行修改完善，从而生产更加符合受众需求的专题内容。在专题报道周期中，通过设置评论区或其他反馈渠道实时获取用户反馈也能够及时评估传播效果，发现受众兴趣，调整专题内容。在专题呈现形式上，可以通过交互设计插入可互动游戏等给予受众一定的主动操作权，增强受众新闻体验临场感，以互动加强受众对新闻内容的理解。新闻专题还应注意与不同社交平台的连接，对新闻专题被分享转载到不同平台的互动形式也要给予重视，为受众的分享行为提供便利，确保新闻专题在不同平台显示的兼容性，以受众互动促进新闻专题的人际传播。

互动设计的形式多样，在进行具体的新闻专题设计时既不能滥用互动，也不能随意设置使互动环节形同虚设。互动形式的选择要充分考虑新闻专题本身的特征，例如与社会民生息息相关的议题应当充分利用线上调查和评论、话题设置，给予受众充分的意见发表窗口；文化或科普类专题就可以尝试插入交互游戏设计，使受众以轻松有趣的方式接收知识科普。总而言之，网络新闻专题的互动特征为其未来发展提供了无限可能，随着媒介技术的进步发展，新闻专题定然能够以新闻信息整合为基础开发更多以互动为核心的功能和业务，实现专题生产与社会生活和受众需求的深度结合，充分发挥受众互动的有效性。

第二节　网络新闻专题的策划和编辑

一、选题策划和总体设计

（一）专题选题

确认新闻专题的主题是专题制作的第一步，也是最为重要的环节。选题影响着后续专题制作的一系列规划和设计，好的选题就是为优质的新闻专题内容打下基础。新闻专题的报道规模远大于日常普通报道，因而专题选题必须具有重大性、代表性，并且需要有足够的内容供专题展开。如前文所说，新闻专题的选题一般包括可预期的重要活动、不可预期的突发性重大事件、典型人物和社会热点话题。

1. 重要活动专题

重要活动选题在专题报道中是最简单的“命题作文”。重要活动规划通常有一个较长的预热阶段，媒体有足够的时间对专题策划方案进行雕琢改进，并且重要活动的宣传本身也需要媒体支持，因而多种新闻素材的获取几乎是完全公开的，一些活动主办方还会主动协助新闻媒体进行内容采编，为媒体提供活动主题的设计素材，减轻了媒体专题生产的负担。但采编环节的轻松意味着大部分媒体都能够获取比较全面的新闻资源，重要活动选题策划要做到与众不同，体现媒体自身特色成了新闻媒体的更高追求。

2023 年 7 月，世界大学生夏季运动会在成都举办，新华网、央视网、中国新闻网等主流媒体都推出了相关专题。以央视网推出的《成都第 31 届世界大学生夏季运动会》专题（图 5－2）[①]为例，专题设置奖牌榜、中国军团、大运速递、大

图 5－2　央视网《成都第 31 届世界大学生夏季运动会》首页

---

① 央视网.成都第 31 届世界大学生夏季运动会[EB/OL].(2023－07－23)[2024－01－25]. https://sports.cctv.com/special/dayun31/index.shtml?spm=C96370.PPDB2vhvSivD.EDB1jFexOIP1.48.

运英豪、大运项目、开幕式和我们的毕业歌七个栏目开展报道。其中开幕式是成都大运会主题活动中的重要节点事件，也是本次大运会策划设计的重点，将成都的历史文化、风土人情和成都大运会的举办理念通过这一盛会进行传达；中国军团、大运项目和大运英豪以大运会的主要运动项目和参赛运动员为核心内容，为受众提供大运会赛事基本信息，也通过对中国和海外大学生运动员的报道和访谈赞美青春的竞技精神和拼搏意志；奖牌榜和大运速递则随着大运会赛程的发展进行实时更新，保证新闻专题的时效性；“爱成都·迎大运——我们的毕业歌”是央视网联合 QQ 音乐推出的主题歌会，于 6 月 19 日在成都欢乐谷举办，邀请了周深、胡夏等受青年群体喜爱的歌手，在毕业季为大学生运动会进行预热。活动的策划和栏目设置体现了央视网对自身媒介资源的发掘运用，实现了新闻媒体和音乐类流媒体的跨界合作，并通过多平台话题设置为新闻专题生产传播注入了新鲜血液。

2. 突发事件专题

突发事件选题策划追求时效性，不论是面对社会实践还是自然灾害，新闻媒体都要在第一时间进行信息整理和发布，以公开准确信息，避免谣言、猜疑、恐慌的滋生和蔓延。此外，突发事件新闻专题的策划必须考虑到问题解决层面，面对社会问题新闻专题可以在群众和相关责任方之间搭建沟通桥梁，及时传达民众诉求，扩散官方回应，做好舆论引导；而面对突发灾难就要做好灾情播报和灾情隐患预警，发挥科普教育功能，运用互联网互动特性构建互助平台或灾情反馈平台，关注受灾群众的救援情况和后续保障措施。

2023 年七八月份，河北涿州突发汛情，洪水、泥石流等自然灾害造成大量民众受困，新闻媒体迅速响应，围绕涿州汛情和救援情况开展专题策划。综合央视网发布的《全力做好防汛救灾工作》[①]、新华网发布的《众志成城　防汛救灾》[②]和中国青年网发布的《防汛一线显担当》[③]专题内容，可以发现专题策划都以汛情和救灾情况的最新动态报道和防灾避险的科普为主要内容，不同媒

① 央视网.全力做好防汛救灾工作[EB/OL].(2023-08-01)[2024-01-25]. https://news.cctv.com/special/2023/fxjzgz/.

② 新华网.众志成城　防汛救灾[EB/OL].(2023-08-08)[2024-01-25]. http://www.news.cn/politics/2023fxbd/index.htm.

③ 中国青年网.防汛一线显担当[EB/OL].(2023-08-05)[2024-01-25]. https://news.youth.cn/zt/tf/flkh/.

体也在专题报道中各具特色，央视网以视频资源为特色整体上运用了更多视频报道形式，更具临场感；而新华网设置“人物事迹”栏目记录灾情中勇敢奉献的人物故事，致力于弘扬社会正能量，团结民心；中国青年网是共青团中央主办的网络媒体，在灾情报道中也更加关注青年群体和团员的身影，突出媒体自身的品牌特性。

3. 人物模范专题

人物专题策划旨在从真实的人物事迹中挖掘精神内涵和正面社会意义。因为专题内容围绕具体人物展开，相较于抽象的事件报道更具亲和力，从生活和工作中的细节出发塑造人物形象，能够更自然地引导受众发现人物优秀品质，与专题报道主题产生共鸣。在人物专题策划中，媒体要注重平衡个人特点的呈现和新闻价值的挖掘，过分颂扬个人反而可能脱离现实，适得其反，在强调个人美好品质的同时，刻画报道人物作为普通人的特征，有助于使人物形象更加立体鲜活，拉近受众与模范人物之间的距离。

例如央视网 2023 年 5 月 22 日发布的《“时代楷模”万步炎》人物专题①，以湖南科技大学教授、第十四届全国人大代表、中国深海钻机“海牛”项目首席科学家万步炎为主题人物，采用视频报道和图文报道形式，以万步炎在“海牛”项目中做出突出贡献而被授予“时代楷模”称号的报道展开，整合“海牛”项目进展情况报道、万步炎人物传记报道和对万步炎的访谈报道，展现“时代楷模”万步炎在工作中的毅力和信念，也通过对万步炎的报道颂扬将国家民族事业作为个人梦想和信仰的崇高精神，树立了吃苦耐劳、自立自强、勇于担当的模范形象，给予了广大受众精神上的鼓舞和激励。

4. 社会热点专题

社会议题类的专题策划是对长期以来或一段时间内社会上存在的问题进行整理和解读，专题策划的重点一方面是将具体社会问题的成因背景、发展状况、官方政策及其对民生的影响进行全面的报道梳理，使受众对社会问题有较为全面的认知；另一方面则要致力于社会问题的解决。新闻媒体可以行使专业的采访权对问题相关领域的部门、企业、专家学者等进行采访，组织圆桌论

---

① 央视网.“时代楷模”万步炎[EB/OL].(2023-05-22)[2024-01-25]. https://news.cctv.com/special/sdkmwby/index.shtml? spm=C94212.P37382410946.S60688.18.

坛邀请利益相关的社会各界人士对问题进行讨论，或者直接为问题个人咨询和解决提供平台，在条件允许的情况下将业务服务融入新闻专题。

例如人民网推出的《消费新活力　经济新动力》专题（图 5－3）[①]，聚焦社会经济发展这一长期议题，以 2023 年上半年消费支出情况对经济增长的贡献情况为切入点，设置要闻聚焦、专场活动、展会报道、城市风采、县域消费、财米油盐、透明工厂和人民优选共八个栏目，整合部门政策、消费动态、展会活动、市场监督、财经科普、电商业务等多种内容，不仅综合图文视频等报道形式全方位展现扩内需、促消费的多种举措和实施情况，对具体地区的消费情况进行调

图 5－3　人民网《消费新活力　经济新动力》专题首页

① 人民网.消费新活力　经济新动力[EB/OL].（2023－03－24）[2024－01－25]. http://finance.people.com.cn/GB/8215/448875/457676/index.html.

查评论，还整理了财经热词科普，在企业研发中心和生产工厂进行走访调查，并对人民网旗下的电商平台人民优选进行推广，通过专题报道多角度、多层面促进受众消费意愿的增长。

上述几种是较为典型的网络新闻专题选题策划，除此之外，新闻媒体也会根据自身宣传需要进行更多主题的专题策划，例如中国新闻网推出的《习言道》一类先进思想教育学习专题、新华网推出的《追着花儿看新疆》一类人文综合专题、中国记协网推出的《"媒体＋"创新案例库》一类主题案例整理专题等。网络媒体时代新闻编辑要跳脱出传统专题选题的固化思维，从网络上和现实生活中创新选题策划，为媒体独特品牌的建设和成长寻找机遇。

(二) 栏目策划

专题栏目的规划是对专题内容框架的初步搭建，也决定了专题的具体报道内容、报道规模、呈现形式等基本内容。专题的栏目策划十分灵活，可以按照专题类型或具体主题进行多种形式的组织和呈现。常见的栏目划分有两种依据：一是依照媒介形式的区别，将文字报道、图片报道、视频报道和其他形式一致的多媒体内容分为固定栏目进行整合；二是按照报道逻辑划分，专题主题往往涵盖多个报道面向，可以分解为多个逻辑节点进行信息整合和编排。栏目设计并不存在绝对的孰优孰劣，对于新闻编辑而言，栏目划分要综合考虑媒体资源情况和专题类型；对于受众而言，栏目做到条理清晰内容丰富就能提升其阅读体验。目前常见的专题栏目设计大致有以下六种类型。

(1) 以媒介形式为区分进行栏目设计。网络新闻专题常用于整合多媒体新闻资源，图文报道和视频播报的汇集是基本配置，动画、VR全景、航拍等形式的新闻内容也不再罕见，按照媒介形式进行栏目策划可以凸显网络新闻专题的多媒体特性，这种栏目设计方式也便于受众选择个人偏好的媒介形式。

(2) 以时间为参照进行纵向维度划分设计栏目。对于发展中的事件以时间序列和关键时间节点进行栏目设计能够克服网络信息发布的无序化，尤其在面对突发舆情事件时，新闻专题进行事件发展情况的梳理对遏止谣言、稳定舆情有较好效果。

(3) 以空间方位为参照进行横向划分设计栏目。涉及同一主题事件在不同城市或地区的发展情况的专题常采用地理空间为参照划分栏目，例如新华网推出的《解码文化自信的城市样本》专题[①]，以敦煌、遵义、喀什、洛阳等22个城市分别为独立栏目对不同城市文化进行深度报道。

(4) 以主要人物为维度进行栏目划分。以人物为参照，可以根据与主题相关的不同人物分别开设单独栏目，例如中国新闻网推出的《大道薪传》系列专题片[②]，以各民主党派新一届中央领导人分别为单独栏目，讲述中国主要民主党派源起以及各民主党派与中国共产党的协同并进。在人物专题中则可以根据人物事迹、人物生平、人物访谈等面向进行栏目设计。

(5) 以立场视角为维度进行栏目划分。主题论坛一类的新闻专题涉及主题利益相关多方的意见表达，因此可以根据不同意见方的社会背景分别设置栏目，使同一主题的不同立场在栏目设计中体现出来。

(6) 以社会影响为维度进行栏目划分。以重大事件为主题的新闻专题多从全局性的角度出发探讨主题事件对社会各领域形成的影响及其社会意义，例如新华网推出的《十年两会　温暖记忆》专题[③]，以两会上代表委员的发言为主报道了十年以来党通过两会切实在乡村振兴、生态环保、社会民主、基础建设等领域解决群众问题，留下的许多温暖瞬间。

值得注意的是，许多新闻专题的栏目设计并不会局限于某一个维度，为了丰富专题内容层次，大部分专题会选择从两个甚至更多维度搭建栏目框架。此外，媒体越来越重视品牌建设，在新闻专题的栏目设计中不仅专注于专题内容的特色，还积极发挥媒体的资源优势和编辑风格，在栏目设计中媒体深入挖掘独家新闻资源，也有利于避免同一主题的专题报道过度同质化。

(三) 发稿规划

发稿规划是为新闻专题注入生命力的关键。新闻专题内容庞杂，在全媒体传播的理念下发稿规划不仅需要计划发稿时间和发稿顺序，还需要考虑在不同平台分发不同内容的情况。

为了搭建全媒体传播矩阵，新闻专题不仅要在媒体的网站和客户端发布

---

① 新华网.解码文化自信的城市样本[EB/OL].(2023-06-12)[2024-01-25]. http://www.news.cn/politics/jmwhzxdcsyb/index.htm.

② 中国新闻网.大道薪传[EB/OL].(2023-05-21)[2024-01-25]. https://www.chinanews.com.cn/gn/z/DaDaoXinChuan/index.shtml.

③ 新华网.十年两会　温暖记忆[EB/OL].(2023-02-22)[2024-01-25]. http://www.news.cn/politics/snlhsgsj/index.htm.

专属的专题页面，还需要在多种媒体平台发布恰当的内容对专题内容进行宣传和补充。在进行全媒体发稿规划时，编辑要按照不同渠道最优的媒介形式进行稿件发布安排，例如在微博发布的内容就不宜过长，并且应该设置相应话题供用户讨论；在抖音发布的内容就要发挥竖屏短视频的优势，在短时间内吸引受众注意。针对不同渠道的传播模式，发稿规划也要考虑到稿件特性，例如在PC端新闻网站发布的新闻专题要注重专题报道的标题设计，设置恰当的关键词以契合搜索引擎的内容分发规则，使报道更容易被推送给受众；通过微信公众号文章呈现的稿件就要重视新闻标题和文章封面的吸引力和表现力，增加用户点击阅读文章内容和分享文章的可能性。

新闻专题的发稿规划也要把握关键时间节点，在合适的时机发布相应的专题内容，借势传播能够得到更好的效果反馈。例如第32届中国新闻奖获奖专题《诞生地——不能忘却的纪念》选择在2021年7月上海施行专项立法保护辖区内600多处红色旧址、遗址和纪念设施这一时间节点播出，专题内容回顾上海的红色历史记忆，与专项立法相呼应[①]。在确定专题发布的时间后，对于发展变化中的事件，专题内容的更新可能跟随预期的发展流程或非预期的变化节点进行发稿安排，而对于一段时间内不会发生变化的静态议题则可以随着采编环节的时间安排进行报道规划。

此外，网络新闻专题为了尽早进行内容发布，可能在开展采编工作的同时进行专题报道发布，随着采编工作的进行可能遇到无法达到预期的信息获取情况，或者出现超出预期的新闻线索，此时专题发稿规划就要根据采编工作的反馈进行灵活调整。

（四）视觉设计

视觉感受永远先于具体的信息内容影响受众。视觉设计能够直观地呈现专题的逻辑框架，体现各栏目之间的逻辑关系，突出专题的重点内容，具有特色的艺术设计更能增强专题的主题风格和情感基调，为受众提供优质的审美体验。

视觉设计首先要将新闻专题的各个构成部分编排为协调统一的新闻页

---

① 中国记协网.这些“新闻专题”为何获中国新闻奖？三个共同点可借鉴|评委有话说[EB/OL].(2023-05-11)[2024-01-25]. http://www.zgjx.cn/2023-05/11/c_1310717670.htm.

面。尽管新闻专题涵盖众多信息,但在逻辑上应当有主有次,在专题呈现中要详略得当,新闻专题的栏目分类、基本信息、新闻报道等构成元素要按照主次关系和层级关系在网页中进行设置。一般而言,主要的信息会被放置在页面正中央和上方的位置,并以放大、加粗、艺术设计等方式加以强调,而作为补充的次要信息则会以简略的超链接形式在页面下方和边缘位置呈现。版面编排可以巧妙运用多种几何元素帮助进行构图排版,做到突出主要信息的同时全面呈现专题内容,对不同层级的新闻内容要善于运用超链接形式搭建多级页面,确保单独新闻页面内的信息都能够得到清晰简洁的呈现。信息呈现方式要坚持"不唯多、不唯美、只唯实"的基本原则,结合主题优化使用新媒体手段,达到全面清晰深刻呈现主题、高效便捷多元传递信息、直观舒适有序感染公众的效果①。过度注重设计而造成版面编排过于复杂,让人眼花缭乱,反而会破坏新闻专题的视觉平衡,影响受众对新闻内容的理解,专题阅读的审美体验也会大打折扣。

视觉设计的第二个层面是使专题的艺术风格与专题内容、媒体特征相呼应。专题的视觉效果不仅为专题的信息呈现和受众的新闻理解服务,还涉及艺术美学对人类情感的直接影响。简单来说就像鲜艳的色彩不适用于报道悲痛的主题,黑白简洁的风格也可能给受众主题单调乏味的印象,视觉设计中色彩和物象的运用也是专题内容的组成部分。合适且精美的视觉效果不仅为专题奠定了一定情绪基础,帮助受众进行新闻理解,还体现出媒体编辑对专题内容的理解深度、对页面设计的审美水平以及媒体生产新闻专题的专业水平,对提升新闻专题影响力和打造媒体品牌至关重要。

例如四川日报社推出的《再醒惊天下——聚焦三星堆新一轮考古发掘成果》H5 交互融媒体专题(图 5-4)②,以三星堆青铜文物为主要设计元素,专题首页展示包括金面铜人头像、青铜大面具、青铜鸟在内的知名文物,专题内容页面以 1 号青铜神树为骨架展示主要栏目,整体色彩选用黑色、暗绿色和金色与青铜器相衬托,整体视觉设计和谐统一,紧密贴合专题内容特色,也体现了三星堆遗迹古老神秘的特征。

① 韩隽,巨高飞.网络新闻专题的内在特质与变化态势——基于近三届中国新闻奖相关获奖作品分析[J].传媒,2020(24):18-20.

② 四川日报.再醒惊天下——聚焦三星堆新一轮考古发掘成果[EB/OL].(2021-03-21)[2024-01-25]. https://topic.scol.com.cn/2021/21zxjtx_m/? app_id=cbgc.

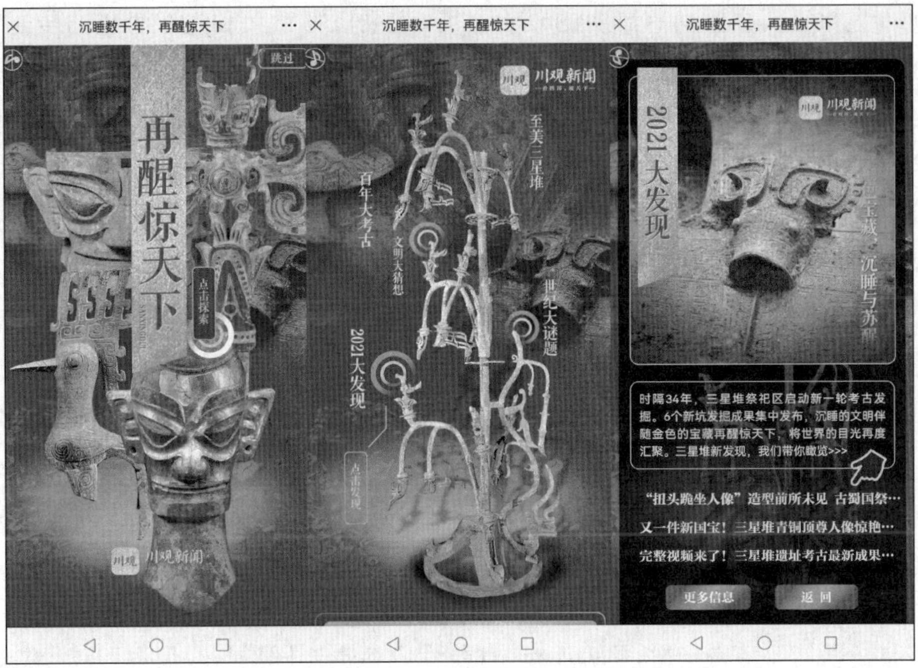

图 5-4　四川日报《再醒惊天下——聚焦三星堆新一轮考古发掘成果》部分页面截图

融合媒体新闻生产的潮流中，新闻专题可采用的新闻素材形式愈发多元化，互联网多种渠道的不同呈现形式也给予了新闻专题视觉设计极大的灵活度。新媒体技术的不断进步为新闻专题设计创造了更多极富巧思的灵感，专题的视觉设计也逐步成为与新闻内容几乎同等重要的元素。新闻专题不仅注重信息的整合梳理，还积极采用多媒体元素使新闻专题富有更多感官刺激，从而吸引更多受众的兴趣。

二、报道视角和观点独创性

（一）专题报道的基本立场和原则

专题报道相较于日常新闻生产需要耗费更大的人力物力，相对应地也更能够引起大众的关注，在为受众提供更加详细丰富的新闻信息的同时，也增加了观点表达的空间。因而网络新闻专题的报道出发点应当符合新闻报道的基本立场，遵守新闻舆论工作的基本原则。

（1）正面报道为主，坚持正面舆论导向。舆论工作是新闻工作的核心，新闻专题报道同样要具有鲜明的政治立场，注重积极意义和先进思想的传播。面对复杂的网络环境，专题报道仍需坚守新闻客观、真实性的原则，树立专业媒体权威，为舆论引导工作打好基础。在具体的网络新闻宣传工作中需要进行传播理念和传播话语的革新，重视新闻生产的互动特性，抛弃传统的说教式宣传，创新能够与受众实现良性沟通的新媒体话语，在报道中避免引起社会对立，采取积极的话语引导团结大众，形成良好的舆论环境。

(2) 立足时代背景，传达时代精神。新闻报道要符合时代发展的潮流，而不只是为了完成报道任务。新闻专题的报道策划很多时候会出现主题重复的情况，尤其是重大活动、节日纪念日和长期社会议题的专题策划几乎每年都会出现，大量可参考的新闻资料容易使新闻专题编辑陷入思维惰性而导致专题报道陈旧古板，不符合新发展条件下的新需求。时代背景是专题报道的前提，新闻编辑在专题策划环节要注重从老话题中寻找新视角，关注新闻议题在当前时代背景下发生了哪些变化，对未来发展又会产生怎样的影响。在不同的发展阶段需要懂得变通，顺势而行，宣传性内容也要做到与时俱进，及时更新过时的旧说法，在宣传中回应时代的历史任务，弘扬时代精神。

(二) 专题报道的独特性和创新性

在遵循新闻报道基本立场的前提下，专题报道的选题策划和观点表达应当充分体现出独特性和创新性。重大事件、热点话题等专题内容在不同媒体的专题报道中大同小异，互联网信息的丰富度导致网络媒体很难找到“独家内容”，类似主题的报道繁多，极易导致不同媒体的专题报道同质化严重。面对这一情况，网络新闻编辑必须根据媒体的编辑方针、风格定位以及受众的兴趣方向寻找具有独特性的报道切入口和报道视角，从而增强专题的独特性和报道内容的创新性。专题报道曾以全景式报道和主题宏观性为主要特点，但这也常常导致专题报道出现不够聚焦，形式大于内容的问题。“不管是家与国，还是个体与时代，最终都要落脚在一个个具体的人身上，只要发掘出原汁原味、‘带露珠、冒热气’的身边事，就能感染人、打动人”①，在重大选题中找到小切口是当前专题策划呈现自身独特性和创新性的最好方式。

以第 32 届中国新闻奖获奖新闻专题《老表们的新生活——鸟哥“打鸟”》

① 田连锋.网络重大主题报道的选题、破题与操作[J].青年记者，2020(34)：30－31.

为例(图 5-5)①,该专题讲述了江西婺源县农民余鹏海从贫困农民摇身一变成为业务繁忙的“鸟导”的故事——鸟导余鹏海引导来自全世界各地的鸟类爱好者在家乡婺源拍鸟而实现脱贫致富,在脱贫故事中既具有典型性,又充满独特性。这位鸟导文化水平并不高,曾经还是脱贫困难的农民,在偶然的机遇下他了解到自己的家附近生活着的鸟类朋友是珍稀的国家二级保护动物,从此他便萌生了学习了解鸟类的念头。鸟哥通过自学认识了 500 多种鸟类,在语言不通的情况下也能够接待外国友人进行鸟类摄影。专题选择报道的人物本身就极具反差感,从人物事迹折射脱贫减贫衔接乡村振兴的发展情况,这样的脱贫故事对大众而言也十分新鲜。报道在标题上采用江西方言“老表”和鸟类摄影爱好者黑话“打鸟”(即“拍鸟”),具体内容主要采取第一人称的拍摄视角,由鸟哥进行讲述,插入生动有趣的个人经历,整体内容丰富,报道话语贴近生活,兼具创新性和趣味性。鸟哥的生活变化不仅是劳动人民实现乡村振兴的新智慧,还从侧面反映了我国在促进经济发展的同时对生态环境保护的重视。“绿水青山就是金山银山”,鸟哥家乡的生态环境不断优化,越来越多鸟类来到乡村栖居,还为鸟哥带来了致富机会,专题内容符合时代发展的目标,具有积极的社会意义。这一系列专题报道不仅在江西广播电视台播出,还完成了在抖音、B 站和微博等社交媒体平台的布局,采用全媒体传播模式,获得了良好的受众反馈。

图 5-5 《老表们的新生活——鸟哥“打鸟”》专题封面

① 中国记协网.老表们的新生活——鸟哥“打鸟”[EB/OL].(2022-11-01)[2024-01-25]. http://www.zgjx.cn/2022-11/01/c_1310668211.htm.

三、专题发布渠道

网络新闻专题的发布渠道主要是PC端和移动客户端的新闻网页，社交媒体平台通常作为专题宣传渠道和附加内容发布平台，专题发布形式呈现出多媒体融合的趋势。

（一）PC端和移动端的新闻网页发布渠道

在PC电脑终端上，WWW（World Wide Web）新闻网站是最常见的专题发布形式，而在移动终端上，新闻网页一般被集纳在新闻客户端中。

WWW新闻网站由Web服务器、浏览器和通信协议组成，其中"超文本传输协议（Hyper Text Transfer Protocol，HTTP）是WWW中的通信协议，它能传输任意类型的数据对象，以满足Web服务器与客户之间的多媒体通信需要"①。新闻网页通过超链接的形式构成多维度信息空间，具有极大的信息聚合储存潜力，也为新闻页面设计提供了充分的自由，以网页为基础进行新闻专题生产不仅能够整合多种媒介元素，在网页之间建立联系也十分便捷。

客户端，又称"应用"（Application，App），在手机之类的智能移动设备上是十分便捷的多媒体信息整合传输程序。不同于常规新闻网站需要通过浏览器输入网址才能进入，客户端一经下载就以软件的形式呈现在移动终端上，每次浏览只需点击相应图标，便于用户在日常移动场景中实现信息获取。

通过PC端或移动端的新闻网页进行专题发布需要做好新闻专题页面设计。网络新闻专题在新闻网页上以平面化的形式呈现，一般网页页面宽度固定，长度不受限制，新闻专题首先需要在网页顶部设置专题栏头和栏目导航，并根据栏目划分对页面剩余部分进行组织编排，且以超链接的形式为新闻专题的报道内容搭建层次。

打开新闻专题的页面，第一个映入眼帘的就是专题栏头，因此其重要性不言而喻。许多专题栏头主要是对专题文字标题进行艺术化设计，以图片或动画的形式呈现。栏头的设计奠定了整个专题的风格基调，承担着艺术审美和气氛烘托等功能。例如中国新闻网推出的《道中华》专题栏头（图5－6）②，以中

① 《新闻编辑》编写组.新闻编辑[M].2版.北京：高等教育出版社，2019：211.

② 中国新闻网.道中华[EB/OL].（2023－11－01）[2024－01－25].https://www.chinanews.com.cn/cul/z/daozhonghua/index.shtml.

国传统水墨画为基调，结合素描、国画等图片素材将中国宝贵历史文化遗产呈现在画卷之上，专题主标题采用特殊字体设计，红色为主金色为辅，副标题采用金色字体，整体设计古朴素雅又不失端庄大气之感，符合专题以中国文化遗产为核心内容的气质基调。

图 5－6　《道中华》专题栏头设计

再比如川观新闻客户端推出的《国家公园蹲点记》栏头（图 5－7）[①]，背景是一位摄影师立于群山之巅的剪影，专题标题采用特殊字体设计，以多种绿色混杂为底部背景，与国家公园的自然主题色彩吻合，整体设计简洁明了，受众一看便知专题的主题是生态保护。

专题的主要内容通过整体的版面设计呈现。PC 端网页的版式设计更为多样，尽管一些媒体为了保证专题发布时效性也会采用设计模板进行版面呈现，更多时候新闻编辑会充分利用宽屏网页对专题内容进行具有新意的编排。版面设计遵循视觉逻辑，各个板块的大小、方位、形状、色彩等因素都需要版面设计实现协调。传统的新闻版面编排归纳了“门”形、“T”形、“川”形、“三”形等

① 川观新闻.国家公园蹲点记[EB/OL].（2023－02－26）[2024－01－25]. https://cbgc.scol.com.cn/subject? subjectId=1673.

图 5-7 《国家公园蹲点记》专题栏头设计

常用的版面设计样式，对专题网页的设计有一定指导作用。随着多媒体整合技术的升级，专题版面设计也拥有了更多可能性。以网页为主要呈现渠道的专题设计和手机竖屏呈现的时代已经形成了不同的视觉呈现原则，"报纸、网页可通过整版、宽屏放大图片来突出视觉中心，但相同的操作在手机界面的效果可能有所折损"[①]，并且"虽然手机屏幕不断变大，但其瞬时、碎片化的信息传播特点，使得构图简洁、画面主体清晰易辨的图片更容易吸引注意力"[②]。当前，许多媒体在新闻网页上和手机 App 中已经制作了用于专题报道的固定模板，尤其在新闻客户端中版面设计，由于移动设备屏幕宽度较小，受众的使用习惯是简单的上下滑动，过于复杂的版式设计反而加大了阅读难度，固定的版面设计提升了统一性。新闻客户端的专题模板一般很少变化，受众了解固定版式的构成后也能够快速把握专题主要内容，并且能够迅速地在固定的页面位置找到自己需要的信息，也符合移动阅读"快餐化"的特征。

专题整合的报道正文内容通常以标题、图片、导读的形式呈现在专题主页，通过超链接的形式连接到另外的新闻页面，从而构成新闻专题的多层级内容，在保证内容丰富度的同时实现专题页面排版的简洁美观。报道正文的页面设计也要注意文字内容的美观程度以及正文页面与专题风格的一致性。首先要以受众的阅读体验为出发点对正文字体、段落进行合理设置，同时运用多种设计元素与专题主题风格进行呼应，避免报道正文与专题导读页在视觉效果上产生脱节。

① 丁依宁.把视觉作为产品：澎湃新闻 Sixth Tone 的视觉实践[J].青年记者，2023(3)：18-20.
② 丁依宁.把视觉作为产品：澎湃新闻 Sixth Tone 的视觉实践[J].青年记者，2023(3)：18-20.

此外，报道正文页的附加信息也要进行妥善的设计，例如广告、推广内容的插入不能过于抢眼破坏正文内容的协调性，但要尽可能提升受众的浏览量和点击率。在各栏目报道正文和专题导读页之间可以采用导航栏的形式实现链接。专题导读页面能够通过导航栏快速定位具体栏目内容并进行页面跳转，报道正文页也可以通过导航栏前往报道首页或专题的其他栏目内容页面。导航栏不仅可以作为专题内容的逻辑框架提高受众阅读效率，在受众被附加信息夺走注意力的情况下，导航栏也可以帮助受众快速回到专题页面重新开始浏览。

（二）社交媒体平台发布渠道

大部分社交媒体平台存在信息发布限制，并不适用于发布完整的新闻专题，但为了实现全媒体全平台的传播效果，新闻媒体往往会在社交媒体平台上开辟新闻专题的互动型栏目，促使用户以参与的形式获取新闻信息并提供自己的观点，或者直接将用户互动的内容作为栏目内容的一部分呈现在专题网页之中。在社交媒体平台上用户往往能与新闻媒体实现最积极活跃的互动，例如在微博平台，媒体通过设置话题，开启微博投票小调查等互动形式为用户提供对新闻专题进行讨论和意见发表的网络空间。在微信公众号平台，媒体可以通过公众号文章对新闻专题进行概述，并以二维码形式或文章末尾的“阅读原文”链接到新闻专题专属页面，实现专题在微信平台的传播。在各种短视频平台，媒体也可以通过生产专题相关短视频，将新闻专题的亮点展示出来，吸引受众深入了解专题内容。社交媒体平台的内容发布与新闻专题的专属网页内容应当互相呼应，互为补充，在发布过程中媒体也要注意不同发布渠道间连接通畅，方便用户进行平台跳转的浏览和分享。

四、专题的互动运营和更新维护

（一）专题的互动运营

相较于仅仅让用户通过眼睛和耳朵接收新闻信息，互联网时代专题设计越来越重视用户的参与度。用户不仅作为受众对专题内容进行反馈，还可以互动参与新闻专题传播甚至生产的过程。

受众互动设计可以作为辅助专题进行新闻呈现的手法，也可以作为专题的关键内容之一。常见的互动形式如早期的网络论坛，就是在专题网页内开设评论区供浏览者以“跟帖”的形式发布观点和看法，评论区可以直接呈现受众发布的内容，也可以设计为经由编辑筛选后呈现部分评论。开放互动的评论区门槛较低，在进行互动运营的过程中就要注意避免让低俗偏激的评论夺走受众注意力，而需要编辑筛选的评论区则不仅要根据报道意图和评论内容进行精选，还要照顾到不同的见解表达，如果评论区只显示一家之言可能造成“沉默的螺旋”，也会打击受众互动的积极性。

全媒体背景下的新闻专题互动设计可以联通不同传播渠道，例如在网页或客户端发布新闻专题同时借助社交媒体平台发起话题，并将其他平台的入口以多媒体形式直接嵌入专题作为栏目内容，使网页和客户端发布的新闻专题在其他社交媒体平台形成讨论。例如光明网推出的《护航高考，助飞梦想　2023 全国高考专题报道》设置了“微博话题”栏目（图 5－8）①，受众可以登

图 5－8　光明网《护航高考，助飞梦想　2023 全国高考专题报道》微博话题栏目

① 光明网.护航高考，助飞梦想　2023 全国高考专题报道[EB/OL].（2023－06－03）[2024－01－25]. https://topics.gmw.cn/node_152352.htm.

录自己的微博账号在话题＃2023高考＃中发布自己的观点和感想，也可以直接浏览其他微博用户在该话题下发布的内容，为受众和媒体以及受众之间搭建沟通平台，增强了专题的交流性，能够促进受众对专题内容进行反馈和分享，实时的评论呈现也将用户生产内容（UGC）作为专题报道的组成部分，加强了专题信息的多元化。页面右侧则展示了光明网的微博账号和部分博文内容，链接了光明网在不同信息渠道的媒体产品，引导受众关注媒体多平台账号，也有助于扩大其全媒体影响力。

评论形式的互动设计在许多专题报道中屡见不鲜，而有时尽管设置了评论区或互动话题也很难得到受众的响应，因此互动设计也被用于专题内容呈现之中，交互环节使受众在阅读专题的过程中主动进行操作实现专题内容的呈现，让用户通过与专题内容的互动实现信息接收和沉浸式体验。

华龙网发布的庆祝中国共产党建党百年专题《人间正道是沧桑——百年百篇　留声复兴之路》（图5－9）[①]，以重庆这片土地上革命先烈的历史资料为主要内容回顾重庆的“复兴之路”，专题在“开篇的话”设计交互游戏需要用户点击拼写“百”“年”两字开启开篇的音频和动画。在“复兴之路·档案”设计与革命先烈“对话”的互动模式中，用户可以选择希望对话的革命先烈和想要表达的心声，输入个人基本信息后提交审核，审核通过后将在“复兴之路·对话”栏目中展示出来。

网络媒体时代受众同样掌握了信息生产的主动权，媒体在恰当的主题下应当调动受众生产信息的主动性和积极性，将受众生产内容作为专题报道主要内容的构成部分。例如川观新闻推出的《赏天府文脉·览川酒千年》专题（图5－10）[②]，2023年7月19日以“川酒”为主题的两本新书《人文巴蜀·大美天府——川酒卷》和《川酒名录》编撰启动活动，川观新闻同日开启“我的川酒故事”征文活动，向广大受众征集与川酒相关的散文、随笔和诗歌，并在专题中设置“我的川酒故事”为主要栏目用以呈现用户投稿，用户生产内容构成专

① 华龙网.人间正道是沧桑——百年百篇　留声复兴之路[EB/OL].（2021－07－15）[2024－01－25]. http://cq.cqnews.net/cqztlm/col613632.html.

② 川观新闻.赏天府文脉·览川酒千年[EB/OL].（2023－04－19）[2024－01－25]. https:// cbgc.scol.com.cn/subject? subjectId=1783.

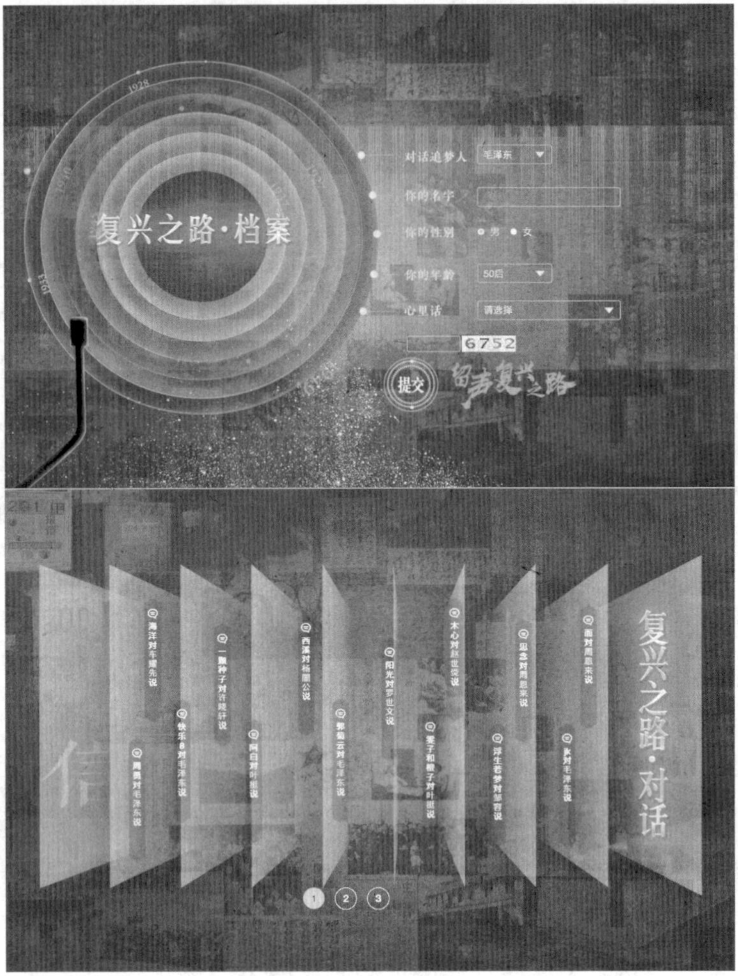

图 5－9　华龙网《人间正道是沧桑——百年百篇留声复兴之路》专题互动设计

题主要栏目增强了专题与受众的亲近性，以投稿人的个人故事讲述和诗歌创作体现川酒的文化脉络也加深了专题的人文底蕴。

（二）专题内容的更新维护

网络新闻专题在网页中得到储存，可以实现长期的运营和维护，这也为专题内容的更新和延续提供了可能。专题内容更新也可以分为短期更新和长期维护。短期更新是当前大多数网络新闻专题已经在采用的更新规划，在选题策划、栏目设置阶段就可以进行设计。对于具有持续性且可预测的活动和事

图 5－10　川观新闻《赏天府文脉 · 览川酒千年》专题页面

件，新闻专题会根据活动议程和事件发展制订更新规划，这种更新具有较强规律性；而对于突发且变动中的事件，尽管媒体可预期变动的发生，但事件的具体进展和内容都无法预料，因而专题更新更具有随机性，此类更新一般以滚动条的形式插入专题首页，主要实时汇总呈现相关报道的更新情况。

对专题内容进行长期的维护和更新需要大量资金和人力支持，因而专题编辑需要根据具体情况判断是否有必要进行专题的更新维护。长期更新维护可以分为规律性更新和非规律性更新两种情况。规律性更新的情况包括：

（1）专题主题是定期举办的规律性活动，但编辑需要根据活动的意义价值和每次举办活动的创新程度决定是否进行更新内容。

（2）专题主题是长期的热点话题或用户的固定需求，已经取得了良好的受众反馈，编辑可以考虑将专题升级为固定的新闻栏目产品进行定期的更新。

非规律性的更新情况包括：

(1) 专题所关注事件在较长时间后出现了重要新进展，需要根据事件的社会影响力大小判断是否进行新一轮的信息整合和观点探讨。

(2) 受众反馈出现了新的信息需求，应该依照受众呼声的强烈程度和对相关内容的价值判断考虑是否对专题内容进行更新和增补。

在进行内容更新运营时要注意将已有新闻资源和新发布专题内容互相链接并区分开来，内容更新的实施也要根据反馈效果和收益情况进行完善。将更新内容与原专题内容相连接唤起受众对已有背景信息的记忆，与原内容相区别则是为了突出强调内容更新，引起受众注意。

(三) 传播效果调查

在新闻专题的运营末期阶段，新闻编辑需要对专题的传播效果进行调查和总结，为日后的专题生产提供参照。传播效果调查的方式非常多，可以通过整理新闻专题网页的点击量、浏览时长、评论情况等数据进行分析，也可以专门设计调查问卷向受众征求反馈意见，或者对一定数量的典型受众进行访问。

网络新闻专题主要在线上渠道运营，新闻专题可以设计“点赞”“意见反馈”“分享”等互动形式直接获取受众对专题的好坏判断和具体反馈意见。受众与专题内容进行的互动会被网站保存下来形成互动数据，而后台数据是传播效果分析最好的材料。新闻专题链接、栏目链接以及报道链接的点击量以及每个页面停留时长等可量化指标的分析能够体现基本的传播情况，受众的分享行为有助于编辑搭建新闻专题的二次传播路径，而受众留下的评论内容则可用于分析专题内容的受众理解情况。

除了新闻专题专属的网页浏览情况，媒体还可以将不同社交媒体平台上与专题相关的用户生产内容整理起来进行分析，判断新闻专题对公众舆论产生的影响效果。新闻专题进行内容运营期间，媒体账号获得的订阅变化、不同平台账号的粉丝变化情况甚至应用商店中的客户端下载情况也可以作为效果分析的辅助数据。但此类数据受到多种因素的影响，并不能直接对专题传播效果进行判断，新闻编辑可以在调查问卷和受众访谈中加入相关问题，为量化研究的结果解释提供更多质化支撑。

在网络数据分析之外，媒体可以通过问卷调查、受众访谈的形式主动且有针对性地收集反馈意见，尤其是对于流量反馈并不理想的新闻专题，受众调查可以帮助编辑发现专题策划存在的问题和优化的方向。在进行问卷或采访大纲设计时，编辑应当有意识地多设置封闭式问题以引导受众给出更详细精准的反馈意见。

第三节　网络新闻专题的发展趋势及问题

一、网络新闻专题的发展趋势

（一）从资料组合到深度报道

从内容上来说，网络新闻专题更多是对网络空间的海量新闻资讯进行汇总整理，为用户提供一站式信息服务。早期的网络新闻专题在信息整合方面关注全面性和广泛性，而在逻辑关系和内容深度上有所欠缺。移动互联网发展以来，网络信息爆炸式增长，网络新闻专题只追求信息整合的全面性，最终反而可能导致专题内容也陷入互联网信息的碎片化，既无法形成逻辑链条，也不便于受众理解。因而，越来越多新闻专题不再以新闻资源的全收集为唯一目标，转向探索新闻专题报道的主题深化。在背景资料丰富翔实的条件下，专题报道可以从不同角度对同一主题进行深入的挖掘和调查，媒体根据自身的市场定位和目标受众偏好选择报道重心，组织深度报道，主动创作独家内容，充分体现媒体立场和对新闻事件的独立思考，为新闻专题增加独特性和创新性。但纯商业性质的媒体目前没有独立的新闻采编权，只能转载整合专业媒体采编的新闻内容，在专题策划、内容生产和创新上有诸多限制。

（二）从特定事件到多元主题

不论是提前策划举办的活动还是突发的事件，媒体的新闻专题生产大多都来自类似的重大事件的发生，因此专题报道的同质化现象一直以来都无法避免。尽管新闻媒体尝试在同一主题下进行差异化的栏目设置，采用独特的设计风格，大量类似的报道集纳仍旧在无形中造成了新闻资源的浪费。随着新媒体时代用户生产内容和非专业自媒体生产内容开始得到广大受众的关注和喜爱，专业的新闻媒体也尝试跳脱出传统新闻生产的条条框框，从广大网民喜爱的内容中寻找新的专题线索，尝试从不同立场和新角度看待长期存在的社会问题，推动了新闻专题的主题多元化发展。多元主题的专题策划对网络新闻专题编辑提出了更高的职业要求，不仅需要眼观六路耳听八方，对网络风向保持敏感，还要充分调用已有的专题策划经验，以专业的手段进行新兴的专题生产，提升新闻媒体市场竞争力。

（三）从多媒体堆叠到全媒体融合

多媒体运用是网络新闻专题的特征和优势所在，但对不同媒介元素的滥用和堆叠不仅不能达到良好的传播效果，反而会对用户的信息接收和理解形成阻碍。随着网页编辑语言更新换代，不同终端和平台兼容性提升，新闻专题对多媒体元素的运用更加如鱼得水，互动游戏、航拍、手绘动画等多媒体元素在新闻专题中的运用已十分普遍。多种媒介元素从原本的相互孤立走向有机融合，为新闻专题内容质量带来质的飞跃。要实现多媒体元素的合理运用和协同作用，不仅需要在新闻报道整合环节选择恰当的技术手段和发布渠道，而且在专题的内容策划、视角选取、栏目设计、素材采集和编辑加工环节都要以宏观的多媒体设计思维进行规划组织，高效采集多媒体新闻资源，确保不同多媒体资源在专题生产中各司其职，减少对前期投入的浪费，以全媒体融合的表达形式切实提升传播效率和传播效果。

二、网络新闻专题的发展问题

（一）更多信息还是简要资讯？

尽管网络媒体强调报道的独创性，对重大事件的报道却往往难逃千篇一律的窠臼。作为互联网信息整合形式的网络新闻专题为了丰富专题内容，会观照与核心议题相关的所有信息，但各家媒体常常整理出相似的内容，陷入高度同质化的尴尬。而在信息量暴增的互联网时代，网民的注意力难以长时间聚焦，接收网络新闻信息的精力也是有限的。相较于多家媒体推出的信息量大却又极其类似的新闻专题，简略的快讯似乎更容易得到较大的浏览量和较多的反馈，网络新闻专题的生产反而陷入事倍功半的危机。

客观而言，不同受众对同一主题的信息需求存在差异，一些受众可能只愿意粗略地了解专题大致内容，而另一些受众希望专题能够事无巨细地整合相关信息，并进行深入调查和解读，提供高质量报道内容。同时，同样的受众对不同主题的信息需求也可能存在差异。比如面对突发事件专题，受众更希望第一时间获取最新消息；对于社会问题，受众希望媒体进行官方文件解读和专家访谈；而对于文化内容受众，可能期待得到审美熏陶和娱乐化体验。面对复杂的受众市场，新闻专题的设计和生产还需进一步革新生产理念，一方面专题编辑要做好专题内容的层次划分，通过栏目设置、页面设计的手段，既满足走马观花的受众浏览大致内容的需求，也满足刨根问底的受众对全面信息的需求。另一方面，新闻编辑要以工作经验对专题选题进行综合分析，判断其核心的最值得受众关注的新闻价值。网络新闻专题的价值不仅来自新闻事实本身，还来自编辑对信息的整合呈现，更来自专题设计附加的阅读体验。编辑应当对不同主题采取不同的信息整合逻辑，做到专题内容重点突出，详略得当，使用户阅读体验与专题主题相匹配，避免过多信息为受众信息获取造成不必要的困难。

（二）千篇一律还是多元设计?

综观目前一些媒体的网络新闻专题报道，对所有专题套用统一模板是十分常见的做法。专题内容除首页外就只有“最新消息”或“相关报道”一栏，仅仅做到了信息聚合，却没有对专题内容进行逻辑性的整合，也缺乏符合专题内容的栏目分类和版面设计。这样的专题报道在报道效率上具有优势，但千篇一律的格式套用显然有损于不同专题报道的多样性，简单直白的模板化报道也使得受众对专题设计的审美需求难以得到满足。单调的栏目设置中大量的信息令人望而生畏，也不利于受众对专题内容形成逻辑性思考和宏观把握。网络新闻专题经历了多年革新发展，多彩纷呈的独特版面设计却没有完全淘汰单调的版面设计，反而形成了两极分化。

理论上，优秀的专题制作必须发挥专题整合优势，对主题核心信息和关联信息进行内容逻辑的梳理并以可视化的形式呈现出来，页面美术风格的设计则更能突出强调主题背景，体现媒体独特风格。但在实践中，丰富华丽的专题设计虽然更能吸引受众注意，但投入更高，制作周期更长，用户通过设计复杂的专题获取信息往往也更加耗时。此外，网络专题设计越复杂，所运用多媒体素材越多，越可能稀释了报道信息含量和内容严肃程度，而具有娱乐化、碎片化的倾向。经过这样的考虑，可见固定的专题模板和多样的专题设计都具有其存在的价值和意义，具体采用哪种形式还须视具体情况而定。当然，完全不加整理的信息堆砌仍是不可取，但一味追求精美的专题设计也存在资源浪费的风险。编辑策划应当进一步审视已有的专题报道模板，针对其不足进行创新升级，更可以为不同主题设计通用的基础模板以提高专题报道的效率。在进行新闻专题设计之前也要综合评估专题新闻价值和社会效益，加强重点议题和先进思想的报道力度，优化严肃新闻专题设计理念，避免专题报道走向过度娱乐化。

思考与练习

1. 网络新闻专题有哪些类别？具有怎样的特点？

2. 选择一个网络新闻专题案例，分析其栏目设计和内容编排的特点以及可以改进的部分。

3. 碎片化阅读盛行的背景下，网络新闻专题相较于消息简讯的竞争力和发展方向在哪里？谈谈你的看法。

第六章

音频新闻

2020年，牛津大学路透新闻研究所发布的《新闻、媒体与技术趋势展望》中称："音频的黄金时代已经到来。"①2020年，普利策新闻奖首次设立"音频报道"(Audio Reporting)奖项，播客《这样的美国生活》(*This American Life*)第688集《出局的人群》(*The Out Crowd*)获得首届普利策音频报道奖②。作为美国新闻界颇具盛名的奖项，这一标志性事件对新闻业产生了风向标般的意义，确立了音频新闻在新时代新闻业转型中的重要地位。

声音，一直以来都是人类交流的重要媒介。新技术驱动之下，整个新闻传媒业正在经历深刻的变革，融合发展成为转型趋势。作为融媒体重要组成部分的音频媒体也逐渐复兴。从传统媒体时代的广播到移动数字化时代的播客，再到各种新兴的音频形式涌现，近年来，新闻传播行业迎来"音频转向"，音频新闻业正在迎来复兴，在新技术的加持之下加速转型并受到主流的认可。在海外，以《纽约时报》为首，《华盛顿邮报》《泰晤士报》、BBC等世界级媒体都在加速布局音频新闻产业；在中国，人民日报、新华社、财新传媒等媒体也都纷纷开设了自己的音频新闻栏目，入驻主要的互联网音频平台。以声音为媒介，用声音传递新闻，借声音讲述故事，这种新型新闻形式与新型叙事方式越来越受到重视。声音复归，音频转向，音频新闻的黄金时代已然到来。

---

① NEWMAN N. Journalism, media, and technology trends and predictions 2020[R]. London: Reuters institute for the study of Journalism & University of Oxford, 2020: 19.

② 新京报.2020年普利策新闻奖公布，新增"音频报道奖"[EB/OL].(2020-05-05)[2024-01-25]. https://baijiahao.baidu.com/s? id=1665822288393822152&wfr=spider&for=PC.

第一节　音频新闻概述

一、音频新闻的概念与特征

（一）音频新闻的概念

音频新闻，是指以音频的方式进行播报与传播的新闻形态，与文字新闻、视频新闻等相对应。音频新闻由传统的广播新闻发展而来，并且随着移动互联网与数字音频技术的更新，有了新的内涵与外延。音频新闻的形态多样，载体多元，但目前最主要的形式是新闻播客。

播客（Podcast）是便携播放器（iPod）和广播（Broadcasting）两个词语的混合体，是一种利用 RSS（Really Simple Syndication）数字技术传输音频内容的新型媒介形式，如今越来越成为移动互联网时代一种多元的按需的数字化音频媒介形态[①]。播客于 2004 年诞生于美国，在海外市场中广受欢迎。2020 年，正式迎来了中文播客的元年。新闻播客是播客的类别之一，也有学者将音频新闻与新闻播客当作同一种概念加以研究，统称以新闻为主要内容的数字音频节目[②]。

（二）音频新闻的类别

随着数字技术的发展进步，音频新闻逐渐突破传统渠道、平台等的限制，发展出了各种各样的类别与形态。音频新闻的内容范围、传播渠道和平台载体都较为广泛，可以根据不同的平台、载体、内容等进行划分。以内容为依据，音频新闻有与其他类别的新闻共通的内容，也会凭借自身的传播优势打造独特的内容。本书将目前新闻播客的主要形态分为以下五类。

1. 每日新闻（时事类）

制作与播报当天热点新闻事件，以事实性消息为主，强调短、平、快，力图将最新发生的新闻事件通过音频的方式传递给受众。例如人民日报微信公众号的栏目《来了！新闻早班车》，在当天早晨五点半左右，以图文＋音频的形

① 史安斌，薛瑾.播客的兴盛与传媒业的音频转向[J].青年记者，2018(16)：76－78.
② 潘亚楠.听新闻：新闻故事的音频化探索——以“财新 FM”为例[J].青年记者，2021(17)：55－56.

式，播报“一句话新闻”，内容为当天和前一天的28条重要新闻信息。

2. 深度报道类

借助音频进行深度报道，追寻事件真相，深入挖掘事件背后的因果关系，反映社会现实，并且凭借音频代入感强的特点引发受众的思考与共情。“财新FM”开设的《财新调查报道故事集》栏目，其中的内容来自财新网历年来进行的有社会影响力的深度调查报道，关注了大量社会热点议题。

3. 叙事类

用声音进行叙事，围绕新闻事件的发展线索展开，运用一定的叙事技巧，增强画面感，拥有“非虚构报道”的特征。获得2020年普利策音频报道奖的《出局的人群》关注了被特朗普政府“留在墨西哥”(Remain in Mexico)政策影响的人们，大量采用现场原声，深度报道了边境难民的生活现状，为临时难民营中等待庇护者发出呼喊，用声音还原真实的边境现场。

4. 访谈类

访谈类的新闻节目，借由访谈的形式，传达对社会热点话题与新闻事件的看法，强调音频的对话性。《云中访谈》节目是内蒙古托克托县融媒体中心广播电台(调频FM106.1兆赫云中之声)自办的大型综合性方言类访谈节目，以关注百姓热点、赏评人文景观、畅言万象话题、聆听时代声音为节目宗旨，涵盖时事与人文等社会生活方方面面的内容。

5. 新型音频新闻栏目

随时代发展与技术进步衍生出的不同于传统新闻类型的新型音频新闻栏目，如新闻脱口秀等。江苏省广播电视总台融媒体新闻中心打造的日播新闻脱口秀节目《评新而论》以“谁说新闻只有一种说法”为宗旨，重点关注当下发生的热点新闻，革新语态，将传统新闻与脱口秀相结合，兼具个性与深度，从最初的电视端拓展到音频端，上线国内主流互联网音频平台，广受好评。

除了上述划分的五类，相信随着技术的进步与应用场景的拓展，会有越来越多的机构媒体进入这一赛道，发展演变出更加多元丰富的内容形式。

(三) 音频新闻的特征

不论是与传统广播新闻相比，还是与文字、视频类新闻相比，音频新闻都有其独有的特征与魅力。音频新闻最根本的支撑点便是“声音”，在视觉文化垄断的图像世界中，声音与听觉文化逐渐式微，而以声音为媒介，弥补了麦克卢汉在《理解媒介：论人的延伸》中所称的人类感官失衡，可为受众带来独特体验，增加了媒介的"可供性"。

1. 全时化、移动化与时空开放性

音频能够突破时空限制，打破原有时空秩序。音频融合了新媒体特征，打造出全时段、全领域、全地域的声音传播生态结构[①]。在时间方面，音频新闻具有无与伦比的即时性与全时性，尤其是在面临突发事件时，相比文字与视频新闻，音频新闻的制作周期更短，编排更加灵活，发布更加迅捷。在空间方面，也摆脱了传统广播的线性时间限制与固定媒介限制（如收音机）。随着移动互联网与智能技术的发展，智能手机、智能音箱等智能音频设备能够拓展音频新闻的发布渠道，借助移动化终端极大延展音频新闻的触点，尤其是面临当代年轻人"并发性生存"的生活特征，多任务操作成为常态，音频新闻随之嵌入各种生活场景，既能够随时随地获取新闻，又不会占据过多的注意力。制作完成的音频可以凭借数字存储技术存至平台，可保存、可复制，改变了广播内容稍纵即逝的弊端，还可以通过各种超链接进行跳转，获取更多资讯，音频新闻的时空开放性极大地提高了传播者与受众的便利度。

2. 伴随性、对话感与临场感

音频新闻以传递声音为主，和平面的文字相比，立体的声音中不可避免地存在情绪与情感，在唤起受众深层情感方面更加有效，更容易调动起受众的情感共鸣，因此在播报新闻时有更强的对话感与感染力。借助私人设备如耳机来接收的形式，营造了一个更为私密的环境，减少外界干扰，因此浸入感与卷入度更高，在雪莉·特克尔（Sherry Turkle）所称的"群体性孤独"之下，给予了人们一种独特的陪伴感与亲近感。如人民日报的"夜读"栏目，每天聚焦一个话题，用温柔陪伴式的声线纾解焦虑、抚慰情绪、传达观点。在软新闻的播报中，如访谈类、叙事类新闻，能够实现娓娓道来之感。通过一定的叙事策略，加上文案、声调、语气、配乐等的搭配，打造一定的画面与场景，构筑与还原事件场景，将受众置于完整的环境场景中，实现"声"临其境。

3. 个性化、交互性与社交性

音频新闻改变了传统单向的叙事模式，拥有个性化叙事的特点，也能够与

① 高贵武，丁慕涵.从广播到音频：听觉文化里的声音生态[J].青年记者，2021(11)：60－63.

受众进行互动。因此，音频新闻的受众不是被动的接受者，而是能够自主选择、深度参与，并且进行社交的“用户”。用户可以自主设置想要获取的内容，随时播放与暂停，设置信速、发送弹幕，甚至可以通过点赞、评论等反馈参与节目的制作。借助智能设备可以使新闻与用户产生交互与对话。智能技术的发展推动分众化、精准化的进程，音频新闻内容可以实现按需定制，依托大数据与算法技术实现针对性的分发与推送。播客具有社交潜能，播客的特性使得其成为良好的开展“准社会交往”的场域①，目前中文播客中已经发展出较为成熟的社群运作机制，新闻播客同样也有可进一步挖掘的社交潜力，这更加符合“对话新闻”的特质，也能够增加用户的黏性。

二、音频新闻的发展状况

(一) 音频新闻的发展脉络

媒介形态的更迭不是直接取代，而是相互交叠，不断进步。媒介的进化，既遵循保罗·莱文森(Paul Levinson)所言的补偿性与人性化，也符合麦克卢汉提出的“提升、淘汰、恢复、逆转”的媒介四定律。音频新闻的发展脉络也同样遵循这些规律。音频新闻的直接源头为广播，但同时也可以追溯至口语传播时代。如今似乎被视觉边缘化了的听觉逐渐复兴，于是音频新闻之中既具有古老的口语传播特征，也具有新兴的智能传播特征。

广播诞生于20世纪20年代的美国。1920年8月31日，美国底特律8MK实验台广播了密执安州长初步获胜的新闻，这便是最早的广播新闻。1920年10月27日，世界上第一个有执照的电台美国匹兹堡KDKA电台正式开播，成为广播事业诞生的标志。无线电技术的进步推动了广播电台事业的迅猛发展。凭借传播快、范围广的传播优势，广播迅速成为重要的传播媒介，英国BBC、美国的三大广播公司(CBS哥伦比亚广播公司、NBC美国全国广播公司、ABC美国广播公司)等一系列世界著名的广播公司纷纷成立。1922年，美国人奥斯邦创立了中国境内第一座广播电台。1940年起，中国共产党领导下的人民广播事业在延安确立，在技术进步与政策扶持之下，迎来了广播事业的空前盛况。

---

① 李雪娇，胡泳.听觉复兴：从“媒介四定律”看中文播客的解构与重构[J].中国编辑，2022(12)：77-81，91.

20世纪下半叶，随着电视、互联网和社交媒体的兴起，视觉主导的文化兴盛，挤压了广播事业的发展空间，广播新闻日趋边缘化，诸多广播电台面临生存困境。随着移动互联网和智能技术进一步发展，新技术为传统广播赋能，其功能有了巨大的提升。并且在诸多复杂的社会环境因素影响下，被边缘化了的听觉文化重新复兴，作为媒介的口语与声音再次受到重视。在此背景下，音频新闻作为广播新闻的升级版应运而生。

音频新闻从传统广播走向移动音频再走向场景音频，又从单一场景走向全场景。播客目前是音频新闻最主要的载体。播客诞生于欧美，在国内，喜马拉雅FM、蜻蜓FM、荔枝FM等互联网广播平台陆续出现，小宇宙播客的出现开启了中文播客的元年。新闻播客是新闻与播客的“双向奔赴”，新闻类资讯是播客的新业务增长点和发展趋势，新闻传播行业通过开通播客业务来推进其媒介融合的进程。新闻播客的发展历程以2014年《系列剧》(*The Series*)第一季推出为标志，可划分为“前《系列剧》”和“后《系列剧》”时期等两个阶段①。《系列剧》是广播节目《美国生活》的衍生品，成为首个令人眼前一亮的现象级新闻播客产品。如今，各大主流媒体正在加速布局音频新闻赛道，音频新闻正逐渐从单一走向多元，其内容形态、传播载体、应用场景等方面都在不断突破与拓展。

(二) 音频新闻的发展背景

音频新闻在以视觉为主导的图像时代中仍能拥有自己的生存机遇与成长空间，其发展的背景是与时代的发展进步息息相关的。

1. 媒体深度融合背景下的转型之举

媒体融合既是国家政策导向，也是媒体求生存图发展的必然之路。从传统广播到音频新闻，是广播事业的创新转型，也是主流媒体构建全媒体传播体系的重要举措。自2014年媒体融合成为国家战略以来，关于媒体融合的顶层设计频繁出台，中国媒体融合逐渐从相加走向相融，从融合走向深度融合。在广播电视行业也加速布局，2020年，国家广播电视总局印发了《关于加快推进广播电视媒体深度融合发展的意见》，提出“广播电视行业逐步建立以内容建设为根本、先进技术为支撑、创新管理为保障的全媒体传播体系”。后续又陆续出台了《关于组织制定广播电视媒体深度融合发展三年行动计划的通知》

① 史安斌，刘长宇.音频新闻：脉络、演进与特征[J].青年记者，2020(19)：80－83.

《广播电视和网络视听“十四五”发展规划》，提出顶层设计。以北京广播电视台为例，发展音频产业是其机制改革、融合创新的重要一步。北京广电上线了“听听 FM”音频客户端，各专业广播建立内容生产协调机制，推进“听听 FM”和故事广播中心的一体化运营工作，将全台现有 200 档广播节目在播出 24 小时内进行资源整合，鼓励适合网络传播的广播节目优先在“听听 FM”播出[①]。除了广播电台，传统纸媒以及新兴网络媒体也都把音频作为重要的业务增长点，人民日报、新华社、南方都市报、封面新闻等均设置了音频专栏或上线了专属音频 App，以拓宽传播渠道，推动自身转型升级，创新融合发展。

2. 智能技术的变革为音频新闻的发展提供动力支撑

数字化技术的发展使得声音连接万物、声音无处不在。以 5G、人工智能、大数据、物联网和移动互联网等为代表的先进技术进入新闻传播行业，为新闻传播的生产流程全面赋能，为音频新闻的智能化发展提供了充分条件。技术进步催生了人机协同内容制作，推动了产品形态的革新。数字通信技术弥补了广播转瞬即逝的局限，5G 乃至 6G 网络使得信息传输进入高速公路，并且降低了使用门槛。以智能手机、智能音箱为代表的智能终端的普及突破了以往极具依赖性的接收设备限制（如报纸、电台、电视、收音机等）。基于智能语音识别技术，央广新闻在两会期间推出了小广 AI 两会语音速报节目，使得新闻的生产传播实现迅速、秒达，算法推荐技术又能使得信息分发更加个性化、精准化，极大地提高了生产效率。总之，从选题到制作再到传播与反馈，智能技术为音频新闻突破边界、全面升级提供了动力支撑。

3. 时代变迁之下声音媒介的复兴

德国社会学家哈尔特穆特·罗萨（Hartmut Rosa）的社会加速理论指出，加速是现代社会的核心特质。而社会加速可分成三个范畴：科技加速、社会变迁加速、生活节奏加速。社会深层时间结构发生变化，快节奏、多任务并行和碎片化生存成为常态，而音频能够凭借独有的弹性和软性的时空特征在碎片时间中获得青睐。受众在信息爆炸的大环境下通常注意力稀缺，精神压力较大。席卷全球的新冠疫情在带给音频行业重要挑战的同时，又为音频行业提供了发展机

① 北京广播电视台节目研发中心.2021 年中国广播深度融合的生态化布局报告[M].北京：社会科学文献出版社，2022：17.

遇。在技术进步与社会需求的背景下，受众的媒介消费习惯发生改变，古老的口语传播再度复兴，声音不再仅仅是视觉的辅助品，播客、有声读物、音频直播等受众规模不断庞大。耳朵经济（Ear Economy）这一新经济样态获得蓬勃发展。在线音频的渗透不断深入，艾媒咨询（iiMedia Research）发布的《2021—2022 年中国声音经济数字化应用发展趋势报告》数据显示，2022 年中国声音经济产业市场规模达 3 816.6 亿元，预计 2023 年将超过 5 100 亿元[①]，发展前景广阔。音频新闻凭借伴随性、社交化等特征，声音媒体和听觉传播再度受到重视。

（三）音频新闻的市场格局与发展前景

音频市场规模正在不断扩张。2023 年最新发布的《传媒蓝皮书：中国音频传媒发展研究报告（2022）》指出，截至 2021 年年底，中国音频传媒市场用户规模达到 7.59 亿人[②]。音频类产品的市场规模不断扩大，听觉“黄金时代”已然近在咫尺。牛津大学路透新闻研究所发布的《2022 年新闻、媒体和技术趋势报告》中称“音频无处不在”，数字音频消费的增长是近年来不容忽视的行业趋势。全球播客产业规模不断增长[③]。Insider Inteligence 的《播客行业报告》预计，到 2028 年，全球播客市场规模将达到 948.8 亿美元[④]。而在中国，播客市场虽然起步晚，仍是一片蓝海，但也在近两年迎来了爆发式增长。知名市场研究机构 eMarketer 数据显示，2021 年播客的听众数量就已经达到 8 600 万人次，2022 年超过 1 亿人次。根据播客搜索引擎 Listen Notes 统计，截至 2022 年 8 月，新增中文播客 2.5 万档，三年来增长超过 150%。赛立信发布的《2023：中国在线音频市场发展报告》显示，2022 年在线音频用户规模达到 6.92 亿人，月均用户达 3.3 亿人[⑤]。在线音频市场中，商业化平台喜马拉雅 FM、蜻蜓 FM 和荔枝 FM 占据市场主导地位，主流媒体入局较晚，多采取入驻

---

① 艾媒网.艾媒咨询|2022 年中国声音经济数字化应用发展趋势报告[EB/OL].（2023 - 02 - 20）[2024 - 01 - 25]. https://www.iimedia.cn/c400/91728.html.

② 颜春龙，申启武，牛存有，等.中国音频传媒发展研究报告（2022）[M].北京：社会科学文献出版社，2022：69.

③ 酷鹅报告|2022 年新闻、媒体和技术趋势报告[EB/OL].（2022 - 03 - 23）[2024 - 03 - 28]. https://mp.weixin.qq.com/s? __biz=MzI2OTY1MDg5NQ==&mid=2247495282&idx=1&sn=686975e21d4ee520ddfc25629cb60707&chksm=eadfb0d2dda839c45effdf79193a97e023f63c314f432577819b6d1ba8be8c9f134c3062c7ce&scene=27.

④ 过去的 2021，“播客”悄然复兴[EB/OL].（2022 - 01 - 17）[2024 - 03 - 28]. https://www.huxiu.com/article/491111.html.

⑤ 赛立信媒介研究.“耳朵经济”正加速驶入发展快车道[EB/OL].（2023 - 04 - 06）[2024 - 01 - 25]. https://baijiahao.baidu.com/s? id=1762392158269523892&wfr=spider&for=PC.

这些老牌互联网音频平台的形式，而自主创办的云听、听听 FM 等的知名度与影响力仍不及前者，还有待未来持续发力。

根据第 53 次《中国互联网络发展状况统计报告》，截至 2023 年 12 月，我国网民规模为 10.92 亿，互联网普及率达 77.5%。如此巨大的触网量为音频新闻的发展提供了基础支撑。总体来看，音频新闻市场与在线音频、移动播客、耳朵经济等息息相关，均有较大的发展前景。但在中国，这些产业仍处于起步阶段，作为新兴事物必然存在一定的挑战，例如在版权等方面仍存在不清晰的问题，发展仍不成熟。未来，随着数字化、智能化不断发展，音频新闻行业将从试水走向深耕，精细化内容运营，规范版权建设，营利模式更加成熟，不断转型升级。

第二节　音频新闻的传播特征

一、音频新闻的传播渠道

（一）数字化的音频技术

国家广播电视总局发布的《关于促进智慧广电发展的指导意见》提出，要推动智慧广电建设，加快大数据、云计算和人工智能等新技术的创新应用。作为受众获取新闻的一个新渠道，智能音频（Smart Audio）正在经历着一场革命[①]。5G 技术拥有高速率、低延迟、大容量的特性，数字传输技术使得音频内容突破时间限制，借助各大发布平台，将突发新闻事件第一时间送到耳边，声音的音质品质能得到极大提升，为受众带来了更好的体验。数字存储技术使得音频内容永久在线，随时可得。智能设备的普及使得音频新闻的应用场景突破了固定地理位置的限制，实现“全场景”。数字技术与智能化技术推动音频新闻走向高速、安全、稳定的信息高速公路。

（二）多样化的媒介形式

技术的变革也推动媒介与产品形态的多样化。传统广播以及纸媒只能通过电台以及报纸传播新闻，而如今可以借助各种各样的智能终端如移动设备、

① 张建中，弗雷迪・梅修.智能音频与新闻媒体未来的发展[J].青年记者，2020(34)：82－83.

可穿戴设备、智能音箱等，同时可以将内容发布在各大互联网平台和社交平台上，或者自建的平台上。各类媒介的特点和使用场景各异，增加了传输新闻的介质和载体。随着媒体融合进一步深化，音频新闻的内容也不仅仅是声音，可以与漫画、H5、图片等多种形态结合，例如央广新闻在微信公众平台打造的“声音漫画”系列，也可以综合视频与音频，将可视化与可听化相结合。不同的节目类别之间可以融会贯通，比如新闻与脱口秀的结合，使新闻更加灵动活泼，为用户提供更加丰富的体验。

(三) 平台化的发展趋势

近年来，平台型媒体作为一种新兴媒介融合方式逐渐发展起来。平台型媒体(platisher)是“平台”(platform)和“媒体”(publisher)的结合，指既拥有媒体的专业编辑权威性，又拥有面向用户平台所特有开放性的数字内容实体①。就音频新闻而言，平台化也是一个非常重要的发展趋势。目前，商业互联网在线音频平台的竞争格局已基本形成，以喜马拉雅 FM、荔枝 FM、小宇宙为主导，诸多头部互联网企业如腾讯、小米、百度等也入局音频行业，美国的巨头流媒体平台 Spotify 也在不断拓展播客业务，占据流量高地，将新闻资讯类内容培养为重要的板块与增长点。对主流媒体而言，除了在“两微一端”开设各自特色的音频栏目，也要在这些头部平台中入驻，吸引流量。央视新闻、新华社、中国日报等主流媒体都已入驻喜马拉雅平台。另外，除了“借船”，也在主动“造船”，自主搭建音频平台，例如央视推出了“云听”，北京人民广播电台推出了“听听 FM”，上海东方广播中心推出“阿基米德 FM”客户端，等等。将主流媒体的专业内容优势与平台的庞大流量优势相结合，以获取更大的发展空间，增强主流话语在音频领域的影响力。

二、音频新闻的传播内容

(一) 音频新闻的内容特征

音频新闻的内容为新闻。对新闻的定义，最被广泛认可的是陆定一先生下的定义：“新闻是新近发生的事实的报道。”然而，随着近些年新闻传播业的

① 喻国明，焦建，张鑫.“平台型媒体”的缘起、理论与操作关键[J].中国人民大学学报，2015，29(6)：120-127.

急剧变动，新闻业的边界变得液态化、流动化，液态新闻、对话新闻等新概念被提出。于是对新闻以及新闻价值的定义也在变化。在做选题时，要慎重考虑话题与音频的适配性。在音频新闻中，每日发生的时事新闻自然是最重要与核心的内容，除此之外，一些新的内容样态也应纳入生产和制作的范畴。音频独特的伴随性与亲近感其实特别适合制作软新闻，如较为轻松的社会类话题。除了新闻，还有新闻制作背后的故事，也非常适合用作拉近与听众之间的距离。PodFest China 2022 年关于播客的调查报告显示，多人聊天和清谈是最受欢迎的内容形态。由于在线音频的用户偏向年轻化，整体学历水平也比较高，所以文化类的内容也会受到听众的欢迎。小宇宙播客中的热门频道“随机波动”便以话题为单位进行深度探讨，颇受欢迎，用户黏度很高。新闻媒体也可以加以借鉴，拓展思路。目前商业化媒体没有新闻采编权，机构媒体可以发挥自己的独家内容优势，产出专业化、精品化的内容。

（二）音频新闻的叙事策略

音频新闻叙事在传统新闻叙事手法上有所创新，与文字叙事最大的不同便是对声音的运用。巧妙的声音运用能够起到“声入人心”“声临其境”的传播效果，实现“沉浸式新闻”。现场原声的采用能够增强音频新闻的现场感与沉浸感，音响、背景音乐的搭配能够在渲染气氛方面发挥独到作用。在获 2020 年普利策新闻奖音频报道奖项的《出局的人群》中就多次使用了被绑架难民的原声，让听众感到远方的哭声就在耳边。在叙事学中，情节建构是重要的文本策略之一。“播主”既是叙事者，也是引导者，以第一人称娓娓道来，在叙事中要精心设计叙事结构，打造人物形象和场景设置，起到引人入胜的效果。财新传媒旗下音频内容平台“财新 FM”推出的《记录在案》是国内首档真实案件型叙事播客，用音频还原案发现场。通过多种声音素材的整合能够形成立体化的传播效果，塑造“声音景观”，构建独特的情境与场景，引发受众的情感共鸣，带来一场听觉盛宴。

社交媒体是“以人为媒”的底层逻辑，因此需要顺应互联网发展规律，变革语态，进行个人化与风格化的叙事。米哈伊尔·巴赫金的对话理论特别强调平等的重要性，文字可能会在传者与受众中树起高墙，而语音往往能瞬间拉近两者的距离，文字可能是客观冷峻的，而声音中必然蕴含情感，这便有利于实现“共通的意义空间”，因此在叙事时应最大限度地发挥音频的贴近性与平等化优势。近年来，哪怕是 AI 语音也在尽可能向人性化方向发展。例如封面新闻打造的方言类互联网科技新闻脱口秀《正二扒经》，直接使用成都方言进行传播，进行平民化、接地气的表达，借助语态的变革实现了"三贴近"。央视主持人董卿曾被网友称为"一开口就是国泰民安"，这可以带给我们更多的思考。人格化的传播可以赋予受众独特的听觉记忆，有利于锚定风格，打造个人的品牌 IP，进行持续化内容输出；同时还可以在叙事中贴近社会热点，增强网感，用哏、融哏、造哏，激发音频内容的社交属性，促进其二次的分享与传播，连通线上线下的用户参与，增强音频新闻的影响力与引导力。

三、音频新闻的受众分析

（一）受众结构与用户画像

如今，随着音频产业的发展壮大，音频新闻的市场规模与用户人数也不断扩大。用户画像是指对用户各方面基本信息的描摹。了解用户画像有利于提高听众的认可度和忠诚度，也有利于下一步策略的制定与实施。综合 PodFest China、艾媒咨询、尼尔森等行业内较为权威的调查机构发布的在线音频（包括播客）用户的调查报告可知，中国在线音频市场的受众结构较为统一，在性别、学历、年龄等方面较为一致。多为 20～40 岁的中青年群体，学历水平较高，收入水平也较为可观，有一定的文化品位。根据《2023：中国在线音频市场发展报告》，音频用户男女比例几乎相差不大，以 80 后、90 后年轻群体居多，音频用户平均年龄 33 岁，呈现出明显的年轻化特点。收入水平主要集中在 5 000 元/月以上，人均月收入达 7 563 元，整体呈现出年轻化和中高收入特征，这类群体带有较强的消费主动性，在音频收听和付费的选择上拥有自主性。[①]

《2021 年中国音频传媒市场用户触媒行为分析报告》结果同样显示，中青年群体为音频传媒市场的核心主力年龄层，25～54 岁的用户占比达到 70.45%，其中，25～44 岁的核心用户占整体音频用户的近一半。[②] 音频新闻的受众既包括传统广播受众，也包括移动互联网培养下的在线音频受众群体，目前尚未有专门针对音频新闻受众的调查报告。音频新闻用户趋向年轻化，整

---

① 赛立信媒介研究."耳朵经济"正加速驶入发展快车道[EB/OL].（2023-04-06）[2024-01-25]. https://baijiahao.baidu.com/s?id=1762392158269523892&wfr=spider&for=PC.

② 颜春龙，申启武，牛存有，等.中国音频传媒发展研究报告（2022）[M].北京：社会科学文献出版社，2022：72.

体受教育程度高。中国的广播新闻本身拥有规模较大且稳定的用户群体，同时，在不稳定的风险社会中，人们对新闻资讯的需求也在增长。相比商业音频平台制作的内容，新闻作为日常生活中不可或缺的资源，覆盖面显然更大更广泛，能够实现市场下沉，向不同区域、不同年龄段的群体张开怀抱。例如北京广播电视台出品的《小虎爱推理》便是专门为小学生打造的系列儿童推理广播剧，借此可与主流商业音频平台拉开差距，争取更多的市场份额。

与其他类别的新闻相比，音频新闻的受众卷入度、活跃度都比较高，媒介依赖度更高。虽然短视频的流量更大，但音频的用户黏性与忠诚度更强。"准社会交往"(Para-social Interaction)指的就是媒介使用者对媒介人物产生某种依恋，并想象二者之间的关系与现实社交关系类似。长时间接触和使用音频新闻，黏性和忠诚度较高的用户便会发展出类似准社会交往的心理。从使用与满足的角度来看，音频新闻首先满足了他们的信息与知识需求、陪伴与互动的需求，从更深层次来说，还能够满足归属与爱的需求。

(二) 用户触媒行为特征

社交媒体时代正迎来从"受众"到"用户"的转变，音频新闻的听众不再是被动的信息接受者，而是拥有更强自主性与能动性的"产消者"(Prosumer)。

在信息的获取渠道与接收终端方面，用户体现出多元化的特征。无论是在互联网音频平台还是媒介自建的平台，或是在微信、微博等社交平台中，都可以获取到新闻资讯。特别值得注意的是，根据《2021 年中国网络音频平台用户行为分析报告》，在新闻资讯 App 选择上，央视新闻等传统媒体 App 比新浪新闻等新媒体 App 更受欢迎①，可见在新闻内容方面，主流媒体的官方信息更加值得信赖，主流媒体的公信力和影响力有所提升。在接收终端方面，使用频率最多的有三类：移动设备(如智能手机)、智能音箱和车载收音机。除此之外，电脑、智能手表等也是重要的接收终端。CNNIC 第 53 次《中国互联网络发展状况统计报告》显示，截至 2023 年 12 月，我国手机网民规模达 10.91 亿，我国网民使用手机上网的比例达 99.9%。智能手机已经"嵌入"人体，自然也成为音频新闻的最主要接收设备。随着智能化、物联网等的发展，智能设备的

① 颜春龙，申启武，牛存有，等.中国音频传媒发展研究报告(2022)[M].北京：社会科学文献出版社，2022：95.

使用率也越来越高。

传统广播有提前设定的编排模式和单向线性的传播方式，为了提高收听率只能依据人们的日常生活节奏来设置节目，安排播出时间。在工作日的上下班通勤时间往往是收听的高峰期。随着“万物互联”“万物皆媒”时代的来临，用户的收听场景也大大延展。根据中科网联数据科技有限公司CCData的调查数据，音频使用场景方面呈现出多元化特征，居家休闲、工作场合、用餐、睡前、散步和上下班是最主要的应用场景。智能音频突破了时空限制，可以更加顺应当代年轻人的碎片化、加速化的生活节奏。

在收听的内容方面，随着技术发展与人民精神文化需求的提升，内容的分类越来越多样化，同时也越来越精细化和长尾化。然而，新闻资讯作为人们了解世界、认识世界必不可少的内容，在音乐、娱乐、服务、游戏等各类内容中仍然占据首位。并且，在如今的新型主流媒体打造与转型中，往往会走“新闻＋政务服务商务”的路线，丰富了可提供的内容容量。新闻的在地化也是不可忽视的趋势。受众与新闻之间的接近性会影响受众的选择，与自身地理位置更接近的新闻会更受到关注，因此这也是地市级新闻媒体制作新闻内容的重要导向。

音频新闻具有互动性和社交性，因此其受众的互动与参与程度都是比较高的。关注、点赞、评论等既是用户活跃性的体现，也是平台培养用户媒介使用习惯的过程。总的来说，音频新闻需要进一步打造精品内容，关注用户需求，留存现有用户资源，也要积极拓展其他年龄群体，挖掘市场潜力，以拓展音频新闻的影响力。

第三节　音频新闻的制作与实践

一、音频新闻的制作

音频新闻的制作流程与其他类别的新闻类似，都要遵循选题—采访—写作—编辑—发布的基本流程。随着智能化技术的发展，音频新闻的制作主体可以是机器或人工智能辅助人工制作，在具体制作中，动态声音捕捉技术、智能语音识别技术、语音合成技术以及各种成熟轻便的音频制作软件可以提高生产效率，解放人力。制作场景也可以从传统的录音室、演播室向全场景转变。截至2023年，喜马拉雅已申请了20多项语音技术的相关专利，致力于用AI赋能音频生产。

音频新闻要遵守一定的制作理念与原则，要坚持内容为王、用户思维与互联网思维。流量时代，博眼球能够获得一时利益，而做好内容才是王道，特别是对于音频新闻来说，音频新闻的传播优势使之与深度报道和叙事新闻特别适配。部分音频新闻仅是用语音复制文字，而对深度报道这类内容来讲，从文字到音频的转化过程需要好好打磨。在选题上，要抓住热点而不盲目蹭热度。在对声音的运用方面，需要将现场人物原声、环境声、旁白、音效、音乐等结合起来。同时要把握好“长音频”与“短音频”的尺度范围，长不等于冗长，而是有深度，有见解；短也不等于碎片，而是提纲挈领，微言大义。无论是何种形式都应坚守媒体的专业素养，深耕内容，传递社会主流声音，打造独有建设性的音频新闻作品。

音频新闻中的内容与记者的采访录音是不同的，后者仅供自己参考使用，而前者要服务于受众。因此，要对内容进行适合受众习惯的改造。首先要进行语态变革，转变叙事语态与语言风格，注意语调、语气，既不能过分庄重，也不能过于口语化，同时要依据不同节目的调性进行相应调整，拉近与听众之间的距离。人民日报的新闻早班车和晚安栏目的音频语气语调便截然不同。在叙事类新闻中，要注重叙事结构的安排，讲故事的语气也要自然，以增强受众的沉浸感。同时，必须树立受众为先的思维，放平姿态与受众换位思考，让受众既能够获取到信息与知识，也能够感到平等与舒适。

要想摆脱传统广播的种种束缚，就要与时俱进，利用好智能化技术，推进自身生产效率与产品形态的升级。在信息爆炸与流量经济共存的时代，要符合互联网时代的内容趋势与用户触媒习惯，在做选题时增强新闻敏感，抓住热点事件，还可以借助大数据等技术预测与追踪热点，帮助新闻选题。在具体的制作中，可以利用人工智能AIGC技术与智能语音等助力内容制作，并且根据场景和受众进行精细化、智能化的推送，与受众的智能接收终端相接合，尊重互联网传播规律，适时调整产品形态，促进音频＋互联网的融合。

二、音频新闻应用实践

（一）音频新闻的应用场景

音频的高伴随性是其与生俱来的优势以及核心竞争力所在。在移动传播时代，用户具有更加多元的需求，于是推动音频新闻传播进行更加细致的场景划分。智能音频的多维场景可分为私人移动场景、私人固定场景、封闭公共场景和开放公共场景四种[①]。同时，随着移动网络的普及，在人们生活的各个角落如通勤、运动、睡眠、学习等各种细分化的场景中，音频都可以做到“无孔不入”。由于声音对人注意力的侵占并不多，人们可以随时随地打开音频，满足自己当下的需求，提高碎片时间的时间利用率。在公共场景播报的音频新闻则更加具有公共性、服务性。在更加具有私密性和安全感的私人环境，如车辆、居家等，可以选择自己的兴趣领域进行收听，能够充分发挥陪伴的价值。例如人民日报的睡前聊一会儿栏目，便抓住了夜间这一场景。目前很多年轻人生活压力大，甚至出现睡眠障碍现象，音频在助眠方面的潜在功效便被发掘了出来。

智能技术加持下，音频新闻的应用场景走向智能化、全场景。《即将到来的场景时代》一书中提出了场景时代的五种技术力量，即“场景五力”，分别是大数据、移动设备、社交媒体、传感器和定位系统[②]。这五种技术力量在打造音频新闻的应用场景中也会发挥重要作用。用户的接收终端也变得智慧化，智能音箱、智能家居、智能车载、可穿戴传感设备等正在走进市场，越来越受到欢迎。目前智能音箱已经完成初轮用户普及，洛图科技（RUNTO）《中国智能音箱零售市场月度追踪》（*China Smart Speakers Retail Market Monthly Tracker*）报告称，2022 年，中国智能音箱市场销量为 2 631 万台，市场销售额为 75.3 亿元。封面新闻、新华社等媒体都曾与智能音箱展开合作，打造智能音箱为依托的内容聚合平台。头部音频平台喜马拉雅目前已与多个车企品牌（如特斯拉、上汽、吉利、比亚迪、蔚来汽车等）以及大型互联网企业（如阿里巴巴、小米、百度、腾讯、华为等）展开合作，强强联手，拓展喜马拉雅内容的可触及场景，提供海量音频服务。同时，应用场景也从线上延伸到线下，嵌入实体生活场景如商圈、地铁等，将线上音频内容与线下生活场景相连接，在最大范围内扩大了音频新闻收听场景的覆盖面。除了用户自主选择内容，智能化技术能够与 GPS、GIS 等定位系统相结合，利用算法技术为用户智能匹配合适的内容，实现声、人、物的智能交互，做到音频内容的个性化定制，智能推送，实现场景深度适配。

① 宫承波，陈曦.智能音频传播策略：基于多维场景用户体验的探讨[J].当代传播，2018(4)：101－104.

② 罗伯特·斯考伯，谢尔·伊斯雷尔.即将到来的场景时代[M].赵乾坤，周宝曜，译.北京：北京联合出版公司，2014：11.

（二）主流媒体的音频新闻实践

音频转向在新闻传播行业转型中已成趋势。数字化音频的打造是顺应媒介融合趋势，打造手段先进、形态丰富的新型主流媒体的重要内容之一。如今，内容的音频化几乎成为国内外主流媒体的标配。国内主流媒体的入局和布局略晚于国外，但也正处于加速发力的阶段，打造了一大批优质的音频新闻产品。

音频成为《纽约时报》数字化转型道路中的重要抓手。《纽约时报》自 2017 年推出旗下播客产品《日报》(*The Daily*)，在其创办两年半后下载量就已经突破 10 亿次，月活跃量超 800 万[①]，大获成功。在播客赛道，《纽约时报》新闻播客着重发展《每日新闻》《持续追踪》《观点》《书评》以及与波士顿公共广播电台(WBUR)合作的《摩登爱情》(*The Modern Love*)五个品牌音频新闻播客[②]。2021 年又推出了 New York Times Audio。《纽约时报》凭借自身强大的内容创作团队，源源不断地为音频内容提供素材，特别注重借助播客讲述深度报道的故事，同时与外部企业进行合作，例如收购播客制作公司 Serial Productions，为亚马逊的 Alexa 智能音箱推出新闻简报等，不断完善其音频化布局，提高品牌忠诚度。

根据央视市场研究(CTR)的数据，目前有 38 家省级以上广电机构拥有网络传播音频类自有 App 产品[③]，如中央广播电视总台的“云听”(图 6－1)、上海广播电视台的“阿基米德”、广东广播电视台的“粤听”、北京广播电视台的“听听 FM”、浙江广播电视集团的“北高峰”是其中传播力与影响力最强的产品。除了专有音频类 App，也在自有客户端、微信公众号等平台设置音频栏目，打造声音产品，打通新的音频入口。

纵观当前主流媒体音频新闻实践的图景，内容差异化竞争、形态跨界融合与多渠道分发的态势渐显[④]。中央广播电视总台在成功打造了“央视频”这一品牌之后，又推出了“云听”，央视频和“云听”分别从视、听两个方面助力总台

① 辜晓进.“报业播客”爆红背后的大众传播演进逻辑——纽约时报成功进军音频世界的启示[J].新闻与写作，2020(9)：36－44.

② 史安斌，刘长宇.音频新闻：脉络、演进与特征[J].青年记者，2020(19)：80－83.

③ CTR.2022 主流媒体年度网络传播力榜单及解读[EB/OL].(2022－12－31)[2024－01－25]. https://www.ctrchina.cn/rich/report/516.

④ 杨凤娇，宋一丹.主流媒体的音频新闻实践图景与发展策略[J].中国编辑，2022(10)：75－79.

图 6-1　中央广播电视总台“云听”界面(PC 端)

的数字化布局之路。“云听”致力于打造“中央广播电视总台高品质声音聚合分发平台”,在 5G 技术的加持下,拓宽自身的使用场景。坚持移动优先战略,将 PC 端与手机移动端相互连通,同时还上线了“云听”少儿版与简洁版,为青少年群体和老年群体服务,力图扩张自己的影响力版图。在内容设置方面,作为党和人民的耳目喉舌,牢记使命,提高政治站位,以传播主流内容为主,宣传党的政策路线方针等。同时对内容进行了音频化与适网化改造,使传播内容能够做到“入耳、入脑、入心”。“云听”聚焦泛知识、泛文艺、泛娱乐,包括新闻资讯、各地广播电台、科普、听书、相声小品、戏曲等,设置了多种栏目,内涵丰富,创新节目形态,能够满足受众的多元需求。除了提供新闻相关内容,“云听”还不断拓展市场,比如推出了市场上首个可将发音检测精确到拼音字母的中文在线诵读评测产品——“云听朗读测评”,邀请康辉、朱广权等央视名嘴入驻。“云听”自创办以来,就凭借央视强大的资源优势不断突破创新,到 2022 年 5 月,“云听”累计用户已经突破 1.4 亿人。截至 2023 年 7 月 30 日,中国之声节目直播流在“云听”客户端播放量突破 10 亿次。目前“云听”已经拥有了自主可控的技术架构,打造了丰富多元的内容生态圈,并且形成了一套完整的运营与营利模式,作为国家级的 5G 声音新媒体平台,成了中国主流声音在音频领域的重要前沿阵地。

第四节　音频新闻的未来发展

一、音频新闻的现存问题与挑战

虽然音频新闻是一个发展的风口，但目前国内的音频新闻产业仍处于初步探索阶段，在内容质量、平台竞争、营利方式、数据所有权等各方面都有提升空间，接下来的进一步发展面临诸多挑战。

(一) 内容质量不一，缺乏主流文化引领

当代互联网形塑下的社会生活中存在明显的"泛娱乐化"倾向。泛娱乐化是指将原本正常或严肃的事物消解，沾上娱乐化的特点，根本上说是社会价值观念中发生的变化。泛娱乐化成为塑造社会精神、文化风貌与价值观念的重要力量，可能严重影响青年主流意识形态的培育与传播①。根据《互联网新闻信息服务管理规定》，通过互联网站、应用程序、论坛、博客、微博客、公众账号、即时通信工具、网络直播等形式向社会公众提供互联网新闻信息服务，应当取得互联网新闻信息服务许可。目前汇聚最多流量与关注的还是头部互联网商业平台，虽然它们在音频服务中也推出了新闻资讯板块，但是由于缺乏新闻采编权与专业的新闻把关能力，在选择新闻素材、设置算法推荐标准时，往往以流量为最重要的考核标准，不免会走向泛娱乐化，将大量深度、优质、有内涵的声音资源埋没在流量大潮中。在内容制作方面，新闻播客的传播特性特别适合于深度报道与故事化新闻，而没有专业的新闻采编团队，缺乏深度调查与写作能力，这点便很难做到。同时，UGC 自主生产内容在提高了用户活跃度的同时，也降低了内容制作门槛，导致平台音频内容质量更加难以保证。在算法推荐时代，新闻价值的评判坐标发生了一定的游移。在制作内容时如果仅追求热点，批量生产大量同质化内容，或过于追求内容的强情节刺激性，而忽视新闻的社会价值，便有成为新媒体时代黄色新闻的风险。

就主流媒体而言，专业原创的优质内容是最大的竞争优势。除了更具前瞻性和资源优势的国家级和省级媒体率先进行布局，地市级很多媒体在融合

---

① 杨章文.网络泛娱乐化：青年主流意识形态的"遮蔽"及其"解蔽"[J].探索，2020(5)：181－192.

转型的过程中，优先重视视频化的发展，将更多精力与资源用于打造短视频栏目，并没有真正重视音频赛道。很多内容也只是原本广播内容或文字内容的翻版，并没有根据音频的特质进行改造与传播，未加工或者粗加工的内容不仅无法保证内容持续规律更新，并且缺乏自制精品节目，同时缺乏专门攻克音频产品的人才队伍，打造品牌更是困难。

（二）平台竞争激烈，主流媒体渠道失灵

在线音频产业的前景逐渐凸显，资本纷纷入场。如今在线音频市场的竞争十分激烈，一批综合性的（如喜马拉雅 FM、蜻蜓 FM 和荔枝 FM）与垂直性的（音乐类如网易云音乐、QQ 音乐，有声书类如懒人听书等）产品迅速崛起。除此之外，竞争主体从音频类专业平台到新玩家，例如互联网大厂、各类制造企业（车企、智能手机、智能家居等），都加入了"耳朵经济"的市场，加剧了音频市场的竞争。

传统媒体的渠道失灵是阻碍传统媒体数字化转型的关键，如今，传统媒体的渠道失灵困境仍旧存在[①]，在音频新闻领域表现得更为明显。传统广播在移动互联网的冲击下，市场逐渐萎缩。中国广视索福瑞媒介研究（CSM）历年城市组数据显示，2022 年广播听众人均收听广播时间为 52 分钟，相比十年前的人均 81 分钟，已经下降了 35.8%。因此，智能音频在广播的智能化转型中尤为重要。音频互联网公司对在线音频的布局要早于主流媒体的入场。此时，以喜马拉雅为代表的在线音频格局与以小宇宙为代表的播客市场竞争格局已初步形成，流量已被初步瓜分和抢夺完毕。早期，主流媒体只能采取入驻的方式，借助平台的流量优势传播自身内容。如此，一切运作都需要遵循社交媒体的流量逻辑，纳入这些资本平台的运转体系，主流媒体在音频领域也沦为"内容供应商"或"内容奶牛"。根据 CSM 发布的 CSM12 城市跨媒体基础研究，在手机 App 音频用户收听广播/音频内容选择上，无论是听广播，还是听非广播内容，喜马拉雅 FM、蜻蜓 FM、网易云音乐、微信、荔枝 FM、小米电台等商业化应用平台都排在前列，其中，喜马拉雅 FM 已有垄断之势，在听广播与听非广播内容中分别占比 29.3%和 63.2%，均排名第一。而在前十位中，主流媒体自

① 喻国明，弋利佳，梁霄.破解"渠道失灵"的传媒困局："关系法则"详解——兼论传统媒体转型的路径与关键[J].现代传播（中国传媒大学学报），2015，37(11)：1－4.

办的音频 App 仅有央视频和学习强国入列，且排在末端。可见其使用率和影响力仍旧不足，和商业化互联网音频平台还存在一定差距。

（三）版权问题突出，行业监管亟待加强

我国正在加速建设知识产权强国，国务院印发的《知识产权强国建设纲要（2021—2035 年）》要求全面提升知识产权创造、运用、保护、管理和服务水平，统筹推进知识产权强国建设。网络音频内容制作与传播中的版权与知识产权侵犯问题比较突出，在强调开放、共享的互联网与大数据时代，又出现了数据所有权的问题。数字化传播使得著作权保护问题更加复杂化，侵权行为的法律边界划分更加困难。2020 年，用户在视频弹幕网站哔哩哔哩上传了电影《我不是药神》的纯音频内容，优酷信息技术（北京）有限公司以侵犯信息网络传播权为由将网站的运营方上海宽娱数码科技有限公司诉至法院。2020 年，爱奇艺公司诉天翼阅读公司将爱奇艺享有著作权的综艺节目《奇葩说（第三季）》以音频形式提供给其平台用户，供用户在线收听及下载，侵犯了其作品信息网络传播权。声音作品的版权保护问题一直是富有争议的，音频版权该如何界定，尤其在 AI 入局音频内容生产之后，AIGC 生成的音频内容著作权、使用权归谁所有，谁来负责等问题更加复杂。

侵犯版权，既会严重损害涉事品牌的公信力和品牌形象，给原创作者带来严重经济损失，更会打击原创积极性，抑制整个音频内容创作生态的生机与活力。要想促进自身音频产品持续发展，内容是核心驱动力，汇聚优质内容资源，海量版权是必不可少的。主流媒体相比商业媒体在版权方面更具优势，尤其是在新闻领域，商业媒体缺乏专门新闻生产团队，在采编发方面也受到各种限制，只能采取购买版权的方式，加大资金投入，久而久之便会面临营利困境。而主流媒体可充分利用内容优势，打通各大发布渠道，做到一次采集，多种形态，多次发布，既盘活现有版权内容，也避免了版权上的法律风险。2022 年，中央广播电视总台总经理室正式向央广传媒集团有限公司颁发《媒体权利许可证明》，明确总台拥有、管理的电台频率及其所含总台享有著作权或获得相关授权的音频节目，由央广传媒集团管理和运营的“云听”平台独家经营[①]。“云

① 中广互联.【TV 资本论】广电总局副局长履新，新任局长调研中国广电[EB/OL].(2022-06-18)[2024-01-25]. https://www.sarft.net/a/211262.aspx.

听”便可调动总台的内容资源，对其进行生产与再生产，保障总台内容版权安全。

二、音频新闻的发展策略

面对种种现实困境和挑战，音频新闻业需要多措并举，从内容、服务、技术、理念等方面下大力气，以提升音频新闻的传播效果，促进音频新闻的蓬勃发展。

（一）坚持内容升级，提高服务质量

无论技术如何迭代，形态如何变更，内容始终是新闻生产的根本支撑，音频新闻也是如此。在竞争激烈的在线音频市场中，要想增强核心竞争力从而脱颖而出，音频新闻内容生产必然要走向专业化、精品化、品牌化。目前的音频节目类型集中在新闻、交通、音乐等方面，新闻类仍占据主要地位。新闻类内容内部又有众多细分领域，如消息、评论、深度调查等。对于商业化平台而言，原创新闻内容与衍生新闻内容都较少，平台的内容审核和编辑把关机制上存在不足。对于主流媒体而言，虽然内容的专业性可以得到保证，但在流量与影响力上有所欠缺，因此二者可以走差异化发展的道路，避免同质化内容，也可以采取双向融合的策略，最终目的都是为受众提供优质内容。

目前，一些音频新闻节目已经打出了品牌，获得不俗成绩。如央视新闻的《早啊！新闻来了》，人民日报的《来了！新闻早班车》，用提供新闻早餐的方式，精选每日新闻，几乎每篇浏览量都突破十万次，实际上已经与用户的生活习惯相匹配，嵌入了用户的日常生活。在后真相时代，除了要保证内容的真实性、权威性，还要提升内容的趣味性、文化性与社会价值，承担传达主流价值文化的责任。主流媒体要深耕内容，如江西广播电视台的广播作品《找到家乡第一个党支部》在项目启动一年间行程数万里，采访了一千多名党史专家和烈士后代，每一篇报道播发前都交予地方党史专家、党史部门认真审定，确保准确无误，才打造了这样一件优秀的作品。又如科技日报社的音频作品《放大音量！听百年最硬核声音》，在关键历史节点上，汇集了中国百年科技发展史上具有历史意义的声音，从火箭发射到航母下海，从原子弹、氢弹爆炸到著名科学家原声，这些震撼人心的珍贵音频资料，经过巧妙的音频使用与剪辑，获得了较强的社会影响力，增强了中国人的民族自豪感，并获得了第 32 届中国新

闻奖。

习近平总书记在党的新闻舆论工作座谈会上曾强调，媒体竞争关键是人才竞争，媒体优势核心是人才优势。音频平台要注重音频新闻人才队伍的培养与打造，多多吸引优秀人才，输出更多的优质、特色、精品内容。加强内容方面的供给侧结构性改革，建立内容准入制度，对内容进行优化管理，监管与扶持并重，助力优质内容的创作和传播，打造优质 IP 与品牌，构建更加健康丰富的内容生态圈。

（二）加强受众思维，建设多元场景

音频新闻需要坚持以受众为中心的思维，真正满足受众的需求。魔弹论时期，受众被当作毫无辨别力与抵抗力的靶子。从使用与满足理论的提出开始，将受众看作有特定需求的个人，把他们的媒介接触行为看作基于特定需求的动机来使用媒介。如今，受众的主动性开始受到重视，受众的角色已经蜕变为用户。媒体需要提供的不仅是权威信息，更是优质服务，要始终围绕用户的需求和兴趣来提供新闻服务。

在广播电视时代，收视率和收听率是受众喜好的最直接体现，如今可以利用大数据技术，通过更大规模的数据分析精准描摹出用户画像。对权威的新闻信息的需求是公众共通的，而伴随着人们的个性化需求增多，兴趣市场越来越小众化、长尾化。音频新闻的使用场景无限延伸，深度嵌入用户的日常生活，而不同的场景中用户的需求也有所不同，这便对音频新闻的垂直类内容服务与个性化场景匹配提出了更多要求。

随着人们的社群化生存特征凸显，根据兴趣与喜好逐渐“人以群分”，形成一个个趣缘群体。互动是音频新闻的特征，也是社群运转的核心。音频新闻制作可采取 AIGC＋UGC＋PGC 的方式，将用户的评论、创意、建议与自主生产内容纳入其中。例如在音频新闻直播中开放弹幕，即时互动，一方面能够在内容中加入普通人的视角，产出更多贴近生活、贴近实际、贴近群众的作品；另一方面还能够提高用户的参与感和活跃度，巩固传者与受者的关系。社交将成为未来音频新闻发展的关键抓手。打造专属社群是如今各大企业品牌增强用户黏性，提高品牌忠诚度的常用手段。音频媒体也可以考虑运营自主的新闻社区，以新闻为核心内容，多元内容作为延展，吸引用户参与，通过对新闻话题的讨论与价值观的深度交流，从弱关系走向强关系，培育新闻社区活力，运营私域流量。

另外，对场景的匹配也是对场景的“入侵”。对用户数据的收集，在更好地提高服务的精准度的同时，也增加了隐私侵犯的风险。2022年3月1日正式施行的《互联网信息服务算法推荐管理规定》中指出，要切实保护用户的合法权益，“算法推荐服务提供者应当以显著方式告知用户其提供算法推荐服务的情况”，“用户选择关闭算法推荐服务的，算法推荐服务提供者应当立即停止提供相关服务”，并且特别强调了对未成年人和老年人群体的算法保护。目前的智能音频平台也普遍采用了算法推荐服务，其也应当依法保障用户权益。如在使用个性化推荐时必须向用户说明，不能侵犯用户自由选择的权利。优化算法筛选、排序和推荐的机制，给予优质、正能量内容更多流量，让用户尽可能少接触到劣质、黄色与暴力新闻等有悖社会伦理道德，反主流价值导向的内容，防止对用户尤其是未成年用户的错误引导，优化智能音频平台中的生态环境。

（三）创新融合发展，增强造血能力

人工智能、算法、5G、大数据、云计算、元宇宙等新技术的变革推动了音频的智能化与智慧化。在未来，还需积极抓住技术变革的机遇，用新技术赋能音频内容生产。在新闻的采集、采访、写作、编辑、分发以及反馈的全过程，都可以将AI智能技术运用其中，推动音频新闻生产的流程再造。在音频领域，AIGC（AI-Generated Content）、TTS（Text To Speech）、ASR（Automatic Speech Recognition）、VC（Voice Conversion）等声音技术在自动语音识别，语音文本转化等方面应当特别受到重视，以提升音频新闻的制作与传播质量。各大商业化应用平台正在技术研发方面加大投入力度，主流媒体也应重视起来，掌握自主技术才能够掌握一定的话语权，提高自身竞争力。

对于媒体的转型发展来说，视觉与听觉并非竞争关系，而是一体两翼。音频新闻要实现跨媒介传播，可以选择与视频内容相结合。如今，音频的市场份额还难以与视频尤其是短视频相抗衡。根据第53次《中国互联网络发展状况统计报告》，截至2023年12月，我国网络视频用户规模达10.67亿人，占网民整体的97.7%。可见，视频已成全民化应用，视觉化社会仍占据主导地位。要创新节目的内容形态，既要在音频内容上做到精深，也要与视频类内容融合发展。在中央广播电视总台中国之声的官方网站中，既有“耳闻”，也有“眼见”频道，提供热点事件的短视频与现场直播，满足用户视觉与听觉的双重需求，使用户既能耳听六路，也能眼观八方（图 6－2）。在“耳闻”栏目中，也有众多细分垂直内容，如“最快播报”“书局”“午夜留声机”“嗨！七点出发”“文史馆”“减压馆”等，从狭义的新闻延展到新闻、音乐、历史、戏曲、生活、情感等内容模块，可见其样态的丰富性。主流媒体也可以与商业化应用平台合作，实现互惠共赢。例如《半月谈》与喜马拉雅合作，推出半月谈智能音箱，依托新华社与喜马拉雅的优质内容资源，不仅提供时政新闻，还为公务员考试、考研等提供音频资料服务，同时还可以与基层相连接，为群众答疑解惑，促进基层治理的智慧化。“音频＋”的模式可以与各种形态相结合，实现跨界破圈。

图 6－2　中央广播电视总台央广中国之声《有声海报》栏目

2020 年《关于加快推进媒体深度融合发展的意见》中指出，要发挥市场机制作用，增强主流媒体的市场竞争意识和能力，探索建立“新闻＋政务服务商务”的运营模式，创新媒体投融资政策，增强自我造血机能。目前的网络音频行业已经形成了较为完善的产业链，主流营利方式是广告收入、内容付费、用户打赏、版权售卖等形式。虽然各大头部企业纷纷入局，看好音频的市场前景，而目前音频行业的营利仍存在困难。据报道，喜马拉雅自 2019 年到 2021 年，三年累计净亏损超 20 亿元，直到 2022 年第四季度首次实现单季度千万级的盈利，同时这也是喜马拉雅创业十年来首次实现盈利[①]。音频新闻要想实现稳定的商业变现，就要优化营利结构，探索多种营利方式；将耳朵经济与粉丝

---

① 三易在线.喜马拉雅首度实现盈利，但仍有漫漫长路要走[EB/OL].（2023－01－17）[2024－01－25]. https://baijiahao.baidu.com/s? id=1755271670435652195&wfr=spider&for=pc.

经济、IP经济等经济模式相结合，综合采用口碑营销、跨界营销等整合营销方式，推动与视频直播、智能终端、科技企业、广告公司等各方面的深度合作。同时要立足优质用户群体，持续输出优质内容，鼓励知识付费，实现内容建设体系与商业化运作体系并行。

“声生不息”，目前音频市场发展势头正猛，但仍不成熟。在未来，随着智能音频技术的升级、用户需求的扩大、新闻媒体的加速转型和产业链的完善，音频新闻将迎来比较好的发展机遇，要促进其常态化、创新化、规范化、体系化发展，挖掘音频新闻更大的发展潜力，增强主流话语在音频领域的传播力、引导力、影响力、公信力。

思考与练习

1. 什么是音频新闻？音频新闻有哪些传播特征？
2. 请结合实例谈谈怎样做好一个好的音频新闻作品。
3. 音频新闻的发展现状如何？还存在哪些问题？
4. 请为音频新闻的未来发展提出建议。

第七章

视 频 新 闻

第一节　视频新闻概述

一、视频新闻的概念

(一) 视频新闻的定义

随着数字视觉时代的到来,媒介融合的潮流席卷了新闻传播领域,影像、声音和文字三维交互一体,动态呈现新闻现场画面的视频新闻逐渐兴起。

学者周艳提出,网络视频指的是"在网络上以 wmv、rm、rmvb、flv 以及 mov 等视频文件格式传播的动态影像,包括各类影视节目、新闻、广告、Flash 动画、自拍 DV、聊天视频、游戏视频、监控视频等"①。

由此可见,视频新闻是网络视频中的一种,是将新闻的信息,通过影像和声音相结合的多媒体呈现方式,以视频的形式通过网络进行传播、扩散的新闻。

(二) 视频新闻的分类

视频新闻作为新闻和网络视频交叉融合的领域,其分类既和网络视频存在共性,又有自己的特征。

着眼于产业链分工和接收终端这两个大类,网络视频可细分为"视频内容与应用""内容分发渠道""PC""互联网电视机"和"手机电视",这为视频新闻的分类提供了借鉴(图 7-1)。

---

① 周艳.新媒体理论与实务[M].北京：中国传媒大学出版社,2014：207.

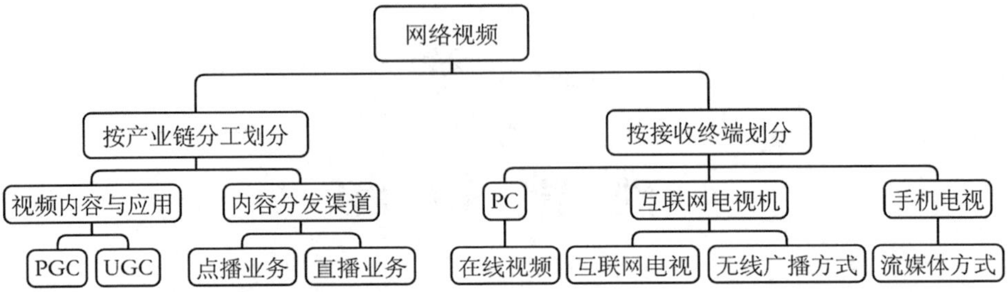

图 7-1 网络视频分类示意图①

王长潇等则从内容制作和传播平台两个维度进行分类。按照内容制作主体将视频新闻分为 PGC 和 UGC 两类。按照主要传播平台分类，可以分为专业视频传播平台和社交化媒体两种。专业视频传播平台又可以细分为：一是承载"UGC"视频内容的传统与新兴的视频分享平台，前者以 YouTube、优酷等为代表，后者则以快手、抖音等短视频平台和斗鱼、花椒等直播平台为代表；二是基于 P2P 技术的在线视频网站，如爱奇艺、腾讯视频等，可以提供在线点播/直播观看服务；三是以门户网站为依托的视频传播平台，如搜狐视频、凤凰视频等；四是国有控股电视台视频网站，如 CNTV、芒果 TV 等②。

因此，综合网络视频的分类，视频新闻可以按照"新闻长度""传播主体""叙事视角""制作方式"四种标准进行分类。

1. 按照新闻长度分类

从新闻长度的维度，视频新闻可以分为短视频新闻、中视频新闻和长视频新闻。

对于短视频新闻，公认的、比较权威的定义是"短视频新闻通常是指长度以秒计算，总时长一般不超过 5 分钟，利用智能终端进行美化、编辑，并可在多种社交平台上实时分享的一种新型视频新闻产品"③。它往往能够将文字、语音和图像进行有机的融合，可以更加立体地满足用户的获取、理解新闻的需求，体现互联网生态平等、共享的理念。

① 周艳.新媒体理论与实务[M].北京：中国传媒大学出版社，2014：210.
② 王长潇，刘瑞一，梁天屹.多维视野中的网络视频传播[M].北京：中国传媒大学出版社，2021：6-7.
③ 常江，徐帅.短视频新闻：从事实导向到体验导向[J].青年记者，2017(21)：20-22.

近些年来，原本时长在几分钟内的短视频转向中长化发展，1～30分钟的中视频聚集了短视频碎片化和长视频高信息密度的双重特点，为网络视频的融合发展带来增量。时长的拉伸，给短视频的内容生产质量提出了更高的要求，曾经一些通过哗众取宠来吸引眼球的蹭热点、标题党的低质量内容难以为继，富于原创专业性的中长视频持续供给精品内容，受到用户和市场的关注，如优酷自媒体视频平台“优酷号”积极开展原创征集计划，扶持Vlog创作发布，上线不久平台作品总浏览量就高达百亿次。西瓜视频联合抖音、今日头条发布的《中视频2021发展趋势报告》显示，在西瓜视频、抖音以及今日头条，2021年中视频月活创作者数量增长80%，中视频内容数量同比增长了98%①。

长视频则指的是时长在30分钟以上的——例如长Vlog和慢直播，能够在较长的时间跨度内展现新闻事实的发生转变过程。新冠疫情期间，“央视频”运用5G技术全程慢直播武汉火神山医院的建设过程，同时提供评论专区让网友可以实时聊天。连续600小时超长直播，全国公众可以实时在线观看、讨论医院建设全过程，实现“缺席的在场”，营造了虚拟的身体共在情境氛围，具有很强的沉浸性和互动性。

2. 按照传播主体分类

从传播主体的维度，视频新闻可以分为专业媒体生产的PGC视频新闻和普通大众用户自行制作并上传的UGC视频新闻。以流量为唯一标准的短视频，特别是缺少核心现场和叙事感、贴画面式的“伪视频”会被逐步淘汰。随着公众可接受时长的增长，短视频一定会进阶到有一定影像叙事标准的阶段；大众化与专业化相结合的生产模式会越来越普及，短视频生产和消费的全民化，实际上对专业的内容生产者提出了更高要求②。

近些年来，基于计算机、大数据和人工智能的AIGC视频新闻也强势崛起。这就意味着视频新闻生产的主体不再仅局限于人类，机器也开始涉足新闻生产流程中最为核心的原创写作部分。

---

①　抖音，不止短视频：2021中视频发展趋势报告发布[EB/OL].（2022-01-12）[2024-01-25].https://lmtw.com/mzw/content/detail/id/209765.

②　鲍志恒.伪视频大行其道，新闻短视频何去何从？[EB/OL].（2021-06-11）[2024-01-25].https://mp.weixin.qq.com/s/Z1R9PwdoHKBF0IlqSbqcug.

3. 按照叙事视角分类

从叙事视角来看，视频新闻通常分为第三视角、第二视角和第一视角。第三视角是最常见的，能够体现出新闻媒体的客观性、中立性。第二视角和第一视角则多用于 Vlog 等视频新闻的形式。Vlog（即“Video blog”，视频博客）作为移动短视频新形式，以其场景化、人格化、个性化以及第一人称叙述视角等传播特点深受青年用户的喜爱。

中新社视频部记者郎佳慧曾创作过多条播放量超千万、百万的 Vlog 视频。她坦陈：“尽可能用轻松活泼的语言、平易近人的方式讲述，有利于增强报道的亲和力，让受众更愿意倾听你的观点。”[①]在拍摄方式上，选择边走边拍，用生活化、对话式的语言，摆脱不苟言笑的严肃记者形象。习近平总书记在致中国新闻社建社 70 周年的贺信中曾表示，希望中新社“提高国际传播能力，增强报道亲和力和实效性”；中国社会科学院新闻与传播研究所所长胡正荣也对中新社“官话民说、中话西说、长话短说、空话不说”的中新风格给予了高度评价[②]。

因此，专业媒体在视频新闻制作时，应打破刻板语态，尊重传播规律，革新话语方式，更多运用第二视角和第一视角，拉近和民众的距离，培养用户的黏性。

4. 按照制作方式分类

从制作视频的手法上来看，视频新闻可以分为直播和录播。录播就是提前拍好新闻素材，后期对其进行字幕的添加、转场的设置等，校对、审核完毕后再上传到电视、短视频或者社交平台上。

网络直播是以移动互联网技术为支撑，以智能手机为代表的移动终端为依托，基于直播类平台，传播实时动态的视听内容，实现传受双方之间实时、同步、互动的一种新型传播形态[③]。在直播中，现场画面被直接、实时地呈现出来，没有任何剪辑和加工，观众和现场的工作人员一样，都不知道未来发展的走向如何，但是这种未知性恰恰意味着真实性，因此受到广泛欢迎。截至 2022

---

① 郎佳慧.央媒实战贴：大型会议 Vlog 新闻怎么拍？[EB/OL].（2023-03-05）[2024-01-25]. https://mp.weixin.qq.com/s/2EpUdPcSfRi_msH_-cFXYw.

② 中国新闻网.总书记贺信鼓舞人心 新闻传播学界期待七秩中新再出发[EB/OL].（2022-09-28）[2024-01-25]. https://baijiahao.baidu.com/s?id=1745177602805599867&wfr=spider&for=pc.

③ 黄楚新.新媒体：移动传播发展现状与趋势[M].北京：人民日报出版社，2022：63-64.

年，网络直播用户规模已经达到7.51亿，成为网络视听第二大应用[1]。

2021年3月，为了对一户寻亲家庭进行采访和报道，嘉兴日报报业传媒集团视觉中心副总监田建明与掌镜记者赵颖硕对其进行了单机位的“一镜到底”式新闻直播。田建明指出，新闻直播除了纪实性、临场感和互动化，还具有“不可预知性”，往往能引起观众的好奇和期待，体现出新闻直播的魅力所在[2]。

由此可见，直播这种形式可以对主流媒体建设“四全媒体”提供有效助力。一方面，新闻直播可以在实践维度上实现“实时”“全时”传播，突破传统媒体在传播时效上的延迟，超越虚拟空间的现实边界，忠诚展现事实。另一方面，在全息媒体层面，Vlog、慢直播等形式，AR、VR等虚拟技术都能立体化、完整地呈现新闻，从而使真相得以更快更广地传播。全员媒体则要求主流媒体更多通过弹幕、留言功能实现用户之间的实时互动，扩大新闻信源、丰富报道视角。最后，新闻直播可以及时接收用户的多功能需求，通过合理利用媒体资源来达到最佳传播效果，对建设全效媒体有极大裨益。

同时，视频新闻还可以按照新闻内容的领域分为政治类视频新闻、经济类视频新闻、民生类视频新闻等多种视频新闻类型。

二、视频新闻的发展阶段

(一) 视频新闻的兴起背景

长久以来，文字都是人们互相交流、传播新闻、理解世界的工具，如今图像也成为一个重要方式。新的视觉技术和视觉形式不断涌现。相比于读图时代二维、平面、静态的图片式新闻，视频新闻能够立体还原、展示新闻事实，对传统新闻传播模式和思维进行解构和重建。

尼古拉斯·米尔佐夫(Nicholas Mirzoeff)说：“视觉文化并不取决于图像本身，而取决于对图像或是视觉存在的现代偏好。这种视觉化使现代世界与古代或中世纪世界截然区别开来。视觉化在整个现代时期已经是司空见惯，而在今天它几乎是必不可少的。”[3]因此，视觉文化的潮流下，新闻表现形式也

① 传媒时评.《2023中国网络视听发展研究报告》完整版来了[EB/OL].(2023-03-30)[2024-01-25]. https://www.tvoao.com/a/214357.aspx.
② 田建明.新闻直播：新闻摄影最新的表达形式？[J].传媒评论，2022(2)：59-61.
③ 尼古拉斯·米尔佐夫.视觉文化导论[M].倪伟，译.南京：江苏人民出版社，2006：6.

不断进行着创新和转变，网络化、视频化是大势所趋。

报纸新闻的叙事功能，是通过文字辅之以照片来实现的。广播新闻的叙事功能，是通过音频采集制作传输实现的。电视新闻的叙事功能，虽然也是通过视听画面来实现的，但它缺少“流媒体”护身绝技，其生产制作全都基于“干线传输”这种落后的传统媒体惯性之上，既无法保证受众“即点即看”，也无法实现记者即拍即传。它拉长了新闻报道时效，扼杀了新闻的全民生产，制约了新闻受传群体享用的便捷性[①]。

进入 Web2.0 时代后，网络基础设施的完善、新媒体技术的发展、流媒体和 P2P 技术等新媒体技术的跃进、视频制作难度的降低，都成为视频新闻兴起的重要助力。“有人把网络音视频（Webcasting）的快速发展称作‘新视频时代的来临’，以区别传统电视一统天下的视频时代。”[②]2006 年，博客及视频分享网站的发展被视为“新视频时代”的重要标志。新视频时代之后，王春枝又提出“后视频时代”的概念，是指基于视频用户进行深度媒介参与的视频时代，在后视频时代，以视频用户为核心力量，视频用户的主观能动性得以最大限度地释放，视频用户积极参与内容制作[③]。

（二）视频新闻的市场格局

网络视频网站在我国的发展历程最早可以追溯到 21 世纪初。2004—2009 年，乐视网、土豆网、优酷网等视频分享网站相继涌现，受众有了独立上传视频、传播信息的平台。2009 年年底，中国网络电视台（CNTV）正式上线，释放出了传统主流媒体进军网络视频的信号[④]。2010 年，视频新闻进入快车道。2017 年，直播成为民众喜闻乐见的视频形式；短视频平台作为新兴业态，成为视频新闻市场中最主要的力量。截至 2023 年 12 月，我国网络视频用户规模为 10.67 亿人，较 2022 年 12 月增长 3 613 万人，占网民总体的 97.7%[⑤]。

短视频的表现非常亮眼，2022 年，短视频就已经在网络视听行业市场中占比超过四成，特别是在获取新闻资讯的媒体类别中，短视频平台占据 45.9%，

① 丁邦杰.新闻短视频采编传教程[M].南京：江苏人民出版社，2022：49.

② 孙宝传.“新视频时代”向我们走来？——CES 的观察和思考[J].中国传媒科技，2007(2)：20－21.

③ 王春枝.后视频时代：移动视频媒体与区域文化发展[M].北京：光明日报出版社，2019：23.

④ 王长潇，刘瑞一，梁天屹.多维视野中的网络视频传播[M].北京：中国传媒大学出版社，2021：7－8.

⑤ 中国互联网络信息中心.第 53 次中国互联网络发展状况统计报告[EB/OL].（2024－03－22）[2024－04－28]. https://cnnic.net.cn/NMediaFile/2024/0325/MAIN1711355296414FIQ9XKZV63.pdf.

是网民获取新闻资讯的首要渠道，尤其是遇到自然灾害/战争等重大突发事件时，人们往往都寻求通过短视频平台获取世界的最新变动。①

短视频行业的第一梯队，包括抖音和快手，市场占比 59.5%。根据 QuestMobile 的监测数据，2022 年快手极速版 App、抖音 App 的月均使用时长均超过 41 小时。第二梯队占比 31.1%，涵盖快手极速版、抖音极速版、西瓜视频。第三梯队占比 8.1%，由抖音火山版、好看视频、微视、优哩视频、爱奇艺随刻组成②。

2015 年 12 月 25 日，习近平总书记在视察解放军报社时强调，读者在哪里，受众在哪里，宣传报道的触角就要伸向哪里，宣传思想工作的着力点和落脚点就要放在哪里③。在习近平总书记的思想引领下，主流媒体积极进行媒介融合，创新视频新闻的形式，以短视频领域为主要抓手，聚焦人民群众的需求，发挥好党的喉舌的作用。

截至 2022 年 12 月，主流媒体在抖音、快手平台已经拥有 668 个百万级及以上粉丝量的账号，较年初增长 6.9%，主流媒体在抖音共产生了 2 915 条点赞超过百万的作品，其中 22 条点赞量达千万级别，在快手产生了 3 671 条播放量超千万的作品：10 条作品播放量过亿④。澎湃新闻国际视频部“World 湃”聚焦国际时政热点，粉丝量已经接近 80 万；央视《主播说联播》节目针对社会热点做出解读，广受网友喜爱。

（三）视频新闻的发展趋势

对于 Z 世代来说，短视频平台逐渐取代其他传统的搜索引擎，成为新的新闻信息的集散地。在国外，越来越多的媒体表示 2023 年将减少对 Facebook 和 Twitter 的关注，转而将更多精力投入 TikTok 等年轻人聚集的平台⑤。在国内，短视频用户规模达 10.12 亿，近四分之一的新网民因短视频“触网”，短视

① 传媒时评.《2023 中国网络视听发展研究报告》完整版来了[EB/OL].（2023－03－30）[2024－01－25]. https://www.sarft.net/a/214357.aspx.

② 传媒时评.《2023 中国网络视听发展研究报告》完整版来了[EB/OL].（2023－03－30）[2024－01－25]. https://www.sarft.net/a/214357.aspx.

③ 习近平视察解放军报社并发表重要讲话[EB/OL].（2015－12－26）[2024－01－25]. http://www.xinhuanet.com/zgjx/2015-12/26/c_135932625.htm.

④ 传媒时评.《2023 中国网络视听发展研究报告》完整版来了[EB/OL].（2023－03－30）[2024－01－25]. https://www.sarft.net/a/214357.aspx.

⑤ Reuters Institute for the Study of Journalism. Journalism, media, and technology trends and predictions 2023[EB/OL].（2023－01－06）[2024－01－25]. https://reutersinstitute.politics.ox.ac.uk/journalism-media-and-technology-trends-and-predictions-2023.

频已成为用户“触网”的首要应用。除娱乐休闲外，看新闻、学知识成为用户重要需求。短视频平台已经成为网民获取新闻资讯的首要渠道，成为舆论宣传主阵地①。

视频新闻内容上，垂直类别将体现出更精细、更多元，体量更具规模的发展趋势。根据美国《连线》(*wired*)杂志前任主编克里斯·安德森(Chris Andersen)提出的长尾理论，如果把人们的需求描绘成正态分布曲线，那么凸起的部分就被认为是“流行”的“头部”，而相对平缓、形成长长尾巴就被认为是非热门、比较小众的市场。过去由于成本和效率的因素，生产者往往聚焦于头部市场，但是安德森认为，“尾部”叠加起来，甚至能够超过“头部”利润。网络时代就是关注“长尾”、发挥“长尾”效益的时代。

视频新闻亦是如此，随着用户规模不断扩大，不同内容需求愈发旺盛，催生了不同类型的视频内容，涵盖手工、汽车、体育、科普、财经、人文科学等多种内容。并且随着用户知识需求不断增长，内容深度也在增加，视频内容呈横向和纵向延伸。

CNNIC《中国互联网络发展状况统计报告》显示，截至 2023 年 12 月，我国网民规模达 10.92 亿人，较 2022 年 12 月增长 2 480 万人，互联网普及率达 77.5%。因此在未来的发展阶段，传统媒体要抓住新媒体发展的契机，重构视频新闻的业务链，通过旧有渠道的重组、新渠道的拓展，打通不同平台之间的壁垒，由单一媒体运作转变为立体化的全媒体运作，实现互联网思维引领下的全面转型。

三、视频新闻的特征

(一) 新闻信源采集便利，丰富新闻图景

传播技术的更新演进，为受众制作、生产、传播内容创造了更多可能性。协作化的信息生产、瞬时化的信息发布与传播、无界化的信息分享，使得互联网这种生产动力机制凝聚了极高的生产力②。技术的发展使得人机交互界面

---

① 人民邮电报.用户规模达 10.4 亿！网络视听超越即时通信，成为我国第一大互联网应用[EB/OL].(2023-03-30)[2024-01-25].https://www.cnii.com.cn/gxxww/rmydb/202303/t20230330_458506.html.

② 陈丽芳.新媒体时代新闻传播研究[M].沈阳：辽宁人民出版社，2020：38.

和手段更加友好，剪辑、配音、美颜、滤镜、特效、贴纸，都简化为黑箱外的一个个按钮，难度大大降低。抖音甚至还推出了通过视频中的人声自动生成字幕的功能，节省了用户打字的时间。视频制作门槛的降低，使得每个用户都可以成为产销者，释放了巨大的生产力，形成了社会化大生产的格局。

双向交流互动的视频平台建立后，传统媒体"点对点"的传播方式转变为新媒体的"点对面"的传播，受众不再是处在信息传播链条最末环节的主体，从被动接受信息变为积极参与信息传播活动，拥有了主动言说的能力。草根性、个人化的新闻生产力量的加入与精英化的生产主体协作生产，有利于多元声音和观点的表达，例如抖音的话题标签，就借助于众议成林来聚拢社会关注，放大新闻事件的影响力。平等、多元、共享是这个时代新闻信息传播的主题。

博客、微博、社交应用引领了 Web2.0 时代的变革，Web3.0 时代进一步实现了"智能化的人与人和人与机器的交流"，在提供新闻线索、减少新闻盲点、填补素材空缺和扩展内容深度与广度方面发挥着重要的作用。

（二）新闻多媒体性凸显，提升在场体验感

在数字化环境中，新闻产品往往能实现文字、图像、声音、视频、动画的同步传输和展现，调动听觉和视觉等多重感官，有效提升新闻对于民众的吸引力，尤其直播的形式使得观众"在场"的体验感更加突出，在这个场域中，用户和主播之间可以实时互动，用户和用户之间也可以实现即时的交流，一种新的新闻生产方式应运而生。为广大用户提供了第一人称视角，将用户带入新闻现场，感受新闻发生、报道、反馈的全过程。

在《晚期资本主义的文化逻辑》（*The Cultural Logic of the Late Capitalism*）一书中，詹明信（Fredric R. Jameson）借由柏拉图的"摹拟体"概念指出，以摹拟体为"生命"的文化便介入我们的社会，因为这里广泛地流通着统摄一切的"交易"价值，把人类社会对传统"实用"价值的回忆彻底扫除。因此，"形象已经成为商品物化之终极形式"[①]。如今，视频新闻、直播新闻的崛起将使得世界逐渐转化为其自身的一种映像，人们也处于一种自我沉醉的映像世界中。

---

① 詹明信.晚期资本主义的文化逻辑[M].陈清侨，译.北京：生活·读书·新知三联书店，1997：455.

我国视频新闻的可视化、动态化呈现也离不开5G网络的基础设施建设。截至2023年3月末,我国5G网络连接用户规模持续扩大,移动电话基站总数达1 114万个,其中5G基站总数达264.6万个,占移动基站总数的23.7%。全国移动电话用户总数达17.05亿户,其中5G移动电话用户达6.2亿户,占移动电话用户的36.4%[①]。5G网络具备着高速率、低延时、广连接等重要特性,5G网络的建设情况,决定着视听媒体技术应用创新的基本环境和发展空间,因此,5G对新一代信息基础建设具有很重要的意义[②]。5G网络连接用户规模持续扩大,将有助于减少视频播放中的卡顿、闪退的现象,推动视听新媒体向超高清、智能化等方向发展,进一步为视频新闻的发展保驾护航。

(三) 新闻语态变革,符合现代阅读习惯

人民性是马克思主义新闻观的核心理念之一,强调在新闻舆论工作中要坚持"以人民为中心",人民性体现了社会主义舆论工作的根本立场。

大众传播一对多的"撒播"模式下,其语态往往是自上而下、高高在上的。陈家喜、焦嘉欣在研究主流媒体宣传方式时认为,思想理论本身的深刻内涵和高度提炼往往会让群众无法快速理解,久而久之容易产生一定的抗拒心理,而且传统枯燥的表达方式也不利于群众接收党的政策信息[③]。如今自媒体异军突起,挑战着传统媒体在新情况下吸引注意力资源的能力。主流媒体应该坚持"三贴近"的原则,抱着亲切平和的态度,多用群众听得懂、听得进的语言,抓住视频新闻这个契机,更加生动、亲切、自然地展示新闻信息。

在这方面,"康辉Vlog"值得借鉴。到2023年6月为止,"康辉Vlog"已经推出了上下两季,并融入"大国外交最前线"栏目。"康辉Vlog"不仅展现了国家外交活动的台前幕后,还真实还原了康辉的一些非常生活化的细节,比如使用了20年之久的行李箱,在新闻报道中发挥关键作用的补光灯,都使得宏大

① 中国信通院CAICT.移动网络质量领航方阵发布《全国移动网络质量监测报告》(2023年第一季度)[EB/OL].(2023-06-13)[2024-01-25]. https://mp.weixin.qq.com/s/1g_wju54nyEHdudzRKNy9g.

② 胡正荣,黄楚新.中国新媒体发展报告.No.13(2022)[M].北京:社会科学文献出版社,2022:275.

③ 陈家喜,焦嘉欣.数字时代我国主流媒体的适应与转型——基于五家中央主流媒体的案例研究[J].中共中央党校(国家行政学院)学报,2020,24(4):89-96.

的新闻议程带上了人情味，更容易赢得受众的心理认同①。

（四）新闻个性化分发，提高信息到达率

在网络信息爆炸和用户需求越来越具体的矛盾下，受众逐渐分化，视频新闻定制化的趋势应运而生，而在这方面，新媒体具有显著的优势，以大数据和算法为基础的个性化新闻定制满足了用户特殊化的信息需求。

如抖音等短视频平台中内置的大数据和算法，能够对用户的需求和兴趣点进行精准的画像，同时根据视频新闻的内容和特征，将其推荐给匹配度最高的用户。例如抖音平台，一方面会根据用户的浏览、点赞、收藏、关注等记录分析用户的性别、年龄、兴趣爱好，并以此为标准调整用户视频流中将会推荐的视频；另一方面，用户也可以通过关注、屏蔽、拉黑等功能定制自己的视频新闻。

但是这种智能分发和个性定制也存在着一定的局限，比如用户会有意识地接近自己更感兴趣的新闻内容，趣缘群体的形成也会加剧互联网生态的群体化、区隔化。因此，很多视频平台都在有意识地调整自己的算法推荐机制，比如抖音会优先让专业媒体与政务机构媒体的抖音账号进入层级较高的流量池，为重大的社会新闻或官方声明提供“绿色通道”，助力主流价值观传播。

第二节　视频新闻实务

一、视频新闻的生产流程

参考传统新闻生产的采、写、编、排四大流程，视频新闻的生产环节就可以对应为拍摄收集视频资料、剪辑视频、编辑视频、排放视频，但是需要明确的是，制作短视频新闻不是把长视频新闻进行简单机械的切割或者把新闻内容复制粘贴到新平台之上，而应该把握短视频平台的独特生态和传播规律，进行流程和思维上的积极创新。直播新闻的生产流程中则不需要剪辑视频这一环节，直接将新闻现场的环境呈现给观众。

---

① 吴越.Vlog+新闻：主流话语短视频的传播效果研究——以“康辉 Vlog”为例[J].记者摇篮，2023(6)：147－149.

(一) 视频新闻的前期策划

前期策划主要包括选题、调查以及资料的收集,作为视频新闻制作的第一个步骤,前期策划决定着该新闻之后的拍摄和制作。首先,作为党和人民的喉舌,媒体需要明确政治站位,始终用中国特色社会主义精神和马克思主义新闻观引领新闻策划。

在正式策划前,要迅速出击,采集并占有足够的新闻素材,确立合适的主体报道形式。网络上的信息丰富多元,要尽量全面、平衡地展现新闻事实。通过统筹考虑各种情况,决定新闻报道呈现中主要呈现的媒介元素。可以综合图、文、频等三位一体,根据实际情况使各种媒介形式相互贴近,相得益彰,充分调动用户的积极性,增强融合报道的易受性。

其次,需要考虑视频新闻选题的新闻价值。新闻价值这一概念由美国学者西伯特(Fred S. Siebert)提出,是指事实本身所包含的足以引起社会各界共同关注的素质的总和。新闻价值包含五要素,即时新性、重要性、显著性、接近性与趣味性。

(1) 时新性就是要求新闻必须真实和迅速,新闻需要反映现实世界中的最新变动。人类作为聚众而居的高级动物,要面对来自自然界和其他群体的挑战,就必须及时地了解周围世界的变动,以便及时做出决策,采取行动。因此,真实、全面的新闻信息能够帮助人类做出正确的决策,从而推动自身的发展,视频新闻作为更加直观的新闻呈现方式,更突显即时性。

(2) 重要性通常指的是与人民群众利益息息相关的重大突发事件。对于这一类的新闻,受到关注的程度很大,所以视频新闻这种直观的、目击式的新闻报道更能增加事件的可信度。丑闻、黑幕和严重违法乱纪事件,往往和社会、公众利益相联系。

(3) 显著性是指事实所涉及的人物或者地点等因素为人所瞩目,或由于事实中的某一要素的关注价值高,从而提升了该事件被公众"知道"的意义。公众人物,如名人明星、带有职务的公务人员、新闻人物,由于知名度高,因此围绕在他们身上的重大变故,就成为值得报道的新闻事实。近年来,公众人物发声,更加倾向利用社交平台的个人账号,自我言说,往往会引起爆炸性的连锁反应。

(4) 接近性则指的是新闻要最大程度接近面向的受传群体,如人民群众关心的热点问题和热议主题，更多通过小切口的平民视角展现宏大的时代主题。以平和的姿态和视角，往往可以对民众的世俗愿望和平凡生活有更生动的透视和理解。对于各省市的主流媒体来说，生活服务资讯的报道往往是立身之本，当地居民可以成为其最忠实的受传群体。饮食、医疗、教育、交通、出行、保险、养老、职业培训、婚姻家庭，民众生活的方方面面、大事小情，都可以成为主流媒体创作视频新闻的素材。

(5) 趣味性指事实富有人情味和高尚的生活情趣。优秀的新闻故事，往往能调动人们的情感起伏，尤其视频新闻更能通过直观的、动态的画面呈现，与观看者形成共鸣。同时，由于分众化的趋势愈发明显，满足小众群体的特定需求和口味，也成为部分专业视频新闻所深耕的垂直领域。在小红书、豆瓣小组中形成的趣缘群体，通常会成为重要新闻线索的起源地。

但一个成功的新闻选题通常综合拥有多种新闻价值，例如社会事件的辟谣和反转，既属于公众关注的影响力大的新闻，又与新近发生的且与日常生活息息相关。

(二) 视频新闻的制作流程

由于视频新闻的素材具有瞬时性，无论是在表现形式还是制作方式上，都同传统的以文字为载体的新闻截然不同。因此，形成具有特色的视频新闻采集方法论就具有重要的意义，需注意以下几点。

首先，必须要明确的是，真实是新闻的生命，视频新闻具有多媒体性，应通过完整客观的记录忠实地还原事实真相，尤其是对公共场合的社会性报道，现场第一手素材尤为重要，因此需要尊重报道对象，尽量不要对事件进程造成干扰，避免根据主观意志篡改原始面貌。

其次，必须拥有识别“伪视频”的能力，在制作视频新闻时，制作者应以“有内容、有故事、有叙事逻辑和影像标准”①的水准严格要求自己的作品，体现自己作为专业新闻从业者的媒介素养和技术水平。在实践过程中，可以着重把握以下几个关键点。

(1) 画幅模式。基本的画幅模式包括横屏和竖屏。移动设备大规模普及

---

① 伪视频大行其道，新闻短视频何去何从？[EB/OL]. (2021-07-07)[2024-01-25]. https://www.sohu.com/a/476004117_121119272.

前，电脑网页端的视频新闻，通常都是 16∶9 的比例，属于高清晰度电视的国际标准。手机使用率大大提升后，比例为 9∶16 的竖屏备受青睐，因此在当今移动化的时代，竖屏往往更适合人们日常的使用场景，更迎合人们的观看习惯。使用哪种画幅模式，往往取决于视频新闻上传的平台、新闻面向的受传群体以及新闻呈现的具体事件。通常在媒体融合的要求下，先拍摄高清的横屏视频，再剪辑成竖屏的，更适合多平台分发的现实需求。

（2）镜头运动。视频新闻首先是要保持画面的清晰、稳定，在此基础上，可以运用多种镜头运动的组合，实现高质量视频新闻的产出。摄像镜头的运动，通常有“推、拉、摇、移、升、降、甩”七大法。通过推进、拉远能够改变镜头和拍摄主体之间的距离。摇镜头分为横摇和直摇，强调在机位不变的情况下摆动镜头方向，能够记录拍摄对象的平行位移情况，形成视觉逻辑的勾连。移镜头是各种运动形式的有效组织，给观众以体验感和代入感，创造视觉张力与空间表现力。升、降镜头则是机位改变，往往是跟随着拍摄主体进行同步运动。甩镜头是特殊的摇镜头，通过镜头的极速运动进行转场，用于切断事件的逻辑关系，引发一个新的场景。

（3）机位选择。可以从拍摄方位和拍摄角度两个维度进行区分。从拍摄方位来看，常见机位包括正拍、正侧拍、斜侧拍、背拍、平拍、仰拍、俯拍等，即从新闻报道的主要对象的各个方位进行拍摄。从拍摄角度来看，往往存在着近景、中景、远景的选择。近景或特写比较适合于以下两种情况：一是当脸部表情比较细腻，例如悲伤、喜悦、忧郁等，特写镜头往往能暗示人物的心理活动；二是新闻现场出现了关键物证或突发情况，切换近景可以突出其重要性。中景着眼于两至三个主要人物之间的对话、互动的关系。远景则在展现事件的背景情况和现场环境方面更加便利，同时也可以把所有人物都纳入取景框中，交代人物身份和关系网络。

综上所述，对于不同的新闻主题和现场情况，记者应该选用适合的、综合的、多样的镜头语言进行描述，这样才能有效地让观众准确把握外部世界的真实变动。丁邦杰曾将拍摄运镜的总体要求总结为：集中围绕新闻点，多角度、多层面、多景别拍摄，以“组”为单位分成近景、中景、远景①。

---

① 丁邦杰.新闻短视频采编传教程[M].南京：江苏人民出版社，2022：188.

同时,拍摄视频也可以积极运用其他辅助工具,例如云台、无人机、录音笔、“小蜜蜂”、定向话筒等,它们在维持画面稳定、清晰记录现场声画信息、完整展现新闻环境方面能够发挥重要作用。这些工具是否使用、如何使用,最好提前就心中有数,如果遇到突发事件,则需要根据经验快速调用。

在后期编辑上,可以运用 Premiere、Final Cut Pro、会声会影等软件。短视频平台的视频剪辑追求短平快,因此可以利用剪映、爱剪辑等手机应用程序。在剪辑时需多注意以下几个方面:流畅的转场剪辑、倒金字塔式的叙事顺序、字幕及滤镜的添加、协调的画面构图、清晰度的调节等。

一是积极添加新闻增值内容和新闻延伸内容。视频新闻的标题和简介能够帮助观看者了解前因后果,厘清来龙去脉,增加新闻的厚重感、丰富性。同时也要添加评论、留言、网络调查和一键分享按钮,为用户发表意见、创造内容提供渠道和平台,舆论场的形成也有助于拓展、细化新闻细节,展现多方立场。

二是将具有吸引力和冲击力的情节前置。在当今快节奏的都市里,人们的阅读习惯愈发趋向碎片化,虽然影响了人们深度阅读的能力,但碎片化能够有效减轻用户的阅读负担,确实是大势所趋。因此如何在有限的篇幅内,将最核心的信息用最简练的语言表述清楚,恰到好处地配置各种资源,有效吸引用户注意力,是视频新闻编辑所需要认真思考的问题。

新媒体信息的超媒性改变了传统的线性编写方式,可以通过人工和技术手段将不同的多媒体新秀通过超链接链接在一起。新媒体改变了从业人员的工作方式和内容,背包记者(又被称为超级记者、全能型记者)应运而生。背包记者指的是全面掌握文字、图片、音频、视频采集与呈现技能的记者[①]。

背包记者往往一个人就能完成新闻事实的采集、描述、传输、编辑、加工和发布的流程,非常适合深入较为混乱、隐秘的事发现场迅速发回报道,这就意味着他们能够熟练掌握多种媒介采编设备与编辑软件。同时,在新媒体时代,记者应当利用好各种媒介技术,如无人机拍摄、传感器采集等新技术手段,以更广阔的视角、更沉浸式的场景,提升新闻工作者观察、学习和采集新闻的能力。

(三) 视频新闻的传播推广

由于新媒体平台存在隐性的流量扶持机制,因此为了在短时间内完成“出

① 刘冰.新闻实务训练[M].北京:北京大学出版社,2017:244.

圈”，新闻媒体可以综合利用各种新媒体平台，形成传播矩阵，增强传播效果。

新媒体平台，首先是短视频平台，包括抖音、快手、腾讯视频、梨视频等；自媒体平台主要是指媒体自己开通、运营、维护的社交账号（微信公众号、微博账号等）；传统媒体的短视频平台，包括“央视频”App、澎湃视频等；民营科技公司主营的综合资讯平台，如今日头条、新浪新闻、网易新闻；承载电视剧集、电影综艺等视频形式的视频网站平台，如优酷、土豆、爱奇艺等；此外，还有一些平台上的用户往往能形成较为亲密的趣缘群体连接，因此类似它们往往是形成舆论浪潮的星星之火。

同时也要注意与意见领袖的联动。20世纪40年代，拉扎斯菲尔德（Paul Lazarsfeld）针对美国总统大选开展了一次民意研究，指出在公众舆论的形成、改变和发展过程中，存在着一群人把大众媒介的信息经过自己的过滤再传播给普通受众，起到中介、转发的作用，而跟随他们获取信息的人就是“追随者”。这个过程也称之为“二级传播”①。例如微博上坐拥十几万、几十万粉丝的大V、某个垂直领域中具有极高关注度和社交网络的关键节点，都可以成为媒体合作的对象。

二、主流媒体的视频新闻实践

（一）万物皆媒：媒介融合下的智能化趋势

在视频新闻时代，多种主体参与新闻制作的现实使得注意力资源愈发稀缺，传统的主流媒体面临着“纸媒将死”的预言，但是主流媒体自身的专业知识和储备、人才队伍和资质、社交资源和权威性，依旧是不可忽视的。众声喧哗里，依旧需要冷静、理性、坚定的声音。

首先，要积极融入网络视听发展的潮流。如今，网络视听成为新闻媒体提升喜爱度的重要方式，画面高清程度、视频呈现质量及社交互动程度等技术相关能力，也成为影响用户平台满意度判断的重要因素。2022年两会期间，甘肃省通过原创短视频专题片，为观众带去丰富的视觉体验。《历史篇：以史为鉴　踔厉奋发》《现实篇：凝心聚力　勇攀高峰》《未来篇：笃行不怠　奔向未

① 周葆华，冯钰婷.新媒体事件中的传播关键节点：基于“两微一端”的跨事件、跨平台计算传播研究[J].新闻与写作，2023(5)：15－27.

来》，通过总结党的十八大以来甘肃省在生态保护、文化强省、科技发展等方面取得的重大成绩，为甘肃省两会的召开营造良好的舆论氛围[①]。

同时，推进媒介融合，要注意互联网思维的培育和内部组织架构的重新调整。在这方面，江西日报社（报业传媒集团）为其他主流媒体的视频新闻实践提供了借鉴。在建成新媒体矩阵的基础上，集团积极扩展产业布局，形成江报培训、江报会展、江报文旅、江报视频、江报智库五个产业模块。在短视频发展模式下，江西日报社（报业传媒集团）于 2020 年推出短视频《深山蝶变》，不仅反映脱贫攻坚的时代主题，而且亲近民生，展现山村民众生活的真实变化，传播效果良好，被上百家主流媒体转载[②]。

最后，主流媒体在智能化转型之路上拥有资源和人才上的优势，更应以积极的姿态拥抱信息革命的潮流，采用全新的技术手段适应行业环境的巨变。中央广播电视台签约合作伙伴咪咕视频，2022 年 11 月，以王濛为创意圆心推出了赛事衍生综艺《濛主来了之我的眼睛就是尺》，推出了 AI 数智人嘉宾“王小濛”，实现真实与虚拟的交互；2022 年 12 月还推出了元宇宙互动新场景“星际广场”，以匹配体育赛事直播，增加球友互动，将元宇宙的概念和赛事新闻进行了有机的融合，打造文化全场景沉浸式体验生态。

（二）“中央厨房”：主流媒体内部的组织重构

“中央厨房”原指餐饮业的一种管理运作方式，后来移植到新闻传媒行业，其产生主要是因为在新媒体的发展背景下，用户信息获取习惯和需求日渐多元化，传统媒体的运作模式和操作流程难以为继，严重阻碍了自身发展，因此势必采取集约化的新闻生产模式。

简而言之，“中央厨房”是拥有多个传播终端的现代传媒集团通过产业链改造构建的，以新闻采编业务为核心的“集成化平台”，各地、各媒体的“中央厨房”实践不尽相同，但“新旧融合、一次采集、多种生成、多元发布”是基本共识，其共性的特点为：统一技术平台支撑、统一采编制作、多种平台传播。

新华社和人民日报分别于 2015 年和 2016 年推行了“中央厨房”的模式，

---

① 每日甘肃.「奋进新征程　建功新时代」“新甘肃”邀您换个视角看两会[EB/OL].（2022－01－17）[2024－01－25]. https://baijiahao.baidu.com/s?id=1722213655960534508&wfr=spider&for=pc.

② 胡正荣，黄楚新.中国新媒体发展报告.No.13（2022）[M].北京：社会科学文献出版社，2022：345－346.

围绕新闻采编、加工、刊发、反馈、评估等环节，使新闻生产围绕特定的新闻项目展开，实现以“一次性采集、多平台生产、多渠道分发”为特点的生产流程再造。尤其是新华社启动全媒报道平台的举措，被视为积极推进传统媒体与新媒体融合发展的“关键一步”①。

同时，各主流媒体“中央厨房”进行转型时，也要注意结合自身的实际情况和资源优势，重视内容建设和渠道的建设，以及对人才的培养。主流媒体人才战略要以加大资金投入、完善培养和发掘机制为主要抓手，通过在职培训、考察学习、换岗锻炼的方式，不断强化既有人员对新媒体平台的把握，提升其运用新媒介开展各项服务的能力，提升创新水平，避免融媒体转型中的同质化现象。

第三节　视频新闻的发展策略

一、视频新闻带来的弊端

(一) 浅薄化与娱乐化

随着移动设备和新媒体技术的高度普及，连接网络并发布自制内容的门槛进一步降低，“人人都有麦克风”的同时，用户的注意力资源愈发稀缺。为了追逐流量、制造“爆款”，部分创作者往往会采用夸张、猎奇的手法进行内容生产，盲目跟风的现象屡见不鲜，低俗化、娱乐化、浅薄化、同质化的顽疾难以治理。

短平快的时代节奏下，人们心境愈加浮躁，往往会舍弃长篇大论式的深度阅读，而转投网络影像在瞬时间制造的视觉奇观。为了迎合用户的听觉感受，网络视频新闻语言模式体现出口语化、戏谑化、杂糅化的特质，逐渐失去了新闻专业主义精神的坚守。不良内容的泛滥，不仅污染网络环境，而且对整个社会产生强大的侵蚀效应。

例如目前各种短视频平台存在着大量以贴图为主、缺少核心现场和影像叙事逻辑的“PPT 式视频”，其实是为视频而视频、为流量而视频的“伪视频”，

① 新华网.新华社全媒报道平台开启“中央厨房”新模式[EB/OL].(2015-07-07)[2024-01-25]. http://www.xinhuanet.com//politics/2015-07/07/c_1115847923.htm.

通过黄红色的刺眼醒目的标题、模糊或杂乱的画面攫取受众的注意力，虽然收获了极高的传播量、点赞量，但是其新闻内容并没有什么价值。细究其实质，其实与 20 世纪后期的黄色新闻一脉相承。

“景观社会”的概念是由居伊·德波（Guy Debord）在其著作《景观社会》（*La Société du Spectacle*）中提出的。他指出，在现代生产条件占统治地位的各个社会中，整个社会生活显示为一种巨大的景观的积聚。景观并非一个图像集合，而是人与人之间的一种社会关系，通过图像的中介而建立的关系①。景观社会的存在使得真实性进一步被消解，具体体现为影像建构的真实取代客观真实。现在人们的日常生活被大量的景观元素包围，如短视频、直播、电商等，它们往往运用极具刺激性和诱导性的图像和音乐冲击用户的感官，调动用户的情绪化反馈，这种线上的景观将强有力地影响人们对公共空间和现实世界的认知。因此，维持风清气正的网络空间，需要警惕视频新闻滑落为浅薄的娱乐化产物。

（二）碎片化与快餐化

一个一个长达几分钟或几十秒钟的视频，将用户获取信息的时间、方式、内容都进行了切分。一方面，国民消费结构的变化、社会阶层间的差异，和信息爆炸的现实等元素相结合，民众的信息需求也变得复杂多样，分众化已成为大势所趋。另一方面，现代社会中快节奏的工作和生活也使得人们难以获取到大块、完整、连贯的阅读新闻的时间，化整为零、间隙获取新闻信息，是现代人的首选。

彭兰指出，碎片化传播主要体现在两个层面：第一个层面是事实性信息传播的碎片化，即信息来源的多元化、观察视角的分散化、信息文本的零散性和信息要素的不完整性；第二个层面是意见性信息传播的碎片化，在新媒体平台上，各种异质的、分裂的意见相互碰撞、冲突，形成了舆论环境众声喧哗的景象②。

碎片化的阅读很有可能导致新闻事实的图景被分割，难以看清全貌的民众很有可能受到情绪的误导，而且在当今圈层化、群体化的传播现状下，民众只会根据自己的意愿、角度了解新闻事实。这在一定程度上会使得受众陷入

① 居伊·德波.景观社会[M].张新木，译.南京：南京大学出版社，2017：3－4.
② 彭兰.碎片化社会背景下的碎片化传播及其价值实现[J].今传媒，2011(10)：9－11.

自我构建的“信息茧房”，不能对完整的新闻事实进行全部观看和接收，从而难以做出客观而准确的判断。

(三) 假新闻与后真相

所谓“假新闻”，是指媒体、记者故意捏造或非故意导致内容失实的新闻，新闻所报道的事件在现实中并不存在。《牛津英语词典》中“后真相”的定义是：“诉诸情感及个人信念，较陈述客观事实更能影响舆论的情况。”在社交媒体时代，“后真相”现象呈现出两个方面的特征：一是情绪传播大于事实传播；二是情绪在短时间内“病毒式扩散”。

2023 年 9 月 4 日，四川日报发布视频报道《90 后资阳小伙剪出百所高校通知书》，通过采访剪纸人邵某讲述设计清华大学在内的高校录取通知书的故事；9 月 7 日，曾参与清华大学立体录取通知书制作的@可爸可吧凌晨发视频辟谣，称邵某并非录取通知书设计制作人；9 月 7 日中午，四川日报删除涉事视频，并发布致歉微博。这条假新闻属于典型的非故意失实，当年有关通知书设计的新闻是很容易在网络上查到的。很明显四川日报并没认真落实新闻媒体事实核查的关键程序，反映出了媒体与记者专业性的缺失。

产生新闻失实和后真相的现象，其背后的原因主要有三：一是社会化媒体的勃兴打破了传统媒体一元话语的框架建构，导致主流媒体话语权旁落，而情绪化的语言往往能煽动网民的情绪，进而引发舆论；二是在注意力经济下，很多自媒体，包括一些专业媒体，为了扩大流量，在碎片化的真相中捕风捉影，伺热点而动而疏于事实的审核；三是对某些热敏话题、某些群体的固化的刻板成见导致的认知上的证实性偏差，对和它相抵触的事实往往视而不见。

二、视频新闻面临的机遇

(一) 人工智能等新技术涌现

人工智能是指理解并感知，甚至是创造和建造智能实体的领域，它不仅能模拟人类的思维与推理过程，还可以做出合理的行为。因此，人工智能和所有的智力工作密切相关[①]。在短视频竞争中，视频超清技术、元宇宙等技术将赋

① 斯图亚特·罗素，彼得·诺维格.人工智能：一种现代的方法[M].3 版.殷建平，等译.北京：清华大学出版社，2013：3.

能内容生产。2021年抖音宣布支持2K播放，快手全面支持全景4K视频和直播播放，B站已上线8K超高清视频画质[①]。短视频阔步进入超清时代，也带来了内容创作工具的更新迭代。

目前在视频新闻领域，记者在采集新闻时，已经可以实现人工智能与微型摄像头与录音器的融合，这种穿戴式的智能化设备，体积轻便，便于携带。例如人民日报智慧媒体研究院研发的“智能创作机器人”，具备5G智能采访、AI辅助创作和新闻追踪多重功能，使用它记者一人即可完成访谈、拍摄、记录等工作。设备一键接入前后方实时同步传输采访内容，智能分析采集新闻素材[②]。

此外，另一种新型的视频新闻的形态是互动视频，它是指“整合多媒体表达方式，利用数据算法技术，制做出使受众能够参与互动、沉浸体验的新闻产品”[③]。用户在使用互动新闻时，往往还可以查看3D全景影像、切换观看视角，通过问答互动选择分支剧情，强互动性给予用户真实参与新闻事件进程的沉浸感。北京冬奥会在转播空中技巧滑雪和单板滑雪U形池两项比赛时，运用4K多轨广播级影像同步采集编码和画面合成技术，拍摄时能够实现360°环绕的立体视觉效果，即使是坐在屏幕前的观众也能拥有“在场”的沉浸体验，甚至计算机还能把一些肉眼捕捉不到的动作细节准确清晰展现出来。湖南卫视也积极引入蝶式升降、AI多轴方案制作技术，引领传统电视媒体的转型之路。

人工智能为我们带来便利的同时，也需要警惕例如AI换脸技术带来的虚假新闻或者谣言传播，以及大数据及算法对用户隐私信息造成的违法获取和使用。在工具理性和价值理性产生激烈争议的今天，媒体从业人员应该深刻认识到人类的智慧仍具有不可替代性，应积极发挥自身的把关、审核作用，从事更加具有原创性、更有价值的工作。

（二）社交平台的视频化趋势

近年来，短视频行业呈现“两超多强”局面，头部平台仍是抖音与快手，但是其他平台也保持着蓬勃发展势头。2020年4月，抖音推出“连线”和“熟人”的新功能，释放出了抖音意图由工具型视频平台向视频社交平台转化的信号，

---

① 胡正荣，黄楚新.中国新媒体发展报告.No.13(2022)[M].北京：社会科学文献出版社，2022：257.

② 澎湃.9款“黑科技”，成为两会记者“新装备”[EB/OL].(2021-03-08)[2024-01-25].https://m.thepaper.cn/baijiahao_11608464.

③ 曹开研.互动新闻作为一种新闻实验的现状及问题[J].青年记者，2020(31)：39-40.

然而进展不顺，抖音平台对于绝大多数用户而言还属于公共空间，陌生人之间难以培植出强有力的信任关系。

之后，微信推出了记录和创作短内容的平台——视频号，在视频号平台上发布的视频内容以图片和视频为主。其独特之处在于依托微信强社交关系平台，视频号的内容可以转发到朋友圈、聊天场景。虽然视频号 2020 年才入局，但是其独特的应用场景能够使优质内容基于"熟人社交"持续放大，具有打通公私域流量的内在优势，为信息服务的全面"可及"、全域"可及"提供了新经验、新可能。不同类型平台的纷纷布局将为短视频行业成熟发展、有序竞争持续注入动力，视频号的强势发力，使得视频行业格局逐渐展现出从"两超多强"向"三足鼎立"的转变趋势。

传统媒体更应当重视社会化媒体的建设，通过在各大社交媒体平台建立自己的官方账号和页面，并发布新闻、观点、报道和独家内容，触达、覆盖更广泛的受众，吸引更多的粉丝和关注者。同时，可以在社会化平台上探索多元变现方式，积极推动产业模式的转型。

(三) 法律边界的进一步廓清

视频新闻兴起后，伦理失范问题出现了新的形态，包括违法牟利、传播谣言、版权侵权等。

2023 年，一则短视频在网络平台得到了广泛传播，其标题为"网传济南女生被欺凌"，内容为几名女生殴打并侮辱一名女生，引起了社会各界密切关注。济南网安部门会同属地分局侦查发现，涉事视频系网民康某某等人为了博取眼球，对网上搜索到的视频进行剪辑、拼接、配字而成。更严重的是，他们还剪辑拼接了"某大学何某某"等涉黄、虚假视频 300 余条，为了传播这些违法内容，康某某创建了千余个所谓的"吃瓜群"，非法获利超 100 万元[①]。2023 年 7 月 5 日，中央网信办发布《关于加强"自媒体"管理的通知》，明确对假冒仿冒、歪曲事实、制作发布谣言、矩阵式发布传播违法和不良信息、违法违规营利的"自媒体"，予以禁言、关停，甚至纳入平台"黑名单"的处罚措施[②]。

---

① 秦川.人民热评：导演短视频闹剧以收割流量，涉嫌违法！[EB/OL].（2023－09－12）[2024－01－25]. http://opinion.people.com.cn/n1/2023/0912/c436867-40076069.html.

② 中央网信办秘书局.关于加强"自媒体"管理的通知[EB/OL].（2023－07－10）[2024－01－25]. http://www.cac.gov.cn/2023-07/10/c_1690638496047430.htm.

同时，短视频平台也成了互联网领域侵权现象的“高发地”，如对公民著作权、肖像权、隐私权等的侵犯时有发生，急需予以正确引导和严格监管，以充分发挥其正向作用。

在著作权方面，有不少短视频新闻的内容涉及对以往新闻内容的剪辑、搬运、篡改等，这不仅破坏了新闻真实性的原则，更扰乱了新闻行业的正常发展秩序。在肖像权、隐私权方面，视频新闻中涉及的对象非常多样，包括公众人物、普通群众以及各类商家等。在实际的视频新闻制作和传播中，有的新闻传播主体未经同意将他人的肖像和隐私公之于众，有的还通过捕风捉影、捏造事实损害他人名誉，引发了一系列侵权问题和纠纷。同时，视频网站、App 运用的大数据收集、分析和处理的流程不透明，算法的黑箱机制，更增加了用户对自己的隐私信息泄露的忧虑。

《中华人民共和国民法典》虽然对侵犯公民肖像权、隐私权等行为做出了规定，但法律责任的认定与承担方面还不够细化。例如，其第九百九十九条规定：“为公共利益实施新闻报道、舆论监督等行为的，可以合理使用民事主体的姓名、名称、肖像、个人信息等；使用不合理侵害民事主体人格权的，应当依法承担民事责任。”这一法律条文表述，没有进一步具体细化的认定标准，因而司法实践当中存在不同认识，个案裁判也尚未统一标准。短视频在何种情况下能够使用被拍摄者的肖像权、使用到何种程度、侵权责任如何分担等一系列问题，需通过立法予以明确①。

作为平台，也应该加强自律，承担起应有的责任，为短视频发展拨正航向。《文化部关于加强网络表演管理工作的通知》《互联网直播服务管理规定》等政策，对网络直播平台的行为规范和责任进行了明确。平台应当履行相关责任，强化行业综合治理，夯实平台主体责任、生产运营者责任，进一步遵守平台和账号运营规则，完善内容审核把关机制②。通过责令删除、屏蔽、惩处等措施切实维护用户的合法权益。

互联网不是法外之地，法律底线同样不可逾越，短视频发展也不能违反法律法规。严厉打击互联网违法违规行为，对进一步加强互联网内容建设、建立

---

① 赵迎辉.如何化解短视频背后的法律风险[N].学习时报，2023-05-24(3).

② 法治网评：短视频传播秩序需要“全链条”维护[EB/OL].(2023-09-06)[2024-01-25].https://c.m.163.com/news/a/IDUN4HLS0514M975.html.

网络综合治理体系、营造清朗的网络空间有着重要警示意义。

(四) 主流媒体正向引导舆论

处在庞大的数据流之中,公众在网络公共空间信口开河、随意攻击、发泄负能量的可能性也随之提升,可能造成网络舆论场中不理性的声音甚至滋生网络暴力等网络安全风险。因此,主流媒体承担的舆论引导职能依旧具有着重要的意义,这就要求主流媒体在坚守传统新闻专业主义原则的基础上,进一步通过内容创新、渠道建设、平台合作等方式,牢牢把握自身话语权与引导力。

首先,要坚持推进"直播+短视频"的全媒体信息服务模式,通过多种网络传播渠道的矩阵式传播,在众声喧哗中发出更加客观、理性的声音。例如 2023 年 9 月 23 日至 10 月 8 日,第 19 届亚运会在杭州举办。为了给广大观众献上一场视听盛宴,亚运会主办方与央视频、央视频 TV 版、咪咕视频、咪视界、腾讯视频、抖音、今日头条、快手等平台联合成立了新媒体矩阵,实现了开幕式及各种比赛的超清转播和即时直播。在报道时,也有意避免过分强调金牌数量的"唯成绩论",对每一位选手的努力都给予展现,更突显人文关怀。

在舆情应对中,主流媒体入驻短视频平台,也可以借助智能技术,运用算法机制进行舆论引导。如人民日报等主流媒体运用的算法摒弃了"唯流量论"的推荐原则,采用了更富有公共性的"党媒算法"技术,包含了商业效率指标和社会效益指标的双重标准,使得主流媒体更有机会主动参与议题设置,从而逐步实现"流量"与"责任"的双丰收。

如何能始终吸引受众的注意力且实现可持续性发展、升级是主流媒体需要思考的重要问题。显然,仅仅依靠智能、虚拟技术和标题党的小聪明是不行的,当今时代,虽然技术日新月异,但是内容为王的准则从未改变,只有坚持输出优质的、高标准的视频新闻作品,才能有效巩固既有的粉丝群体,同时始终保持对新粉丝群体的吸引力。尤其对于垂直领域的新闻媒体,着眼于小众群体的重点关注的议题并进行深挖,才能借助长尾市场的潜力实现自身影响力的提升。

由浙江省委宣传部打造的微信公众号"浙江宣传",自建立以来,其公众号文章阅读量多次突破 10 万,但是其并没有做视频或者其他形态的产品,而仅仅以文字出彩,以优质内容构筑核心优势。"浙江宣传"给其他媒体的内容生产提供了一种启示：归根结底，媒体最重要的东西还是价值观和思想[①]。主流媒体今天在进行全媒体传播体系建设、塑造主流舆论新格局的背后，非常重要的就是以何种价值观、立场提供了对问题的判断，然后这种判断是否跟公众同频共振，并且以适合移动互联传播的形态真正表达出来。

思考与练习

1. 关于视频新闻的分类，除了新闻长度、传播主体、叙事视角、制作方式四种标准，是否还存在其他的分类方法？

2. 从视觉文化的角度，简述视频新闻和电视新闻的异同点。

3. 运用新闻传播学理论，分析意见领袖在主流媒体的视频新闻传播中发挥的作用。

4. 请结合具体案例，分析人工智能技术的应用在视频新闻生产中的利弊。

① 魏园.火了一整年，媒体应向“浙江宣传”学什么？[EB/OL].(2023-05-29)[2024-01-25]. https://mp.weixin.qq.com/s/fmQaFzJhnQHtr8F67EQlTA.

第八章

融 合 新 闻

第一节　融合新闻概述

一、融合新闻的产生背景

伴随着媒介融合从表面相加走向纵深融合，新闻产品的形态也随之改变。于是，多种多样的融合新闻开始出现，融合新闻创新了传统的新闻形式，满足了受众丰富的信息需求，正逐渐成为新闻传播领域的新趋势。

(一) 媒体融合向纵深发展

2014 年 8 月，中央全面深化改革领导小组第四次会议审议通过《关于推动传统媒体和新兴媒体融合发展的指导意见》，自此媒体融合正式成为国家战略，这份具有标志性意义的文件正式开启了中国传统媒体与新兴媒体融合发展的序幕。之后，大量政策密集出台。2015 年 9 月，国务院办公厅印发《三网融合推广方案》，要求总结推广试点经验，加快在全国全面推进三网融合，将广电、电信业务双向进入扩大到全国范围，并实质性展开工作。三网融合指的就是电信网、播送电视网和互联网这三种网络的融合。接着，政策部署逐渐细致与精深。在广播电视融合发展领域，2016 年 7 月，国家新闻出版广电总局出台了《关于进一步加快广播电视媒体与新兴媒体融合发展的意见》，提出力争两年内，广播电视媒体与新兴媒体融合发展在局部区域取得突破性进展。在移动互联网领域，2017 年 1 月，中共中央办公厅、国务院办公厅发布《关于促进移动互联网健康有序发展的意见》，提出大力推动传统媒体与移动新媒体深度融合发展，加快布局移动互联网阵地建设。在四级融合方面，党和政府分别就县级融媒体和市级融媒体这两个略显薄弱的部分出台针对性政策，2018 年 11 月，中央全面深化改革委员会第五次会议审议通过了《关于加强县级融媒体中心建设的意见》，指出要调整优化媒体布局，推进融合发展，不断提高县级媒体传播力、引导力、影响力、公信力。2019 年 1 月，中共中央宣传部、国家广播电视总局再次出台《县级融媒体中心建设规范》，提出县级融媒体中心应整合县级媒体资源，巩固壮大主流思想舆论。2020 年 9 月，中共中央办公厅、国务院办公厅出台了《关于加快推进媒体深度融合发展的意见》，指出要推动传统媒体和新兴媒体在体制机制、政策措施、流程管理、人才技术等方面加快融合步伐，尽快建成一批具有强大影响力和竞争力的新型主流媒体，逐步构建网上网下一体、内宣外宣联动的主流舆论格局，建立以内容建设为根本、先进技术为支撑、创新管理为保障的全媒体传播体系。2022 年 4 月，中共中央宣传部、财政部、国家广播电视总局联合下发《关于推进地市级媒体加快深度融合发展实施方案的通知》，在全国遴选 60 家市级融媒体中心建设试点单位，深度聚焦媒体融合目标，以具体举措推进地市级媒体融合发展，并实现以点带面式的整体提升。同时，在影视出版、政务新媒体等各个方面都有相关政策出台，起到引领作用。自 2014 年至今，从相加走向相融，从相融走向深度相融，关于媒体融合的顶层设计越来越完善、成熟、体系化。

（二）新技术变革影响新闻生产

媒介技术学派将媒介技术的变革视为时代更迭的标志与主要推动力。从口语到文字，从印刷到电子，再到互联网，人类社会不断经历着信息传播技术的变革。互联网的发展从 Web1.0 走到 Web2.0，如今迎来了 Web3.0 时代。Web3.0 是万物皆媒、人机合一、自我进化的深度智能化时代。2022 年中国信息通信研究院的《全球 Web3 技术产业生态发展报告（2022 年）》指出，Web3 不仅是互联网应用层的简单创新，可能会带来互联网体系架构整体性演进和系统性升级①。

新技术以基础设施和底层逻辑的方式深度嵌入媒体融合过程中，技术变革成为推动媒体融合的核心驱动力。媒体融合首先是技术方面的融合，技术融合之后才有更深层次融合的可能性。媒体融合本身也有阶段性的发展过程，而这些发展历程是与新兴技术的发展息息相关的。首先是简单机械的内

① 中国信息通信研究院.全球 Web3 技术产业生态发展报告（2022 年）[EB/OL].（2022-12-01）[2024-01-25]. http://www.caict.ac.cn/kxyj/qwfb/bps/202212/p020230/05569849787721.pdf.

容复制与搬运，如把传统媒体中的内容投放到新媒体平台中；接着走向平台化的发展方向，如传统媒体开通“两微一端”的官方账号，入驻新媒体和社交媒体平台；然后走到相融阶段，实现传统媒体与新媒体的“双向融合”。如今，在万物皆媒的大背景之下，新旧媒体的边界已经非常模糊，呈现出融合共生的景象。

技术赋能影响了新闻生产的全流程、全链条。传统的线性的生产流程被改变，传统新闻采编流程迎来整合与重构。无论在主体、形态，还是渠道、终端等方面都深受智能化技术的影响，这也直接导致了融合新闻的出现与演进。以新华社的新华智云和媒体大脑（www.shuwen.com）为首，目前许多主流媒体都已搭建起自己的智能化新闻生产平台。5G通信技术的发展，以高速度、低时延、大连接的传播特点，极大降低了参与新闻生产的门槛，提高了新闻生产与传播的效率。大数据、云计算、算法技术等使得用户画像更加精准，新闻分发也更加个性化、场景化。H5技术与传统图文报道相结合，动新闻与动画新闻增强了内容的交互性，加之AR、VR、MR等技术的发展，与传感器、物联网等深度结合，使新闻内容更加沉浸化，带来更加逼真与临场感更强的受众体验。人工智能AI介入新闻传播领域中，MGC成为UGC、PGC之外的新型内容生产方式。MGC（Machine-Generated Content），又称机器生产内容，是指利用AI、算法、大数据、云计算等技术参与内容生产的采集、制作、加工和审核环节，以实现内容生产的全流程自动化，提高内容生产效率。自2017年新华社发布的首条MGC视频新闻之后，MGC逐渐成为智能化时代新闻生产的不可或缺的一部分。2022年11月30日，OpenAI研发的聊天机器人程序ChatGPT（Chat Generative Pre-trained Transformer）正式发布，将人工智能时代推到一个新的高度。ChatGPT是人工智能技术驱动的自然语言处理工具，除了聊天，还能够完成撰写文案、翻译等任务，同样可以应用至新闻内容的生产之中，人机深度协同成为未来新闻生产的趋势。种种新兴技术互联互通，嵌入新闻生产行业中，就必然带来新闻生产方式的智能化、传播主体的多元化、内容形态的多样化等新闻生产的新特征，催生融合新闻这种新业务形态。

二、融合新闻的概念与特征

（一）融合新闻的概念与内涵

融合新闻（Convergence Journalism）引发了众多新闻传播学者的关注，但其并没有一个明确的定义。学者们各有其关注点和侧重点。在美国,融合新闻也被称为"多样化新闻"(Multiple Journalism),也就是利用多媒体手段进行的新闻传播活动。在国内,蔡雯指出,融合新闻不只是"媒介之间的合作模式",它必将超越媒体组织之间战略的、操作的、文化的联盟这一界定,而演变成一种独立运行、流程完整、操作规范的新闻生产模式①。刘涛从全媒体、跨媒体、多媒体三维度分析融合新闻的内涵及其对应话语②。融合新闻主要是从新闻业务层面对媒介融合的问题展开研究,主要涉及的是在媒介融合阶段,利用新技术进行的新闻信息采集、制作及新闻分发的实践③。也有学者从更加广泛的视野看待融合新闻,认为它是以"人"为中心的无时不在、无处不在的无边界信息传播。

一般认为,融合新闻是媒体融合在新闻业务层面的体现,从狭义上讲,是指利用多媒体手段生产,融合多种形态(包括文字、图像、视频、音频、数据、动画等),并通过多渠道传播的一种新闻传播活动。从广义上讲,还可以指代一种开放融合的新闻理念。因此,既可以指一种实践,也是一种理论。

在业务层面,技术的介入改变了传统的新闻业务模式,改变了原有的新闻生产流程。因此,在业务方面的融合新闻至少包括三个层面:融合既指生产主体、机构、组织的融合,又指生产内容、形态、表现与呈现方式的融合,也包括传播渠道、分发平台、接收终端的融合。在新型的全媒体生态环境中,单一的新闻内容形态很难取得竞争优势,需要突破传统媒体间的限制,整合各种媒体资源,实现融合发展。

在理念层面,新闻实践的改变促进了理念的革新,突破固有思维逻辑,加强互联网思维和用户思维是必然的趋势。无论是在选题策划、实际操作,还是分发传播方面,对新闻内容的把关审核以及对传播效果的评价体系,对人才队伍的需求调整等,都要有"融合"的思维体系。

(二) 融合新闻的特征

1. 智能化生产

融合新闻更新了原有的新闻制作方式,采用的是智能化、自动化的生产方式。在信息采集环节,大数据技术能够帮助新闻工作者捕捉最新的舆情热点,辅

---

① 蔡雯.媒介融合前景下的新闻传播变革——试论"融合新闻"及其挑战[J].国际新闻界,2006,28(5):31-35.

② 刘涛.何为融合新闻学?[J].教育传媒研究,2020(5):8-11.

③ 何芳,罗跃姝.融合新闻学[M].成都:西南交通大学出版社,2021:前言 1.

助对新闻素材的选择与新闻价值的判断。大数据还有很强的预测功能，能够进行提前研判，帮助新闻制作抢占先机，占领流量高地。比如新浪新闻自主研发了鹰眼平台，鹰眼系统依托新浪丰富的内容数据和微博的海量社交媒体数据，可实现智能化的全媒体监测。在信息爆炸与注意力过剩的时代，借助大数据、云计算和算法技术，也可使得新闻的选题策划更加科学化、精确化。人工智能与物联网的发展延伸了信息采集的触角，在时间与空间双重维度超越了传统工作者的能力，在人力难以触及的地方也能够获取有价值的信息。在具体的生产过程中，新闻工作者可以借助智能采编工具快速完成新闻内容制作。将新闻生产推向高速快捷的工业化流水线生产模式中。

新华智云在推出了媒体大脑之后，又推出了"MAGIC"平台，MAGIC 即"MGC"(机器生产内容)和"AI"(人工智能)的组合，以智能算法技术、大数据处理技术和人机协作技术为核心，包括智能媒资平台、智能生产引擎、智能主题集市、智能数据工坊等四大智能系统，能够实现秒级生成与海量生产。在时间方面，能够以极高的效率，在极短时间内完成短视频内容生产，最短耗时仅 6 秒；在数量方面，能够做到批量化生产，日均产量可以达到10 000条。新华社最早联合搜狗推出了全球首个 AI 合成主播；2022 年冬奥会期间，央视新闻联合百度智能云打造了总台首个 AI 手语主播，为听障人士带来新闻的温暖；2023 年全国两会期间，人民日报新媒体联合业界前沿团队推出的 AI 数字主播"任小融"正式上线。随后，各大媒体均纷纷布局 AI 新闻主播领域，新闻生产中的人机协同已成趋势。

同时，算法核查、区块链等技术帮助进行事实核查，确保新闻的真实性，并在一定程度上保护版权。在内容分发方面，个性化定制与精准化分发是融合新闻的趋势。5G 拉开了互联网的下半场，也联合物联网等技术带来了前所未有的场景化时代。如今，无论是传统媒体还是新媒体、社交媒体都在利用算法推荐技术进行内容分发。大数据辅助分析用户画像，精准定位受众人群，提升用户体验。人民日报、川观新闻等都拥有了一套自有的"主流算法"体系，用主流价值观引导算法推荐，优化互联网中的内容生态。2018 年 6 月，人民日报在"人民号"发布会上，提出了"党媒算法"概念，即在普通推荐算法基础上，嵌入体现主流价值观的模块，为社会提供更多正能量内容①。

① 任海平. AI 时代，党媒推荐算法的优化策略[J]. 传媒评论，2023(10)：40－43.

2. 全媒体形态

融合新闻在内容的呈现方式和表现形态上与传统报道有所不同，最突出的便是"全媒体形态"，也就是利用各种智能化的技术，融合各种各样的媒介形态。将文字、图片、声音、视频、动画等有机融为一体，能够将视觉、听觉乃至触觉与嗅觉统合起来，满足用户多样化的感官需求。

传统新闻报道方式多以图文为主，广播新闻侧重于声音，电视则侧重于视听，各种媒介之间有不可通约性，固定的接收渠道使得用户没办法同时获取多个方面的信息。每一种表现形态也各有优势与劣势，文字可以传达深层内容，信息量大，但是吸引力与传播力不强，在如今碎片化、视觉化的传播环境中难以取得竞争优势。数据新闻、可视化技术、H5、AR/VR 等各种表达形态的出现则为传统新闻叙事带来了新的可能性。融合新闻充分利用各种媒介元素，使得新闻内容更加具有感染力和吸引力，传播也能实现迅速与广泛，人性化、交互性的设计能够增加用户的黏性。新华网推出的创意 MR 艺术舞台秀《舞动"十四五"》，突破了传统表达方式，巧妙运用了分身克隆、MR 实时渲染虚拟引擎、MOCO 运动控制系统(Motion Control)、动态捕捉等技术，传达了"十四五"的规划与精神，为观众带来了一场视觉盛宴，并在社交网络中引起刷屏之势，仅在新华社客户端上就获得了破百万的播放量，获得了病毒性传播的传播效果。这样的全新观看体验是以往的图文报道难以达到的。

目前主要的融合新闻形式及表现形式有如下几种：短视频新闻利用短平快的属性和有冲击力的视觉画面传达碎片化的新闻故事；音频新闻强调伴随性和沉浸感，带给用户独特的听觉体验；动画新闻、H5 新闻则强调交互性和趣味性，与游戏新闻有异曲同工之处；VR 新闻的沉浸感为用户打造"身临其境"的现场感；数据新闻利用数据叙事，挖掘数据背后的价值点。2018 年中国新闻奖首次把"融媒新闻"产品纳入了评选范畴，内容包括融媒短视频、融媒直播、融媒栏目、融媒界面、融媒创新等多部作品。要注意的是，融合新闻也不是将各种媒介元素堆砌在一起，而是充分发挥各自的优势，达到 1+1>2 的传播效果。未来，随着媒介技术的进一步发展，融合新闻的呈现样态也会不断丰富与更新。

3. 交互性体验

融合新闻拥有与传统平面新闻不同的特质，即参与感与交互性，这是由交互技术的“可供性”带来的。传统的媒介载体如报纸、广播、电视各自为营，和用户之间永远存在着一层障碍，互联网才将诸多媒介形态融为一体。H5、VR、元宇宙等新技术的发展能够让更多创意成为可能，为用户带来更加极致的交互性体验。交互性的背后是以用户为中心的指导思想。用户思维是媒体融合的出发点，也是融合新闻的出发点。新媒体技术的变革打破了传统新闻生产中以中心化为特征的垄断式权力结构，曾经受众被视为原子化的被动的存在，如今，受众的需求越来越被重视，受众的地位发生改变，新闻生产者与受众之间的关系也发生转变。受众开始向用户转变，在获取新闻时也不仅仅是被动的一方，用户的主动性与选择权大大增加，主动搜寻、主动参与的需求越来越多样化。基于受众地位的变化，融合新闻围绕受众需求这个中心，呈现出两大特征。首先是互动性，实现用户与新闻的双向交流，吸引用户参与新闻生产，积极与用户建立良性友好的关系，并通过社交化元素的设计，促进用户之间的分享与融合。其次是个性化，在进行多渠道投放与矩阵化传播的同时，也要根据用户画像进行智能化、个性化推送，为用户生产“量身定制”新闻产品。党的二十大召开之前，中国日报推出了 H5 作品《十年刊·致祖国》，设置了一款时光隧道，带着网友游览中国过去十年来现代化发展的种种高光时刻，从嫦娥奔月到女排夺冠，从北京冬奥会开幕到神舟十四号发射，将传统的中国风色调与现代化元素相结合，为网友展开了一幅中国式发展的绝美画卷。除此之外，在这幅作品中还邀请用户自主选择感兴趣的事件，扫描图片二维码即可生成专属“十年刊”封面海报。后续中国日报还在微博平台上邀请用户参与分享与抽奖活动，进一步拓宽了该新闻产品的传播力与影响力。

第二节　融合新闻的传播特征

一、融合新闻的媒介生态：全媒体传播体系

从传播学中经典的“5W”视角来看传播生态格局的变化，在主体方面，传统媒体的信息垄断结构被解构，信息传播权力不断下沉与弥散，多元化行动者参与新闻的生产，与此同时，新闻从业者面临着被替代的职业风险；受众的地位与角色发生改变，传受关系发生根本性变化，原本单一线性的传播流向也可

能发生逆转，受众既是信息的接收者，也能充当传播者；从内容上看，传播内容走向多样化与分众化，传播内容中体现着多元利益格局与多元价值观念，对主流意识形态产生挑战；从技术上看，技术作为底层逻辑深度嵌入新闻传播的全流程，新闻生产走向自动化、智能化；从传播渠道上看，从传统的文字、图片，到视频、音频，从报纸、广播到移动社交媒体、物联网，多样化的媒介渠道将信息传播至每一处角落。与此同时，万物皆媒、万物互联时代的来临，塑造了新的社会形态即媒介化社会。

新闻业态发生改变，新兴的网络媒体与社交媒体对传统新闻媒体产生强烈冲击，传统的新闻业面临生存危机。“液态化”成为显著特征。学者陆晔借用并延伸齐格蒙特·鲍曼（Zygmunt Bauman）在《流动的现代性》（*Liquid Modernity*）一书中的概念，将当今新传播形态下的新闻业称为“液态的新闻业”（Liquid Journalism）[①]。在快速变迁、变动不居的媒介环境下，如分布式新闻、众包新闻、公民新闻、算法新闻、建设性新闻等多种新闻形态纷纷出现。

融合发展成为媒体求生存图发展的必由之路，融合新闻的蓬勃发展根植于全媒体传播体系打造的媒介生态格局。《关于加快推进媒体深度融合发展的指导意见》中强调，要“打造一批具有强大影响力和竞争力的新型主流媒体”，加快构建网上网下一体、内宣外宣联动的主流舆论格局，“建立以内容建设为根本、先进技术为支撑、创新管理为保障的全媒体传播体系”。2022 年 8 月，中共中央办公厅、国务院办公厅印发的《“十四五”文化发展规划》，明确在构建主流舆论新格局、建设全媒体传播体系、建好用好管好网上舆论阵地方面做出具体规划。党的二十大再度提出，“加强全媒体传播体系建设，塑造主流舆论新格局”。未来中国媒体融合发展的核心便是打造全媒体传播体系。从媒介可供性（affordance）的视角来看，对“四全媒体”的打造过程正是一个媒体可供性不断提升的过程[②]。

在全媒体传播体系的大背景之下，融合新闻呈现出多种样态。接下来，将对较为典型的几种类型进行简单论述。

---

① 陆晔，周睿鸣.“液态”的新闻业：新传播形态与新闻专业主义再思考——以澎湃新闻“东方之星”长江沉船事故报道为个案[J].新闻与传播研究，2016，23(7)：24－46，126－127.

② 喻国明，赵睿.媒体可供性视角下“四全媒体”产业格局与增长空间[J].学术界，2019(7)：37－44.

二、融合新闻的呈现方式

(一) 视频新闻与音频新闻

根据CNNIC《第53次中国互联网络发展状况统计报告》，截至2023年12月，我国网络视频用户规模为10.67亿人，较2022年12月增长3 613万人，占网民整体的97.7%。其中，短视频用户规模为10.53亿人，较2022年12月增长4 145万人，占网民整体的96.4%。我国网络直播用户规模达8.16亿，较2022年12月增长6 501万，占网民整体的74.7%。网民的视频化生存、直播化生存已成趋势，新闻的视频化与直播化也成为媒体转型的必然之举。

视频新闻的形式丰富，既包括长视频、短视频、中视频，也包括新兴的Vlog、直播等形式。其中，短视频由于短平快的传播优势，已成为全民化应用。媒体开办的短视频新闻类型主要有：专门深耕视频资讯的媒体平台，如梨视频；专业媒体入驻抖音、快手等平台开设的短视频栏目，以及新闻媒体自主推出的原创视频产品，如新京报“我们视频”、央视频等。短视频区别于传统内容形态，拥有独特的传播特性。短视频作为彭兰教授所称的“平民生活起居注”，其内容具有平民化和亲近性的特点，改变了以宏大叙事为主的传统新闻叙事方式，改变了高高在上的语态。无论是在报道的主体还是报道的对象上，都有了明显的平民化的转向和趋势，尤其是Vlog新闻，以强烈的人格化特征，解构了严肃化报道形式，并创建了平等的交流情境。大量的UGC用户生成内容与PGC专业生产内容相结合，共同构成了短视频的内容体系。在传播中，由于碎片化、移动化、泛娱乐化的特点，再加上以社交媒体为主的传播渠道，特别适合形成裂变式与病毒式的传播效果，甚至能够形成网络“迷因”。

在视觉化主导的社会中，音频新闻凭借陪伴性等特质走出了独特的发展道路，各大媒体纷纷布局音频新闻产业，抓住行业发展的新风口。麦克卢汉认为，一切媒介都是人体的延伸。如果使用媒介仅仅使人的某一种感觉器官延伸，那么人类就会处于感觉不平衡的状态。因此，将视觉与听觉结合起来，达到融合传播时代的“感官平衡”需要注意。

(二) 数据新闻

如今，大数据(big data)已经深度嵌入人们生活各个领域和社会治理的方方面面，也渗透了新闻传播领域。伴随着大数据时代的到来，数据新闻这种新型新闻形式也快速发展起来。从精确新闻到计算机辅助新闻再到大数据新闻，数据新闻自身也在不断更新迭代中。数据新闻指的是依托大数据而进行信息挖掘、采集、写作、可视化呈现的新型新闻报道方式。新华社、澎湃新闻、财新传媒都开设了自己的数据新闻特色栏目，打造了知名的数据新闻品牌。

数据新闻有区别于其他传统新闻的特质，对新闻生产也产生了一定的影响。最根本的特点便是以数据为基础，依托海量、开放、快速、公共的大数据，拓展了新闻信息的来源，也拓展了新闻选题。大数据超越了人工收集数据的能力范围，将原本不可能实现的新闻选题转变为现实，也进一步辅助了预测性新闻与解释性报道的发展。同时，数据新闻的可视化叙事改变了传统的新闻叙事方式，在此基础上形成了线型、组合型和交互型叙事模式，以及相关性、对比性和演变性的叙事逻辑①。可视化技术赋能数据新闻，利用数字、图表、动画等样式，将静态与动态相结合，丰富了单一平面的叙事形式，能够用更加清晰直观的方式呈现新闻内容，将复杂的内容简单化、清楚化，更加符合人们的认知和思维方式，更便于用户理解。中央电视台推出的经典数据新闻节目《数说命运共同体》挖掘处理了超 1 亿 GB 数据，分析发现了“一带一路”共建国家 40 多亿百姓休戚相关的密切联系②，其画面场景、呈现效果十分震撼，用数据“数说”了“一带一路”的故事。

数据新闻的生产过程需要较强的专业性，从报道策划确定选题，再到搜集数据、清洗数据、分析数据，数据处理完毕之后进行可视化的呈现，最后进行数据新闻分发，对制作人员的技术技能要求较高。需要注意的是，用数据讲故事，最重要的还是故事，而非数据。大数据虽然有海量、精确等各种优势，但大数据未必是真数据，数据背后可能蕴含着某种既有的价值取向，要将数据的使用和人文关怀结合在一起，多利用大数据生产出有公共性、有社会价值的数据新闻产品，避免掉入数据主义的陷阱。

（三）动画新闻

随着融合媒体的发展，新闻的呈现与表达已经不满足于单纯的图片与文字，动画这一富有趣味性和吸引力的手段被引入新闻制作之中。动画新

---

① 许向东.转向、解构与重构：数据新闻可视化叙事研究[J].国际新闻界，2019，41(11)：142－155.

② 央视网.《数说命运共同体》构建“一带一路”新知体系[EB/OL].（2015－10－04）[2024－01－25]. http://m.news.cntv.cn/2015/10/04/ARTI1443920380718965.shtml.

闻即利用数字动画技术来呈现新闻的一种新型新闻表达方式，是新闻与动画的融合。新京报的动画新闻是新京报的王牌栏目，主张以三维动画、二维动画、现场视频等，推出适合移动端传播的新闻动画短视频产品，以动画的方式讲述新闻故事、还原新闻现场、解读新闻背景，产出了一大批优秀的动画新闻作品。

动态化的动画新闻突破了静态的表达限制，使新闻内容更加形象生动，引人入胜。动画作为呈现事实真相的新型表达手段，在记者难以抵达现场时能够发挥特别作用。对于难以呈现现实新闻现场的情况，动画能够模拟、还原事件发生的过程，清晰直观地展现事件的来龙去脉。动画中的人物与场景，作为真实的人与景的复刻版，也遵守了新闻真实性的原则。2023 年 8 月 24 日，日本正式启动核污染水排海，预计排放 30 年。对此，澎湃新闻美数课发布动画新闻《5 分钟带你了解日本福岛核污染水排海事件》，通过动画技术展现了核污染水在海洋中的扩散路径，以及对后续生活的影响。借助数据让受众迅速捕捉了解到事件重点。文字表达有一定的局限性，在传者的编码与受者的解码中经常会出现误解的情况，而动画能够将语言难以描述清楚的新闻事件直观地表达出来，减少受众的疑惑。同时，动画新闻还特别适合于科普报道与时政报道，将晦涩难懂的专业术语和枯燥乏味的数据“活化”，生动形象地展示出来。央视网便推出了《带画的政府工作报告》，巧妙地利用动画解读政府工作报告中的各项民生数据，获得了较好的传播效果。

动画新闻常与 H5 新闻结合在一起使用。H5 新闻有极强的富媒体、跨媒介特征，能够整合多种传播形态与超链接融为一体，并实现快捷化、跨平台传播，动画也是其中非常重要的元素。获得第 32 届中国新闻奖融合新闻类奖项一等奖的作品《复兴大道 100 号》（图 8－1），融合了文字、画面、声音、动画、AI 交互等各个元素，用一条路串联起中国百年变迁中的重要历史性事件，用巨幅长图呈现出中国共产党的百年征程。在画面设计上尊重史实，还原历史现场，在交互设计上，优化用户体验，为受众带来了沉浸式体验，获得了非常好的传播效果，在人民日报、微博等平台阅读量均过亿，形成了线上线下联动的强大传播矩阵。未来随着技术的发展，动画新闻与 H5 新闻的技术门槛和创作成本将进一步降低，呈现形态更加逼真与立体，为新闻业态注入新的活力。

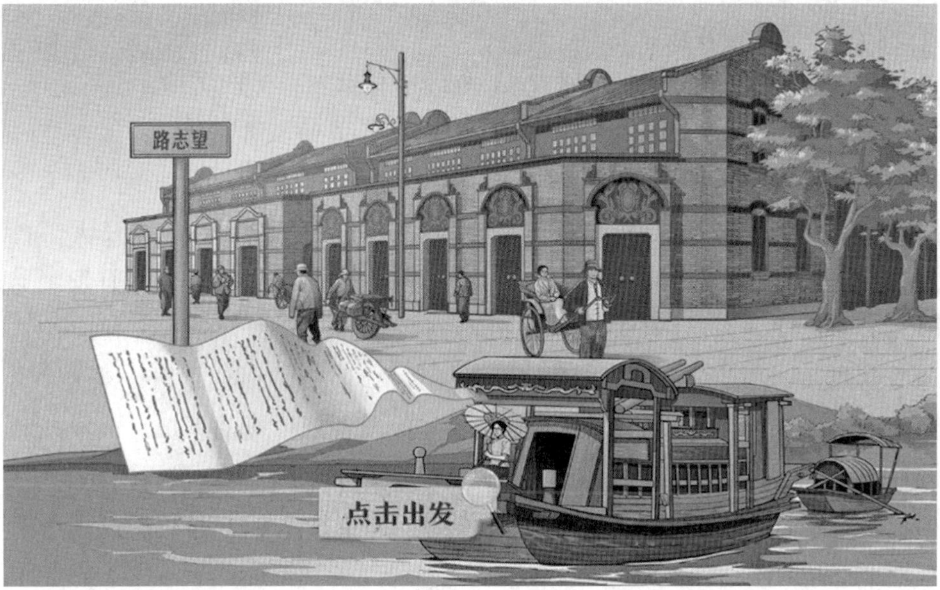

图 8-1　人民日报《复兴大道 100 号》H5 作品

(四) 沉浸式新闻

沉浸式新闻就是借助 VR、AR 和 MR 等虚拟现实技术进行新闻报道，为受众带来沉浸式体验的新闻类型。沉浸式新闻借助 VR、AR、MR 等技术，能够全方位、立体化呈现新闻信息，为受众营造仿真情境，实现“缺席的在场”。

沉浸式新闻最重要的特点便是沉浸感。第三媒介时代理论认为，第三媒介时代是指以沉浸传播为特征、以泛在网络和大数据为物理基础的泛众传播时代，是一切皆为媒介的时代，也可被认为是媒介彻底融合的时代①。沉浸式新闻突破了传统新闻的表达方式与想象空间，使得用户以第一人称视角遥在新闻现场，有身临其境之感。用户还可以通过各种智能操作自行选择感兴趣的内容，构建自己的内容空间，并且可以实现传受之间的交互。《纽约时报》的第一部虚拟现实纪录片《流离失所》(*The Displaced*)便利用虚拟现实技术，展示了三个身处战争之苦的孩子的真实生活状态。在北京冬奥会上，CGTN 搭建了一个 AR 虚拟演播室，将实体演播空间转移到线上，打破了原本主持人与

① 李沁.沉浸媒介：重新定义媒介概念的内涵和外延[J].国际新闻界，2017，39(8)：115-139.

观众空间割裂的局面。央视频还采用了 VR 全景全程直播，360°立体拍摄，让观众仿佛亲临比赛现场。

自 2013 年首个 VR 新闻报道《丰收的变化》(*Harvest of Change*)诞生，VR 等虚拟现实技术与新闻的结合就愈发密切，在重大主题报道、体育赛事直播等随处可见 VR/AR 的身影。例如央视网大力发展 VR 新闻，推出了"VR 浸新闻"栏目，包括了 VR 暖故事、VR 任意门、VR 大突发、VR 大事件等节目，全方位呈现新闻故事(图 8－2)。然而，目前沉浸式新闻仍有发展局限和潜在伦理问题。VR 新闻制作成本高、制作周期长，导致 VR 新闻的选题受到限制，尤其是突发事件中，很难实现及时、全时报道。由于观看 VR 新闻需要一定的设备，如 VR 眼镜头盔等，难以实现市场的下沉。沉浸式新闻强调全感官的调动，却容易削弱报道的真实性与报道内容深度，导致形式与内容的错位。强沉浸性也可能会导致真实与虚拟之间的边界模糊，反而给受众带来不好的体验。

图 8－2　央视网 VR 浸新闻

(五) 新闻游戏

近年来，游戏逐渐摆脱了"玩物丧志"的负面标签，突破了被污名化的困境，发挥出正向的社会价值。当游戏与新闻结合，便产生了新闻游戏这种形式。用游戏化的方式去设计、呈现新闻，增强了新闻的可读性和吸引力。新闻游戏背后是传播的游戏观这种观念，与主流结构功能主义的传播观念不同，斯蒂芬森认为“大众传播之最妙者，当是允许阅者沉浸于主观游戏之中者”[①]，也就是说传播除了能够作为一种工具，也可以作为一种游戏。

新闻游戏的出现契合了用户多元化需求的趋势，游戏化的设计架构与叙事方式让新闻内容更加有趣、生动，改变了“灌输”的方式，而用浸润的方式将要传达的主要内容潜移默化地融入游戏，达到喜闻乐见的效果，更容易引发受众的共鸣与共情。新闻游戏中受众的地位角色发生转变，主动性和选择性加强，基于游戏的交互设计，种种环节、关卡设置，让受众不再是简单的旁观者，而能够成为新闻的亲历者。游戏与虚拟现实技术，甚至元宇宙相结合，通过对画面、声音、环节的精心设计，能够营造出富有沉浸感的传播情境。受众的浸入感与卷入度也更强，全身心投入其中，获得的体验和反馈都更加真实与深刻。由此，新闻游戏便能够从认知层面深入到情感与行动层面，获得其他新闻类型难以达到的传播效果。封面新闻在党的二十大召开前夕，上线了《大国工程我来建》的3D互动游戏（图8-3），让网友化身工程师，参与建造中国的标志性工程，包括山东舰、港珠澳大桥、天宫空间站、歼-20、复兴号、天府国际机场和上海中心大厦七个关卡的模型。该游戏兼具科普性与游戏性，其中划分简单、进阶两种游戏模式，通过观察模型零散部件的接合位置及形状，将其拼装成整体模型，以便玩家选择。该游戏彰显了中国的大国实力，增强了用户的民族自豪感。

图8-3　封面新闻《大国工程我来建》新闻游戏

---

① STEPHENSON W. The Play Theory of Mass Communication [M]. New Brunswick: Transaction Books, 1988: 1.

对于新闻游戏，同时存在“游戏说”与“新闻说”两种观点。笔者认为，新闻游戏的本质仍是新闻，游戏则为辅助表达的形式。传达信息仍是最主要的任务，而非娱乐，真实性是新闻的生命。BBC 出品的新闻游戏《叙利亚之旅》(Syrian Journey)改编自关于叙利亚难民的新闻报道，玩家在游戏中扮演一名叙利亚难民，要渡过重重关卡逃往欧洲。该作品引发了巨大争议，也有反对者称将灾难游戏化是违背了人道主义的伦理道德的。因此新闻游戏也要恪守真实性，尤其是在面对涉及公共利益的严肃性话题时，更要警惕泛娱乐化的风险。让游戏为新闻服务，不能本末倒置。如今国内新闻游戏的发展仍处于初步阶段，无论是技术方面，还是情节设置方面都需要进一步精进，进一步发展。

（六）算法新闻

如今，算法深度嵌入人类社会的方方面面，我们正处于“算法社会”之中。算法(Algorithm)是一套按照特定指令执行并解决特定问题的计算机程序。算法具有强大的算力，有排序(Prioritization)、过滤(Filtering)、分类(Classification)、联合(Association)等功能。算法新闻是算法技术与新闻传播业相结合的产物，其中包括算法、人工智能、大数据、云计算等多种技术的相互联合，是能够综合利用这些智能技术进行新闻的采集、生产、编辑、审核、分发与反馈等一整套流程。在国外，2014 年，美联社使用的 Automated Insights 公司开发的软件 WordSmith，是最早的机器人写作软件。国内，以“今日头条”为首拉开了算法新闻平台的序幕。如今各大平台，各大媒体都在算法的底层逻辑下开展新闻活动。

算法新闻为传统新闻业带来一场技术革命，形成了新的新闻业态。算法新闻推动新闻生产走向自动化、智能化。MGC 机器生产内容解放了记者的双手，实现信息的秒速生产，在体育新闻和财经新闻报道中大显身手。2015 年，腾讯财经频道的自动化新闻写作机器人 Dreamwriter 发布了一篇名为《8 月 CPI 涨 2% 创 12 个月新高》的新闻报道，由此开创了国内机器人写稿的先河。如今，各大商业媒体和主流媒体都拥有了自己的写稿机器人，例如今日头条的“张小明(xiaomingbot)”、新华社的“快笔小新”、阿里巴巴联合第一财经的“DT 稿王”等。随着技术发展，机器人涉及的写作领域也在不断拓宽，在近几年的全国两会报道中，机器人写作已成标配，速度快、产量高，能够即刻生产海量内容，满足时效性的要求，极大提高了生产效率。除机器人写作之外，AIGC 也成发展风口，例如在 2022 年全国两会期间，工人日报依托百度 AIGC 的数字人主播晓晓，推出了《两会晓晓说》栏目。同时，算法新闻可以实现个性化的推送，通过协同过滤推荐算法、关联规则推荐算法等机制，根据用户画像进行定制与分发，让“我的日报”成为现实，也缓解了现代人信息爆炸与信息焦虑的问题。

算法作为新的把关人，按照算法逻辑而非专业新闻从业者的价值评判标准来判断新闻质量，从根本上来说，是工具理性胜过了价值理性。长期来看，会导致新闻内容池中的劣币驱逐良币现象。同时，算法推荐可能会加重信息茧房，加重圈层化传播的内部循环，让人们处于信息孤岛之中。更重要的是，算法是一个不公开不透明的黑箱，让受众和算法平台之间处于权力不对等不平衡的状态中。对此，如人民日报、中央广播电视总台等主流媒体打造主流算法，用主流价值导向引导算法。图 8－4 所示为人民日报“创作大脑”，旨在集智能算法与内容优势，赋能内容创作者。

图 8－4　人民日报“创作大脑”

三、融合新闻的叙事逻辑

融合新闻不仅在技术逻辑与呈现形态上与传统新闻不同，也呈现出了不同于传统新闻的叙事表达逻辑。由于融合新闻的基本属性是融合，将多样化的媒介元素融合在一起，因此，融合新闻生产的基本叙事语言就是“多媒体叙事”①。

① 刘涛，杨烁燏.融合新闻叙事：语言、结构与互动[J].新闻与写作，2019(9)：67－73.

多媒体叙事在叙事者、叙事结构、叙事风格等方面解构了既有的新闻叙事形式。

传统新闻的叙事者是写作者和当事人，以记者和编辑为主。而随着新闻生产权力的下沉，普通民众也有制作新闻的权利，大量的 UGC 内容出现，叙事者出现了非职业化的趋势。有些融合新闻作品会将网民的意见、弹幕等也纳入作品之中，体现了一件新闻作品中出现的多元主体、多元声音与多元立场。同时，新闻的叙事者也不限于人类，机器人、虚拟主播、算法甚至数据都可以进行叙事。数据新闻就是典型的“数据驱动叙事”方式，可以做到用数据、图表说话，还可以通过可视化展现客观数据增加新闻的说服力与可信度。另外，传统新闻叙事视角以第三人称为主，因此受众的代入感较弱，但随着 VR、AR 新闻的发展，受众可以转变视角，借助技术手段作为“当事人”以第一人称亲历新闻事件，亲临新闻现场。

新闻叙事结构有线性和非线性，还有组合型、交互型等多种。传统新闻叙事以线性为主，比如以时间顺序进行，尽管文字作品可以综合运用倒叙、插叙等叙事手法，但始终无法突破平面的限制。融合新闻主要是多媒体叙事，整合各种叙事元素，因此以非线性的叙事结构为主，强调各元素之间的互动。融合新闻可以实现从二维到三维，从单一载体到跨平台跨媒介的转变。融合新闻在时间、空间双重维度上突破原有限制，比如可以借助各种类似超链接的选项实现即时跳转，随意拉动进度条和时间轴，自主设置叙事结构与节奏，也可以自行选择场景，全方位查看地图场景，用户的使用更加灵活轻便。获得第 32 届中国新闻奖融合新闻类二等奖的《最后，他说——英雄党员的生命留言》，选取了建党百年历史上牺牲的党员英雄人物，将他们生命中的最后一句话串联在一起，将文字、视频、手绘图片、音乐、动画、互动游戏等结合在一起，形成了一幅感人肺腑的融媒体互动长卷。如果是传统图文报道，只能用列举的方式一一展现这些人物，而在融媒体作品中，用户在浏览该作品时，可以“穿越时空”，自行选择想要了解的人物与场景，走到英烈身边，“目睹”英烈面貌，“聆听”英烈话语。

同时，融合新闻以用户为中心，还形成了独特的叙事风格，如平民化、可视化、趣味化等。短视频新闻最显著的叙事特征便是平民化，作为从民间文化走向公共传播的短视频，生活化是其基本的叙事表达策略[①]。各类融合新闻各有

---

① 彭兰.短视频：视频生产力的“转基因”与再培育[J].新闻界，2019(1)：34－43.

其叙事逻辑，有共性也有个性。近年来兴起的慢直播新闻，反而以“无叙事”的叙事方式受到大家欢迎，因此，一切叙事都要以用户为导向，带给受众好的阅读体验便是好的叙事。

第三节 融合新闻实务

一、融合新闻的生产流程

新技术的出现改变了传统新闻采编流程，形成了一套新的规范化的新闻生产模式。最具代表性的就是中央厨房模式。目前“中央厨房”类的资源集成平台已成为全媒体内容生产的主要选择。“中央厨房”一词从餐饮业引入新闻业，成为全媒体全流程生产模式的代名词。“中央厨房”能够实现一次策划，一次采集，多种生成，多元传播，最大限度地利用资源，使新闻生产流程更加标准化。在做融合新闻的选题策划时，要强化互联网思维，及时捕捉舆情热点，于平凡中找到不凡，在屡见不鲜的话题中找到特殊的切入点，才能够脱颖而出。2021 年，新华社推出的作品《十四五@十四亿》，用备受青年人喜爱的 RAP 说唱方式，唱出“十四五”规划。由于歌词简洁明快，节奏朗朗上口，更有官方下场的“反差萌”，该作品在国内外社交平台上引发刷屏效果，主创团队成员，新华社记者孔令杭称“拼的就是创意”。将原本离受众距离遥远，体感较为枯燥的时政新闻变得年轻化、接地气，可见这是一次非常成功的融合新闻报道策划。

通过一次采集，将采集好的内容放至资源库中，以便后续各个部门获取新闻素材，不必再重复采集，在采集中可以利用大数据技术进行数据挖掘，形成专题数据库，在降低成本节省人力的同时也能够提高生产效率。采集完成后，可以进行后续的加工与再加工，依据不同的媒体定位和传播特点制作不同形态的新闻内容，并进行投放与分发，如在抖音、快手等平台投放短视频新闻，在微信公众号里发布 H5 新闻，在微博中发布短消息与快评，在新闻分发中既要做到矩阵式传播，发挥不同传播渠道的协同作用，也要实现个性化分发，为用户精准推送。

2016 年，人民日报“中央厨房”正式上线，打破了内部资源壁垒，将采访、编辑、制作、分发全流程聚合在一起，解放了全媒体生产力，成为中央厨房的标杆。此后，各大媒体均上线了专属的特色全媒体采编平台，如新华社“现场云”，中国青年报的“融媒小厨”等（图 8－5）。还形成了多个区域云平台，如湖北省的长江云、江苏省的荔枝云等。

图 8－5　中国青年报“融媒小厨”

总之，融合新闻的生产流程和模式实现了资源集约、渠道整合、精准运营，在选题策划、信息采集、新闻制作、新闻分发和新闻反馈等环节对传统新闻生产模式进行了重构（图 8－6）。

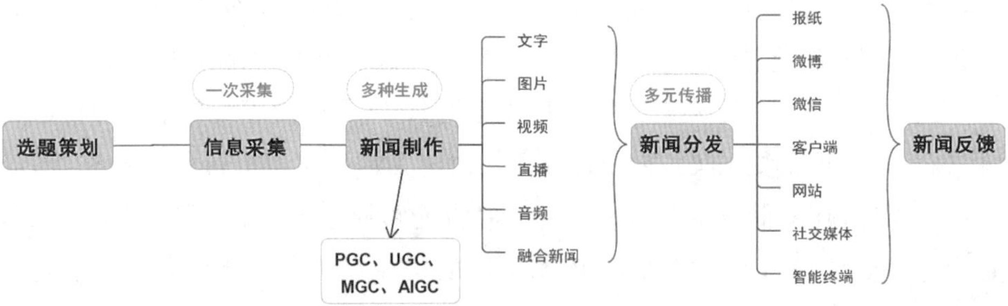

图 8－6　融合新闻生产流程图

二、主流媒体的融合新闻实践

（一）融合新闻背景下的媒体组织

媒体融合纵深发展，不仅是表面的业务融合、技术融合和产品融合，还包括更深层次的体制机制融合、所有权融合，要在体制机制、政策措施、流程管理、人才技术等方面加快融合步伐[①]。打破体制机制壁垒，才有深入机理真正融合的可能性。如今在融合新闻的发展背景下的媒体组织已经发生了很大变化。

在过去，我国媒体之间长期以来处于条块分割、壁垒森严的状态，限制了融合发展的空间。尽管鼓励媒体体制机制融合，传统的管理观念也已经根深蒂固很难改变。媒体深度融合进入攻坚期和深水期，最重要的就是触及传统的固有的体制机制。如今，各个媒体组织纷纷刀刃向内，进行改革。国家重要的主流媒体都走向了集团化、产业化之路，实现资源整合，转型升级。2018 年 4 月，原中央电视台、中央人民广播电台、中国国际广播电台合并组建中央广播电视总台，将中央三台资源集于一身，实现集约化、一体化发展。近年来，河南卫视凭借《唐宫夜宴》《龙门金刚》《中秋奇妙游》《端午奇妙游》等节目在网络上出圈，这些节目的制作者创意十足，配合最新的视觉呈现技术，打造了一场传扬中华传统文化的视觉盛宴，实现了传统文化的创造性转化，创新性发展。细究其成功的背后，离不开河南卫视近年来的体制机制改革。2020 年起，河南卫视响应政策号召，推进体制机制改革。河南广电推进"经营性事业单位转企改制"以及"制播分离"，将河南广播电视台全媒体营销策划中心作为试点单位，并推行工作室制度，设立了纪录片工作室、精品广播剧创作部、导演工作室等部门。在重要节日或项目开始前，全台开展竞聘和内部招标，竞聘成功即能上岗。同时还更新了考核与奖励制度，赋予了工作人员更大的自主权，使他们可以放心施展拳脚做出令人民满意的融媒作品。

（二）主流媒体融合新闻案例

主流媒体是媒体融合发展的前沿阵地，也是优质融合新闻生产的重要主体。主流媒体作为党的新闻舆论工作的主力军，做好重大主题报道是必不可少的职责使命。同时，重大主题报道也是对主流媒体的融媒内容生产创新能力、主流舆论引导能力乃至媒体融合实效成果的一次集中检验[②]。在此选取党的二十大以及 2023 年两会这两个重大主题事件，来观察主流媒体在融合报道中的表现。

---

① 习近平.加快推动媒体融合发展　构建全媒体传播格局[J].前线，2019(4)：4－7.

② 曾祥敏，况一凡.融媒重大主题报道的创新与效果——中央媒体二十大报道中的融合新闻作品研究[J].传媒，2022(23)：9－12.

三大央媒——人民日报、新华社与中央电视台，作为党和人民的耳目喉舌，自然是重大主题报道的重镇。在党的二十大开幕式现场，三家媒体均采用了全程现场直播，在全平台播放，进行了强大的议程设置。直播结束后，人民日报迅速放出“组合拳”，推出了《一图速览！二十大报告要点来了》《党的二十大报告思维导图》等图文报道，实现轻量化传播。在2023年两会中，同样重视轻量图文的表现方式，发布了诸如《年轻人关心的这些事，政府工作报告里这样说》《收藏！政府工作报告双语学习词典》等新闻漫画。除此之外，还发布了金句视频《二十大报告金句视频版来了！》，用短平快的方式迅速传达党的二十大的精神要领；人民日报推出“践行嘱托十年间”系列融媒体报道，以总书记嘱托为指引，以小切口反映时代发展大主题，综合运用文字、视频、照片和原声音频等元素，取得了较好的传播效果和社会效果。

新华社作为国家级通讯社，在重大时政报道中推出了许多精品内容。新华网推出了“跟着总书记学历史”系列融媒体报道，推出《聚焦二十大报告，这些提法引人关注》《“数”读二十大报告》《一图速览二十大报告》《二十大报告金句》等图文作品，包括长篇漫画作品《复兴有我！》《民主的打开方式》。除了静态作品，还推出了微电影《小事大时代》《如果给10年前的自己打个电话，你会聊啥?》，纪录片《我们的新时代》等。新华社还在二十大报道中启用了AI虚拟主播“新小浩”“新小萌”播报新闻，在2023年两会报道中联合中国移动咪咕共同打造“元宇宙看两会”节目，并邀请特派报道记者数智人弋瑭，将人工智能深度嵌入新闻报道，带给受众全新体验。

中央广播电视总台特别注重发挥视听传播方面的优势，在对党的二十大开幕式进行全网直播之外，还推出了一系列优质融媒内容。在图文报道方面，央视新闻推出了《时政画说丨党的二十大·开幕！》《声声入心！二十大报告有声海报来了》等作品，将视听结合在一起。同时还推出了极具创意的互动新闻作品《起飞》《跃动起来了》等，将中国的发展用富有趣味性的方式展现出来。总台充分利用最新技术赋能新闻报道，《想象力全开　用XR打开这十年》《一幅幅生动画卷，VR邀你沉浸式体验》《AI描绘110万字外媒报道里的未来中国》借助XR技术、AI绘画等，生动展现了具有科技感和未来感的中国画卷。

除了这三大中央媒体，许多主流媒体也推出了令人耳目一新的融媒体作品。如澎湃新闻推出数据新闻作品《数说两会|1978年到2023年政府工作报

告关键词盘点》梳理了46份《政府工作报告》的高频词汇。新京报动新闻栏目推出《动画看2023政府工作报告|100秒讲透》，用动画的形式展现中国过去几年发展的成就。川观新闻推出的双语视频《国色天府》展现了一幅四川绝美画卷，斩获破亿次阅读量。川观新闻还联合北京日报·都视频、天津日报、河北日报、上观新闻、新华日报·交汇点、潮新闻、安徽日报、南方日报·南方+、重庆日报等10家省级新媒体推出《雪龙吟》(四极版)歌曲MV，发挥联动效应，获得了良好的传播效果。众多主流媒体或通过技术革新，或通过形式创新，纷纷生产出了优秀的融合新闻作品，改变了原本时政报道的内容生态。

第四节　融合新闻的未来发展

一、融合新闻的伦理规制

融合新闻时代，新技术进入新闻传播行业，在注入新的活力之外，也可能会带来一定的伦理问题，需要加以规制。技术话语体系与道德话语体系之间的断裂与冲突激发了重构新闻伦理的迫切需求[①]。

算法参与新闻生产的全流程，算法代表的技术理性强调效率至上与流量至上的原则，改变了新闻价值的评判标准，对传统的新闻真实、新闻客观性原则与新闻专业主义理念都造成了冲击。同时，随着多元行动者参与新闻生产，而其媒介素养却参差不齐，缺乏新闻专业能力，可能导致新闻优质内容的传播空间受到挤压，具有公共性和专业性的内容缺失。并且，以算法、大数据、人工智能为代表的新技术并非是完全客观中立的，“算法黑箱”“算法偏见”是实际存在的，技术背后也有价值观，会与社会主流的价值导向产生冲突。

另外，对新技术、新形式的盲目崇拜，可能会导致新闻内容深度与人文价值的欠缺。牛津大学路透新闻研究院在2018年发表的一份调研报告中称，在近年来由前沿科技驱动的媒介转型升级的浪潮中，新闻业创新受到了“追逐亮点综合征”(Shiny Things Syndrome)的困扰[②]。不考虑自身实力与长远规划，

① 刘斌.技术与伦理的冲突与融合——算法新闻时代新闻伦理重构及对策[J].西南民族大学学报(人文社会科学版)，2022(3)：135-143.

② 史安斌，戴润韬.从亮点到灵晕：新闻业的内涵式创新路径[J].青年记者，2019(19)：78-81.

便一哄而上追求新技术，反而会造成资源的浪费。新闻最重要的还是内容，技术主义、数据主义会压制人文主义。

同时，融合新闻的生产制作过程中可能会产生侵权问题，主要表现在侵犯隐私权与著作权两方面。如今，我们已经处在数据化生存的境况中，暴露于数字化的全景监狱之中。大数据、传感器、物联网等技术会在我们不知不觉中挖掘爬取大量个人信息、数据痕迹，其中也包括大量的隐私信息。目前，很多融合新闻的采集与分发过程中，都涉及大量用户数据，为用户提供个性化、定制化的信息时，必然要获取用户的相关信息和数据，这便存在数据泄露、隐私侵犯的风险。在提供优质服务和保障用户权益之间实现平衡是非常困难的。另外，随着 MGC、AIGC 这些非人类创作主体的出现，在著作权所有权上该如何界定，也是目前有争议的话题。

二、融合新闻的未来发展

（一）融合创新与智能化发展

《关于加快推进媒体深度融合发展的意见》中特别强调了要坚持移动优先，坚持科学布局，坚持改革创新，指出要以先进技术引领驱动融合发展，用好5G、大数据、云计算、物联网、区块链、人工智能等信息技术革命成果，加强新技术在新闻传播领域的前瞻性研究和应用，推动关键核心技术自主创新。因此，融合新闻的发展首先应当坚持技术创新，大力培养技术人才，打造自主可控的智慧系统，用技术创新推动内容创新，助力传统媒体向智能化媒体的转型。

融合发展要强调均衡。如今媒体融合仍旧存在横向联动不畅、纵向差距明显的问题。中央级媒体和省级媒体，本身拥有强大的资源禀赋，县级融媒体获得了国家政策的大力支持，而市级融媒体却在四级融合的布局中处于较为尴尬的位置。媒体融合不只是主流媒体单方面的改变，还要做到传统媒体与新兴媒体的双向融合，优势互补。主流媒体入驻新媒体平台，前者获得了后者的流量资源，后者也得到了前者的优质内容，优化了平台的内容生态。同时，不仅要与外部平台融合发展，还要自建平台，打造媒体融合时代主流意识形态宣传的前沿阵地。例如中央广播电视总台打造的我国首个国家级 5G 新媒体平台“央视频”（图 8－7）。在技术方面，“央视频”基于“5G＋4K/8K＋AI”等新技术，采用“大中台＋小前台”设计，实现了技术架构上的自主可控。“央视频”

将自身定位为"有品质的视频社交媒体"，聚焦泛文体、泛资讯、泛知识三大品类，既推出自制节目，也整合了社会优质资源，源源不断地推出优质的融媒体内容。

图 8－7　"央视频"网站首页

（二）人才培养与队伍建设

融合新闻的发展催动新型新闻人才的培养。业界与学界从来都是相互促进的，业界的突破推动着学科范式的革新，学界的人才不断为业界增加活力。媒体融合的不断演进，新闻学与传播学、网络传播学的学科边界也逐渐模糊，打通学科壁垒，实现融合发展势在必行。传统新闻学的学科范式难以应对新兴的新闻传播环境，可以说传统新闻学科面临着范式危机，因此必须加以改变。

新的新闻传播生态催生了新的新闻学科范式，即融合新闻学。融合新闻学的本质就是未来的新闻学，其最大特点是高度跨学科，是在新闻学与传播学融合共生基础上的跨学科建构，是未来的新闻学，是技术、学术和实践跨界的新生物①。学科范式的改变对新闻教育的开展和新闻人才培养提出新的要求。

以习近平同志为核心的党中央特别重视新闻人才的培养。2018 年，教育部《新闻传播学类教学质量国家标准》将"融合新闻学"纳入新闻学、网络与新媒体专业、广播电视学专业的必修课程体制中。融合新闻学对新闻从业者提出了更高的要求。以前，记者、编辑可以各自负责一部分内容，做好自己的本

① 李沁.融合新闻学："不可通约性"视阈下新闻传播学范式转变[J].现代传播（中国传媒大学学报），2023(1)：143－151.

职工作即可。如今，随着媒体融合的深入，体制机制壁垒逐渐消解，传统条块分割、各司其职的工作方式发生改变，传统新闻生产流程被改变甚至颠覆，不再遵循线性的采—写—编—发的流程，以“中央厨房”为代表的生产方式逐渐流行。新闻工作者往往需要身兼数职，不仅需要拥有传统的新闻采访、新闻评论、新闻编辑等能力，还需要有一定的数据处理、视频剪辑、网络传播能力。在面临突发事件时，全时化的传播时效要求新闻工作者一个人便是一支队伍。随着 AI、算法等技术深度介入新闻生产全链条，对跨学科人才的需求扩张，尤其是计算机背景的人才格外受到关注。如今的新闻人才必须与不断变化的传媒生态相适应，既保留传统媒体时代传承下的专业精神，也要拥有强烈的前沿意识，增强本领，从单一型记者转向全能型记者，努力成为“全媒型人才”“专家型人才”。

（三）伦理导向与制度规范

针对上文所言的融合新闻中可能出现的伦理风险，需要正确的导向与规制。在我国，党性原则是新闻业的根本原则，在国家主流媒体与商业化媒体融合发展时，也要牢牢坚持正确舆论导向，坚持以人为本的新闻伦理原则，强化责任感与使命感。算法是融合新闻生产中离不开的核心智能技术，目前，国家正在加快推进对算法以及对网络空间的治理。2022 年 3 月 1 日，《互联网信息服务算法推荐管理规定》正式施行，明确了算法推荐服务提供者的信息服务规范，要求算法推荐服务提供者应当坚持主流价值导向，为算法立章建制，强调“党管算法”。主流媒体也在研发推出主流算法，推动算法向上向善。自 2021 年以来，多项“净网”活动和“清朗行动”成效显著。2023 年 3 月，2023 年“清朗”系列专项行动启动，聚焦新情况新问题以及制约治理成效的难点，开展一系列专项整治，重点围绕九方面内容，其中与新闻传播相关的有整治“自媒体”乱象、打击“网络水军”操纵信息内容、规范重点流量环节网络传播秩序、整治短视频信息内容导向不良问题等。针对人工智能的伦理规范、对智能传播时代著作权与隐私权的保护等重难点，国家也推出了相应的政策规定，这些举动将对融合新闻背景下的伦理失范问题起到强有力的矫正作用。

媒体融合是一个过程，永远处于进行时。作为媒体融合时代的产物，融合新闻也是如此。面对媒体融合的新阶段，媒体需要不断改革创新，与时俱进，推出优质融合新闻作品，不断提高传播力、引导力、影响力和公信力。

思考与练习

1. 如何理解融合新闻?
2. 结合实例阐述融合新闻的叙事逻辑。
3. 简要介绍融合新闻的生产流程。
4. 针对融合新闻的未来发展提出你的建议。

参 考 文 献

一、中文著作

[1] 本书编写组.新闻学概论[M].北京：高等教育出版社，2020.

[2] 陈丽芳.新媒体时代新闻传播研究[M].沈阳：辽宁人民出版社，2020.

[3] 丁邦杰.新闻短视频采编传教程[M].南京：江苏人民出版社，2022.

[4] 段勃.新闻采访学新论[M].北京：新华出版社，2021.

[5] 甘惜分.新闻学大辞典[M].郑州：河南人民出版社，1993.

[6] 何芳，罗跃姝.融合新闻学[M].成都：西南交通大学出版社，2021.

[7] 胡正荣，黄楚新.中国新媒体发展报告.No.13(2022)[M].北京：社会科学文献出版社，2022.

[8] 黄楚新.新媒体：移动传播发展现状与趋势[M].北京：人民日报出版社，2022.

[9] 刘冰.新闻实务训练[M].北京：北京大学出版社，2017.

[10] 刘建明等.新闻学概论[M].2 版.北京：中国传媒大学出版社，2017.

[11] 柳邦坤.当代新闻采访与写作教程[M].2 版.武汉：武汉大学出版社，2017.

[12] 骆汉城等.行走在火上——隐性采访的法律思考[M].北京：中国经济出版社，2005.

[13] 彭兰.网络传播概论[M].北京：中国人民大学出版社，2009.

[14] 孙旭培.新闻侵权与诉讼[M].北京：人民日报出版社，1994.

[15] 王长潇，刘瑞一，等.多维视野中的网络视频传播[M].北京：中国传媒大学出版社，2021.

[16] 王春枝.后视频时代：移动视频媒体与区域文化发展[M].北京：光明日

报出版社，2019.
[17] 武斌.融媒体背景下的新闻采访[M].北京：电子工业出版社，2017.
[18] 武斌.新闻采访与写作[M].杭州：浙江大学出版社，2019.
[19] 肖峰.全媒体新闻编辑与评论[M].武汉：武汉大学出版社，2021.
[20]《新闻编辑》编写组.新闻编辑[M].2 版.北京：高等教育出版社，2019.
[21]《新闻采访与写作》编写组.新闻采访与写作[M].北京：高等教育出版社，2019.
[22] 杨嫚.新媒体内容生产与编辑[M].重庆：西南师范大学出版社，2016.
[23] 詹新惠.网络与新媒体编辑运营实务[M].北京：中国传媒大学出版社，2019.
[24] 周艳.新媒体理论与实务[M].北京：中国传媒大学出版社，2014.

二、翻译著作

[1] 居伊·德波.景观社会[M].张新木，译.南京：南京大学出版社，2017.
[2] 肯·梅茨勒.创造性的采访[M].李丽颖，译.北京：中国人民大学出版社，2010.
[3] 马歇尔·麦克卢汉.理解媒介：论人的延伸[M].何道宽，译.南京：译林出版社，2011.
[4] 梅尔文·门彻.新闻报道与写作[M].9 版.展江，译.北京：华夏出版社，2003.
[5] 尼古拉斯·米尔佐夫.视觉文化导论[M].倪伟，译.南京：江苏人民出版社，2006.
[6] 斯图亚特·罗素，彼得·诺维格.人工智能：一种现代的方法[M].3 版.殷建平，等译.北京：清华大学出版社，2013.
[7] 文森特·莫斯可.数字化崇拜：迷思、权力与赛博空间[M].黄典林，译.北京：北京大学出版社，2010.
[8] 詹明信.晚期资本主义的文化逻辑[M].陈清侨，译.北京：生活·读书·新知三联书店，1997.

三、研究报告

[1] 北京广播电视台节目研发中心.2021 年中国广播深度融合的生态化布局

报告[M].北京：社会科学文献出版社，2022.
[2] 黄楚新，陈智睿.2022年中国媒体融合发展报告[M].北京：社会科学文献出版社，2023.
[3] 颜春龙，申启武，牛存有，等.中国音频传媒发展研究报告(2022)[M].北京：社会科学文献出版社，2022.

四、报纸文章

[1] 仝妍.科技时代，舞蹈何以"众乐乐"[N].光明日报，2024-05-22(16).
[2] 习近平在全国宣传思想工作会议上强调胸怀大局把握大势着眼大事努力把宣传思想工作做得更好[N].经济日报，2013-08-21(1).
[3] 赵迎辉.如何化解短视频背后的法律风险[N].学习时报，2023-05-24(3).

五、期刊论文

[1] 蔡雯.媒介融合前景下的新闻传播变革——试论"融合新闻"及其挑战[J].国际新闻界，2006，28(5)：31-35.
[2] 蔡雯.美国"公共新闻"的历史与现状(下)[J].国际新闻界，2005(2)：27-31.
[3] 曹博林.社交媒体：概念、发展历程、特征与未来——兼谈当下对社交媒体认识的模糊之处[J].湖南广播电视大学学报，2011(3)：65-69.
[4] 曹开研.互动新闻作为一种新闻实验的现状及问题[J].青年记者，2020(31)：39-40.
[5] 常江，徐帅.短视频新闻：从事实导向到体验导向[J].青年记者，2017(21)：20-22.
[6] 陈家喜，焦嘉欣.数字时代我国主流媒体的适应与转型——基于五家中央主流媒体的案例研究[J].中共中央党校(国家行政学院)学报，2020，24(4)：89-96.
[7] 陈立敏."网络—节点式"新闻生态系统的生成逻辑与运行机制[J].编辑之友，2023(3)：84-90.
[8] 陈杏兰."媒体矩阵"建设中的三个思维误区[J].传媒，2020(11)：65-67.
[9] 褚金勇."新闻客观性"的历史脉络、逻辑向量与现代启示[J].青年记者，

2019(18)：29 - 30.

[10] 邓绍根，曾林浩.论中国共产党新闻事业的党性原则及“党性和人民性统一”[J].当代传播，2022(5)：12 - 18.

[11] 丁依宁.把视觉作为产品：澎湃新闻 Sixth Tone 的视觉实践[J].青年记者，2023(3)：18 - 20.

[12] 范逸祖.浅议网络新闻的采访与写作[J].新闻传播，2010(5)：44.

[13] 冯博.网络新闻标题的失范现象及其规避路径[J].传媒，2019(9)：89 - 91.

[14] 高钢.专题报道如何打好“组合拳”[J].新闻与写作，2019(6)：108 - 109.

[15] 高贵武，丁慕涵.从广播到音频：听觉文化里的声音生态[J].青年记者，2021(11)：60 - 63.

[16] 郜书锴.媒介逻辑：理解用户新闻学的新思维——以西方“参与式新闻”为对象的反思[J].新闻爱好者，2020(8)：41 - 44.

[17] 宫承波，陈曦.智能音频传播策略：基于多维场景用户体验的探讨[J].当代传播，2018(4)：101 - 104.

[18] 辜晓进.“报业播客”爆红背后的大众传播演进逻辑——纽约时报成功进军音频世界的启示[J].新闻与写作，2020(9)：36 - 44.

[19] 辜晓进.欧美主流媒体融合转型进路及 AIGC 探索[J].新传播，2023(3)：62 - 65.

[20] 郭淑娟.新媒介环境下网络论坛的舆论引导[J].新闻前哨，2015(2)：74 - 76.

[21] 韩鸿.论新媒体背景下的公民共享新闻学[J].新闻与传播研究，2006，13(3)：73 - 79.

[22] 韩隽，巨高飞.网络新闻专题的内在特质与变化态势——基于近三届中国新闻奖相关获奖作品分析[J].传媒，2020(24)：18 - 20.

[23] 和曼，焦飞越.“四全媒体”背景下网络新闻编辑核心竞争力的构建[J].中国编辑，2021(7)：91 - 96.

[24] 侯乐萌，王蕊.新闻聚合分发平台及其版权问题研究[J].中国出版，2019(21)：53 - 55.

[25] 胡正荣.复杂网络社会认识论中的新闻真实[J].新闻与写作，2022(7)：1.

[26] 华进.窗口·微内容·标题轴：网络新闻结构新解[J].青年记者，2013(5)：62－63.

[27] 黄日涵，姚浩龙.被重塑的世界？ChatGPT 崛起下人工智能与国家安全新特征[J].国际安全研究，2023(04)：82－106，158－159.

[28] 姜润曦，杜仕勇.全媒体时代网络专题报道的融合创新——以人民网两会报道为例[J].传媒，2021(3)：27－28，30.

[29] 李颢宇.从《我在故宫修文物》看国产纪录片的成功之道[J].出版广角，2020(8)：73－75.

[30] 李静茹.超链接在融合新闻文本中的应用研究[J].新媒体研究，2019，5(14)：13－14.

[31] 李沁.沉浸媒介：重新定义媒介概念的内涵和外延[J].国际新闻界，2017，39(8)：115－139.

[32] 李沁.融合新闻学："不可通约性"视阈下新闻传播学范式转变[J].现代传播(中国传媒大学学报)，2023(1)：143－151.

[33] 李秀芹，马东顺.融媒体时代新闻标题的规范与创新——以《人民日报》2018 年获奖新闻标题为例[J].青年记者，2019(35)：68－69.

[34] 李雪娇，胡泳.听觉复兴：从"媒介四定律"看中文播客的解构与重构[J].中国编辑，2022(12)：77－81，91.

[35] 刘斌.技术与伦理的冲突与融合——算法新闻时代新闻伦理重构及对策[J].西南民族大学学报(人文社会科学版)，2022(3)：135－143.

[36] 刘涛.何为融合新闻学？[J].教育传媒研究，2020(5)：8－11.

[37] 刘涛，杨烁燏.融合新闻叙事：语言、结构与互动[J].新闻与写作，2019(9)：67－73.

[38] 刘哲，董天策.从信息把关人到舆论领航员——网络编辑如何引导网络论坛[J].新闻实践，2008(1)：39－40.

[39] 陆晔，周睿鸣."液态"的新闻业：新传播形态与新闻专业主义再思考——以澎湃新闻"东方之星"长江沉船事故报道为个案[J].新闻与传播研究，2016，23(7)：24－26，126－127.

[40] 潘亚楠.听新闻：新闻故事的音频化探索——以"财新 FM"为例[J].青年记者，2021(17)：55－56.

[41] 彭兰.短视频：视频生产力的“转基因”与再培育[J].新闻界，2019(1)：34-43.

[42] 彭兰.碎片化社会背景下的碎片化传播及其价值实现[J].今传媒，2011(10)：9-11.

[43] 沈正赋，韦茜.中国特色建设性新闻与舆论监督报道的关系建构[J].中国出版，2022(18)：16-21.

[44] 史安斌，戴润韬.从亮点到灵晕：新闻业的内涵式创新路径[J].青年记者，2019(19)：78-81.

[45] 史安斌，刘长宇.音频新闻：脉络、演进与特征[J].青年记者，2020(19)：80-83.

[46] 史安斌，薛瑾.播客的兴盛与传媒业的音频转向[J].青年记者，2018(16)：76-78.

[47] 孙宝传.“新视频时代”向我们走来？——CES的观察和思考[J].中国传媒科技，2007(2)：20-21.

[48] 田建明.新闻直播：新闻摄影最新的表达形式？[J].传媒评论，2022(2)：59-61.

[49] 田连锋.网络重大主题报道的选题、破题与操作[J].青年记者，2020(34)：30-31.

[50] 汪文斌.“思想+艺术+技术”深化重大主题报道融合创新——以中央广播电视总台全媒体传播矩阵为例[J].传媒，2023(1)：23-24.

[51] 王海燕，范吉琛.数字新闻的时间可供性：一个研究框架的提出[J].国际新闻界，2021(9)：126-135.

[52] 王子川.身临其境：面向未来的传媒方式——“媒介即讯息”视角下VR的革命性突破[J].新闻研究导刊，2019(11)：205-206.

[53] 吴越.Vlog+新闻：主流话语短视频的传播效果研究——以“康辉Vlog”为例[J].记者摇篮，2023(6)：147-149.

[54] 习近平.加快推动媒体融合发展 构建全媒体传播格局[J].前线，2019(4)：4-7.

[55] 幸小利.参与式新闻的文本生产与伦理要素[J].青年记者，2022(3)：50-57.

[56] 许向东.转向、解构与重构：数据新闻可视化叙事研究[J].国际新闻界，2019,41(11)：142－155.

[57] 杨凤娇,宋一丹.主流媒体的音频新闻实践图景与发展策略[J].中国编辑,2022(10)：75－79.

[58] 杨利娟.新闻业危机的商业主义救赎——以非虚构写作平台“真实故事计划”的创业实践为例[J].现代传播(中国传媒大学学报),2019,41(7)：70－74.

[59] 杨章文.网络泛娱乐化：青年主流意识形态的“遮蔽”及其“解蔽”[J].探索,2020(5)：181－192.

[60] 喻国明,焦建,张鑫.“平台型媒体”的缘起、理论与操作关键[J].中国人民大学学报,2015,29(6)：120－127.

[61] 喻国明,弋利佳,梁霄.破解“渠道失灵”的传媒困局:“关系法则”详解——兼论传统媒体转型的路径与关键[J].现代传播(中国传媒大学学报),2015,37(11)：1－4.

[62] 喻国明,赵睿.媒体可供性视角下“四全媒体”产业格局与增长空间[J].学术界,2019(7)：37－44.

[63] 乐和晴.媒体融合背景下互动新闻的兴起与未来：以行动者网络理论为视角[J].新媒体研究,2022,8(12)：48－51.

[64] 曾祥敏,况一凡.融媒重大主题报道的创新与效果——中央媒体二十大报道中的融合新闻作品研究[J].传媒,2022(23)：9－12.

[65] 张建中,弗雷迪·梅修.智能音频与新闻媒体未来的发展[J].青年记者,2020(34)：82－83.

[66] 张利利.全媒体记者应具备的职业素养[J].记者摇篮,2022(1)：22－23.

[67] 郑保卫.论中国共产党百年新闻思想的核心与精髓[J].新闻爱好者,2021(9)：17－25.

[68] 周葆华,冯钰婷.新媒体事件中的传播关键节点：基于“两微一端”的跨事件、跨平台计算传播研究[J].新闻与写作,2023(5)：15－27.

[69] 周琪.网络流行语是否适合入新闻标题[J].青年记者,2022(2)：1.